グローバリズムと日本企業

組織としての多国籍企業

洞口治夫 著

東京大学出版会

Globalism and Japanese Firms:
Multinational Enterprises as Organizations
Haruo HORAGUCHI
University of Tokyo Press, 2002
ISBN4-13-040185-8

目 次

序　章　グローバリズムの再定義 …………………………………………1
　社会制度としてのグローバリズム　1／多国籍企業の集団的行動　2／前著の事実発見と残された謎　3／作用――アメリカへの進出　4／反作用――産業空洞化と地域主義　6／生産システムのスピルオーバー　6／現代経済史への貢献　7

第Ⅰ部　視　点

第1章　組織としての多国籍企業 ……………………………………11
1. 3つの分析視角 ………………………………………………………11
2. 海外投資の意思決定 …………………………………………………12
　コース=ウィリアムソンの接合が見落としたもの　12／バーナード=サイモン理論からみた多国籍企業　13／限定された合理性　14
3. 多国籍企業の集権化と分権化 ………………………………………19
　組織的意思決定と経営者の役割　19／分権化の程度　20／多国籍企業の組織構造にみる集権化と分権化の研究　22／組織構造　24／集権度の測定　27／分権化された意思決定の実態把握　28／地域統括本部　30
4. 日本企業の競争優位に関する諸学説 ………………………………31
　作業組織　31／フィールド調査に関する方法論上の問題提起　32／参与観察　33／訪問・インタビュー調査　34／複合的調査　37／2週間の通勤調査　38

第II部 作用

第2章 日系多国籍企業のフィージビリティ・スタディ ……… 41
—— 対米直接投資に関する実態調査と仮説の抽出 ——

1. アメリカでの撤退事例 ……… 41
   フィージビリティ・スタディ 41／調査目的 42

2. フィージビリティ・スタディの理論 ……… 43
   理論の基礎——限定された合理性 43／予測による学習——時間と空間 46／調査を通じた現地での経験——暗黙知の獲得 47／文章化——暗黙知から伝達・保存可能な知識へ 49／反証と困惑 50／推定と知の高度化 50

3. 調査の方法 ……… 52

4. 調査結果の集計 ……… 52

5. 若干の統計的検定 ……… 66
   推定結果 69

6. フィージビリティ・スタディの意義 ……… 71
   主要な事実発見 71／含意 72

第3章 参入・退出と組織の再編成 ……… 83
—— アメリカにおける日系多国籍企業の事業継続と組織的進化 ——

1. 既存理論の限界 ……… 83
   市場参入と組織改編 83／競争優位説の限界 84／取引費用説の限界 85／新しい理論的視座 86／組織再編成と不確実性 86／組織再編成の事例としての外国直接投資 87／仮説の設定 88

2. 実証分析の方法とデータ ……… 90
   分析方法 90／データ 93

3. 事業継続の推計 ……… 93
   被説明変数 93／説明変数 96

4. 推計結果 ……… 102

5. 日本人従業員の役割 ……… 104
   発見された事実 104／限定された合理性の意味 107

第 III 部　反作用

第 4 章　日本の産業空洞化 ……………………………………………………113
　　　　　──主要電機メーカーの雇用と立地，1987〜93 年──
　1. 産業空洞化の定義と先行研究 ………………………………………………114
　　　問題の所在　114／産業空洞化の定義　115／先行研究　117
　2. モデル分析 ……………………………………………………………………127
　3. データ収集の方法 ……………………………………………………………130
　4. 事実の発見と研究課題 ………………………………………………………131
　　　電機産業・大手電機メーカーの成長　131／国内雇用の変化パターン　140／地域別従業員数・事業所数の決定要因　149
　5. 産業と都市の活性化 …………………………………………………………151
　　　集中と集積　151／狭義の産業空洞化対策　152／対内直接投資の促進と都市観光開発　153

第 5 章　日系多国籍企業の国際分業体制と AFTA ………………………155
　1. 外国投資受入国の反作用 ……………………………………………………155
　2. 地域連携の経済理論モデル …………………………………………………158
　　　地域連携の分類　158／古典的研究　158／多国籍企業立地への含意　160／応用一般均衡モデル　161／戦略的貿易政策のモデル　162／内生的成長モデル　165／貿易理論からの結論　167
　3. 多国籍企業の国際分業体制 …………………………………………………168
　　　多国籍企業と地域連携　168／AICO 申請の特徴と動向──タイ　168／日系多国籍企業の AICO に対する認識　170／生産拠点の集約化　178
　4. 政策の有効性 …………………………………………………………………183
　　　AICO と CEPT　183／地域連携と WTO 体制──パレート優越的な貿易体制の構築　184／享楽的国際化の仮説　185／政策反応関数　186

第Ⅳ部　スピルオーバー

第 6 章　マレーシアのローカル電機メーカーにおける工場管理 ……………195
——加工組立型産業における作業組織の観察——

1. マレーシアの家電メーカー ………………………………………………195
   12 日間の調査　195

2. 組立ライン …………………………………………………………………198
   レイアウト　198／ライン・バランス　200／ラインリーダーの役割　202／カイゼン・コンサルタンツ　203／就業時間　205

3. 倉庫管理の課題 ……………………………………………………………208
   多品種少量生産に起因する倉庫のオーバーフロー　208

4. 射出成形部門 ………………………………………………………………210
   組　織　210／最低注文量（MOQ）　211／午後シフト——午後 4 時 35 分から午前 0 時 30 分　212／深夜から朝 5 時　217／午前 5 時から午前 8 時 30 分まで　222／交換時間とトン数　223／日系メーカーとの比較　224

5. 経営者・従業員のキャリア ………………………………………………226

6. 生産システムの波及経路 …………………………………………………230

終　章　なぜグローバリズムが生まれるか ……………………………………233

事実の要約とその解釈　233／経済学への含意　235／スピルオーバーと民族　236／グローバリズムと「心情」の役割　237／残された課題　238

あとがき　241

文献リスト　245

索引（人名／事項）　267

序章　グローバリズムの再定義

社会制度としてのグローバリズム

　本書のタイトルにある「グローバリズム」とは，多国籍企業の活動とそれを受け入れる国家・地域経済のあり方が，相互に影響を及ぼしながら変容しつつある動態を指している．「グローバリズム」には，企業の国際的活動という「作用」と，それに対する地域経済の「反作用」だけでなく，企業の意図しないところで技術や生産システムのあり方が「スピルオーバー」し，それが産業の競争力を変化させるという側面もある．本書が以下の6章にわたって素描するのは，1990年代における「日本企業」の行動を中心として，対米直接投資とそれに遅れて顕在化した日本国内の地域経済空洞化，日本企業の直接投資を積極的に受け入れていたASEAN（東南アジア諸国連合）諸国におけるAFTA（アセアン自由貿易地域，ASEAN Free Trade Area）の形成，そして，日本企業の意図しないところでの技術や生産システムの波及という現象である．

　このように「グローバリズム」を捉えるという意味で，本書は，アメリカを中心とする市場万能主義の世界的拡延として「グローバリズム」を定義する用語法（たとえば，金子［1999］）とは一線を画している．本書が分析しえた経済現象は狭い領域に限定されるが，feudalismを封建制，capitalismを資本制と同値するごとく，「グローバリズム（globalism）」を新たな社会制度として再定義したい．国境を越えた企業活動の急増と資金・情報・労働力の移動がみられることは資本制における特徴でもある．しかし，国民国家による植民地支配と，被植民地諸国の独立という資本制における国家間の相

克の歴史に比較すれば，国家自体が「国境」の意義と役割を部分的に放擲しつつあることが，封建制，資本制と「グローバリズム」との本質的な相違であるように思われる．たとえば，本書第5章で論ずる AFTA の創設は，「グローバリズム」の将来を見通すうえで極めて重要な事例であろう．関税自主権の放棄によって国家主権の一部を手放すという経済政策の採用は，EU にみられるような域内経済統合への流れとみることもできる．あるいは，それは 20 世紀に形づくられた国民国家の変容を意味するかもしれない．

多国籍企業の集団的行動

　国民国家による国家主権の確立が重視された「資本制」から，国家間の地域連携が常態化する「グローバリズム」への移行を促したのは，多国籍企業による活動であった．その具体的事例として日本企業の国際化を分析してみる[1]と，1つの重要な事実に気づく．すなわち，グローバルな企業活動は単線的な企業規模の拡大を意味しない，ということである．海外に活動を拡大した企業は規模を拡大したかに見えるが，その際，企業内部での様々な調整を必要とする．その調整は，企業組織の改変と呼んでよいであろうし，また，組織内部の調整と呼んでもよい．本書は，日本の多国籍企業を題材として，その組織としての対応を分析している．本書のサブタイトル「組織としての多国籍企業」とは，このような意味においてである．

　別の言い方をすれば，企業の国際的な活動が，ひるがえってその活動を開始した企業のあり方に制約を加えるのである．企業活動の国際化，とりわけ日本企業の海外事業活動が「作用」の内実である．日本企業の集中的な立地

---

1) 本書は，経済学と経営学という2つの分野にまたがっている．企業経営の国際化を分析しようとするときに特定の学問領域（discipline）に身をゆだねることができないのは，主観的には，あまり愉快なものではない．しかし，個別企業の海外事業活動と，その集計的データが意味する市場への影響という側面を同時に問題にしようとすれば，経営学と経済学の知見が共に必要となることも明らかである．たとえば，よく言われるように，生物化学（biochemistry）や物理化学（chemical physics）といった学問分野が，生物学，化学，物理学といった学問分野を基礎としつつ，独自の学問領域を形成していることを想起する必要がある．すでに，経営経済学にはドイツ経営学の色彩が付着しているために本書ではそうした用語を用いないが，本書が問題としているのは，企業組織と，その企業が地域との相互依存関係を持って行動するときの産業，その活動の場となる国の経済政策である．個別の学問領域の相互依存関係として経営学と経済学との学説史をサーベイした論文としては，洞口［1998c］を参照されたい．

は，その帰結として受入国に産業集積を形成するかもしれない[2]．しかし，先進的な企業が国際的活動を選択したのちに，多数の企業が集団的な行動 (herding behavior) として国際化を推進するとき，いくつかの「反作用」が発生しうる．たとえば，企業の国際化と同時並行的に，多国籍企業を受け入れる外国国家の経済政策が変更されるかもしれない．また，国内産業基盤の弱体化が発生するかもしれない．さらに，「作用」を与えた企業にとって「反作用」を感受することができないところで技術は「スピルオーバー」し，企業競争力を相対的に弱めているかもしれない．

本書は，筆者が1990年代に行った研究の集成であり，日本企業の国際化に関する諸相を，きわめて大ぐくりな問題意識で追究したものである．その結果として，上記の命題が浮かび上がってきたと言ってよい．

前著の事実発見と残された謎

この「きわめて大ぐくりな問題意識」とは，筆者の前著『日本企業の海外直接投資——アジアへの進出と撤退——』(洞口 [1992a]) において発見した事実の原因究明と，そこで採用した研究方法を批判的に乗り越えることである．

洞口 [1992a] は，その終章末尾に次のように記した．

「直接投資の急増と撤退の繰り返しのなかで，新しい組織形態が結合されている可能性は高い．本書が跡づけたのは，その前者に関するプロセスである．現代の日本企業は，世界的な規模での新結合を推し進める時代を迎えたと言ってよい．そして，新組織形態の結合という魅力的な主題は，多国籍企業に関する固有の研究領域を準備しているように思われるのである．」(234ページ)

以下，本書の内容を各章の構成にそって説明しておきたい．

第Ⅰ部第1章では，第Ⅱ部以降における企業組織研究のための分析視角を

---

[2] 日本企業の海外直接投資による産業集積の形成については洞口 [2001a] を参照されたい．なお，多国籍企業と国家主権との問題を捉えた論考としては，バーノン (Vernon [1971]) がある．

準備する．企業の国際化過程に関する学説に批判的検討を加えるとともに代替的な分析視角を準備する．コース=ウィリアムソンによる取引費用の経済学が多国籍企業研究に与えた影響には大きなものがあるが，同時に，コースとウィリアムソン以外の企業組織研究を軽視することにもつながった．すなわち，バーナード，サイモンの著作を吟味することにより，コース=ウィリアムソンに依拠した諸研究の限界を明確にしたい．それはまた，内部化理論，折衷理論と呼ばれる「理論」の意義と限界を明示する作業となる．また，第1章では第Ⅲ部における「反作用」の分析に必要となる多国籍企業組織の変更について集権化と分権化という視点から従来の研究をまとめ，さらに，第Ⅳ部・「スピルオーバー」の研究のために，生産システムに関する従来の研究方法を批判的にサーベイする．そこでは，生産のあり方を観察するという作業の重要性を吟味する[3]．

作 用——アメリカへの進出

洞口［1992a］は，次のように述べている．

「1985年9月のプラザ合意以降急速に進展した円高と同時並行的に増加した日本の海外直接投資が，1990年代前半に撤退時期を迎える可能性がある．1980年代後半，アメリカを中心とした先進国向け直接投資がその急増を支えたことはよく知られているが，投資受入国における需要の安定性ないし経営資源の優位性が確保されない場合，アジア諸国で観察された規模を上回る撤退が発生する可能性すら否定できない．ただし，撤退の増加時期が進出後5年から8年程度でピークを迎えるという経験則の妥当性は，歴史の判断に委ねるべきであって，予測の根拠としては薄弱なものであることは言うまでもない．」（230ページ）

1995年には，大和銀行ニューヨーク支店での不祥事が発覚し，大和銀行はアメリカ市場からの撤退を余儀なくされた．また，同年，松下電器産業は，

---

[3] テイラー，バーナード，サイモンをはじめとする経営学説と，ミクロ経済学との関係については，洞口［1998c］にまとめた．アメリカにおける経営学説の展開に関する優れた入門的概説として土屋［1987］を挙げたい．

MCAの株式をカナダのシーグラム社に売却した．すなわち，1990年代前半までには，かなりの規模の撤退事例があり，新聞記事をにぎわした．しかし，日系企業の海外市場からの撤退は，その後1990年代を通じて起こり続け，1990年代後半には，北海道拓殖銀行，山一證券など，日本国内の本社それ自体が倒産などの形で消滅していった．また，日産がルノーからの資本参加を受けるなど，国際的な合併，提携といった形態で日本本社の企業形態が変化する事例は2001年になっても続いている．

　第II部では，アメリカに進出した日本企業をデータ・サンプルとして，グローバル化への行動様式を探る．海外拠点を立地するまえに実施されるフィージビリティ・スタディは，どのようにして行われているのか．それが，第2章のテーマである．洞口［1992a］は，日系多国籍企業の撤退に関する要因の第1が受入国における競争条件の変化であること，そして，第2がフィージビリティ・スタディの不足であったことを明らかにした．洞口［1992a］においてとりあげた撤退企業の多くが，フィージビリティ・スタディの失敗をその要因として挙げていたのである．

　多国籍企業の組織に関する実証研究としては，まず，この第2の点からスタートしたい．1990年代前半にアメリカに進出した日系多国籍企業は，どのような準備期間を経てアメリカに進出したのだろうか．いくらの金額をかけ，どのようにして将来予測をして，フィージビリティ・スタディをまとめたのだろうか．また，業績の良い在米子会社は，どのようなフィージビリティ・スタディをしたのだろうか．こうした実態についてアメリカ国内で在米日系子会社に対してアンケート調査をした結果をまとめた．アメリカを研究対象としたのは，1980年代末から90年代はじめにかけて，日本企業が積極的にアメリカに進出していたためである．

　第3章では，アメリカ子会社の整理・統合，あるいは，立地場所の変更といった事例を含む子会社組織の再編成について計量分析を試みる．子会社組織再編成の決定要因について大量データ・サンプルによる分析を試みる．いかに組織を拡張し，縮小し，あるいはまた，再編成していくのか，という視角から分析を進める．

反作用——産業空洞化と地域主義

　第Ⅲ部では，日本とアジアで活動する日本の多国籍企業を事例として，国内生産拠点の縮小と，アセアン諸国における AFTA への対応を描く．第4章では，日本の電機電子産業を題材として日本国内の産業空洞化問題を扱う．第5章では，AFTA が日系電機メーカーに与えた影響について，自動車メーカーとの対比の上で実態を明らかにする．

　第4章と第5章では，電機電子産業に焦点を絞ったケース・スタディを行い，その比較対照事例として必要な限りにおいて自動車産業について触れたい．これら2つの章で明らかになるのは，組織を改変するときの粘着性，すなわち，企業が地域経済の変化に対応するときの組織的な慣性である．日本国内での製造業拠点が競争力を失っても，また，アセアン諸国での生産キャパシティが過剰になったと認識されても，日本の多国籍企業はドラスティックなリストラクチャリングを極力避けていたように思われる．多国籍企業は，組織改変を行うが，それは能動的なものというよりは，むしろ，あたかも「やむをえない」選択として行っているように見える．言うまでもなく，こうした観察は，日産とルノーの提携のように日本企業が外国企業との提携を強化してリストラクチャリングを断行する事例が，調査時点において少数であったことから生まれたのかもしれない[4]．

生産システムのスピルオーバー

　第Ⅳ部第6章では，マレーシアのローカル電機メーカーが採用する生産システムを描く．このローカル電機メーカーは100％マレーシア人の所有であり，クアラルンプールから2時間ほど北に位置した人口2万人の町に立地している．マレーシアの中規模企業において，いかなる経営管理方式が観察されるか，また，この企業の経営管理にとって真の問題はどこにあるのか，を指摘する．そこでは，日本企業との資本関係や技術援助契約を結んでいな

---

4) 2001年になり，日本の大手電機メーカーは，国内・海外における大規模な人員削減に着手した（『日本経済新聞』2001年9月1日朝刊）．本書第4章で示したのは，その予兆にすぎない．

いにもかかわらず，部分的に，日本企業の採用してきた生産システムが移転していることがわかる．また，日本企業の経営方式とは所有の面で分離されたマレーシアのローカル企業に関するケース・スタディを含むことにより，異なる組織への経営管理技術の浸透経路について議論する．隔絶された組織間関係における経営管理技術の質的変容の事例である．

現代経済史への貢献

本書は1990年代を中心とした国際的な企業活動を分析する．各章の配列は，企業活動の国際化がもたらす作用・地域経済での反作用・第三国での技術スピルオーバーという，ある種の動態ないしは運動様式を模したものである[5]．それは，仮説検定型の研究スタイルによる「実証」というよりは，むしろ，現代経済史の一側面に関する筆者の認識と言ってよい．その認識の当否を読者に問うために，本書をまとめた．

本書の表題を『グローバリズムと日本企業』としたのは，グローバル化を推し進める企業の「作用」とその「反作用」とを，経済環境の変化のなかで捉えたいと願ったからである．個別企業による「作用」と，それが集団的な事象となったときに現れる「反作用」，そして，作用を起動した企業が気づかぬところで起こっている「スピルオーバー」を描きたい．本書では，このプロセスが一回転している様子を詳述したが，そのループは，現実には遥かに早いスピードで回転しているに違いない．グローバリズムは，実験室での化学反応のように一瞬のできごとではないが，10年を単位とした経済史的観点からみたとき，鮮明な事実として浮かびあがるように思われる[6]．

---

5) これは，前著『日本企業の海外直接投資』が，日本企業の対東南アジア向け直接投資において，マクロ・データにみる「進出」，産業データによる「撤退」，個別企業のケース・スタディによる「継続可能性」へと「下向」していたことに対応する．本書は，組織の分析から「上向」して，地域・国民経済への影響を分析している．社会科学の歴史について関心ある読者は，こうした章別構成による論理構築という方法を，たとえばマルクス『資本論』第1巻，第7編に収められた5つの章と比較して「楽しむ」ことができるかもしれない．『資本論』第1巻，第7編のタイトルは，「資本の蓄積過程」である．

6) ここで言う「経済史的観点」という用語についての誤解を避けるために念のために述べておけば，経済史・経営史を語ることが編年体でのみ可能であるはずなく，さらには，また，歴史感覚を養ううえでも，編年体を採用した歴史研究を読破することのみが社会科学上の認識を豊かにするものではない，と筆者が考えるという点がある．社会科学においても，構造主義と呼ばれる人々はテクストから「意味」を読みとる作業をしてきたのだが，本書は，社会現象か

第Ⅰ部では，まず企業のグローバル化に関する意思決定と組織構造，そして作業組織に関する従来の諸研究を概観したい．

ら「意味」を読みとる作業をしていることになる．それは事実を年代順に並べて記述する作業とは異なると同時に，論理実証主義と呼ばれる仮説検定型の研究とも異なっている．「作用」，「反作用」，「スピルオーバー」という「意味」を，個別の実証研究が示す事実発見に付与している，という意味で本書は主観的である．すなわち，可能な限り客観的分析を試みた結果として，歴史認識の主観に付与される何ものかがありうる．なお，日本企業の直接投資に関して，編年体によるすぐれた歴史的叙述としては，ウィルキンス（Wilkins [1994]），川辺 [1999] がある．

第Ⅰ部

視 点

第1章　組織としての多国籍企業

1. 3つの分析視角

　本章で提起したい論点は，次の1点である．すなわち，内部化理論あるいは折衷理論と称される多国籍企業分析における「理論」は，退化した組織論である，ということである．そのために，国際的な企業組織の拡張に関するいくつかの重要な問題を見逃している．以下では，その理由を述べるとともに，代替的な3つの分析視角を提示する．

　代替的な分析視角の第1は，サイモンによる「限定された合理性」概念を海外直接投資の意思決定において援用することである．この「限定された合理性」概念は，取引費用の経済学のなかに位置づけられているが，応用分析のツールとして利用されてはこなかった．第2は，多国籍企業の組織構造に関する諸研究，とりわけ集権化と分権化に関する議論である．これは企業組織に関する伝統的な議論でありながら，経済環境の変化に対応して組織構造が変化する側面を取り上げたものではなかった．そして第3は，多国籍企業の生産システムに関する作業組織の観察という研究方法の採用である．内部化理論ないし折衷理論には，社会科学的な実態観察への志向性は皆無に近い．

　以下では文献サーベイの作業を通じて本書全体を貫く問題意識を説明し，組織として多国籍企業活動を分析するための方法論を議論したい．

2. 海外投資の意思決定

コース=ウィリアムソンの接合が見落としたもの

　内部化理論，あるいは，折衷理論は，取引費用の概念によって多国籍企業の存立要因を説明した．すでに，ハイマー（Hymer [1960]）によって取引費用の概念が紹介されていたとはいえ，取引費用説による説明が活発に行われたのは，バックリー=カッソン（Buckley and Casson [1976]），ラグマン（Rugman [1981] [1986]），ダニング（Dunning [1988]）らによる活発なマーケティング活動の賜物である[1]．しかし，多国籍企業の存立に関する学説をふりかえると，奇妙な欠落があることに気づく．内部化理論，折衷理論は，コース（Coase [1937]）とウィリアムソン（Williamson [1975]）とを結びつけた．しかしながら，コースとウィリアムソンとの間に存在した組織分析を「内部化」することがなかったと言ってよいであろう．

　その点は，ウィリアムソン（Williamson [1975]）の研究を一読すれば明らかである．コース（Coase [1937]）と同時代に公式組織の定義を行ったバーナード（Barnard [1938]）と，その後バーナードを精緻化させつつ独自の見解を付加したサイモン（Simon [1945] [1976]）の研究はウィリアムソンの研究には存在していながら，内部化理論や折衷理論においては軽視されている．第1-1図は，しばしば引用される取引費用による説明である．直接投資，ライセンシング，輸出の選択において，取引費用が少ない形態が選択される，という．しかし，直接投資が企業組織の構築を伴っているとすれば，取引費用のみによる説明は，平板であるばかりか，実態から乖離した「黒板上の経済学」にすぎないおそれがある．

　コース（Coase [1937]）の定義した取引費用，そして，ウィリアムソンによる取引費用概念の産業組織研究への応用は，浅沼・菊谷 [1997] をはじめとする企業間分業に関する実証研究の基礎となった．しかしながら，多国

---

1) 内部化理論，折衷理論のオリジナリティに関する懐疑については洞口 [1992a] を参照されたい．なお日本でも，長谷川 [1998]，藤沢 [2000]，石川 [2000] などが，それぞれ内部化理論，折衷理論による多国籍企業研究を進めている．

第1-1図　海外市場参入のパターンと取引費用を含むコスト $c(q)$ との関係

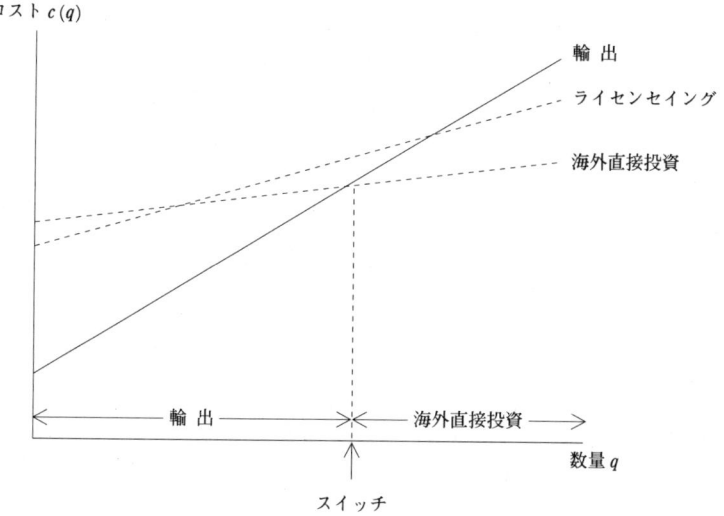

（注）　各直線は生産数量の増加に伴うコストの増加傾向を示す．コストには，モニタリング費用といった取引費用のほか，輸送費用，関税などを含む．図では，輸出から海外直接投資に転換する生産数量を示している．
（出所）　バックリー=カッソン（Buckley and Casson [1981]），80ページ，図4より著者訳．

籍企業研究においては，ウィリアムソンが依拠していたコース以外の組織研究が，いまだ利用されないままに残されているように思われる．では，それは何なのか，以下で概説したい．

バーナード=サイモン理論からみた多国籍企業

　コースが論文「企業の本質」を発表したのは1937年であり，その後ウィリアムソンによる『市場と企業組織』（*Markets and Hierarchies*）が出版されたのは1975年であった．その40年弱の間に，企業組織に関するさまざまな理論的・実証的分析が積み重ねられてきたことを認める必要がある[2]．
　内部化理論・折衷理論は，ウィリアムソンの研究を視野に収めていた．しかし，多国籍企業を組織として捉えるという視点からは，奇妙な思考停止状態を続けてきたように思われる．コース以外の研究が，どのような理論的影

---

[2] また，コース以前の諸研究にも，企業組織の分析を可能にする視点を有するものがある．経営学説と経済学説との関連については洞口 [1998c] [2001a] を参照されたい．

響を後年ウィリアムソンの著作に与えてきたのかを問うことすらなかった[3]。それは，内部化理論，折衷理論と呼ばれる著作においての重要な欠落である。日本の学者・研究者は国際経営に関する海外の学説紹介には熱心であったが，それを批判的に読む作業を怠る傾向があったのかもしれない。

限定された合理性

サイモン（Simon [1945]）は，人間の情報処理能力が限られているために，一定の時間内で，経済主体としての人間が効用を極大化することはできない，と論じた。この「限定された合理性」の概念は，経営学説のなかで長く概説されてきた[4]が，1990年代におけるゲーム理論の隆盛によって，ふたたび注目を集めた[5]。

限定された合理性の概念にもとづけば，特定の個人は，「完全に単純素朴であり，最適化計算を行うことすらできない」[6]。情報処理能力に限界のあるプレーヤーが利潤極大化の計算を行っても，必ずしも均衡に到達するとは

---

3) なぜ，このような思考停止状態が続いたのかについて，筆者は次のように推理する。スティグラーとボールディング（Stigler and Boulding [1952]）がミクロ経済学のリーディングスの一編としてコースの論文を採択して以来，コースの研究は「経済学」に分類された。また，ウィリアムソン（Williamson [1975]）も，ミクロ経済学の一分野である産業組織研究や労働経済学に対する貢献とみなされた。ウィリアムソンの研究は，経営学者に対する学際的影響力を有していたが，コース=ウィリアムソンによる取引費用概念は，総じて経済学者の分析用具箱に納められたと言える。それに対して，バーナード=サイモンの著作は，経営学，とりわけ組織論と呼ばれる研究分野における古典としての位置を占めた。それゆえに，どれほど凡庸な教科書であっても，経済学者は取引費用を概説し，経営学者はバーナード=サイモンの著作に言及するという事態が続いている。いわば，大学での学問研究における学部・学科という制度が，経済学と経営学との交流を妨げてきたのかもしれない。多国籍企業を組織として分析する場合，経済学・経営学双方の道具箱から有用な概念を取り出すべきであろうし，本書の意図もそこにある。なお，コース自身による回顧としては，コース（Coase [1991]）を参照されたい。
4) たとえば，一寸木 [1994]，サイモン（Simon [1955] [1959] [1969] [1976] [1978] [1979] [1986]）を参照されたい。
5) たとえば，ラビン（Rabin [1957]），バーンヘイム（Bernheim [1984]），ネイマン（Neyman [1985]），ルービンステイン（Rubinstein [1986]），カーライ=スタンフォード（Kalai and Stanford [1988]），カーライ（Kalai [1990]），カニング（Canning [1992]），ファーストマン=カーライ（Fershtman and Kalai [1993]），ライリー（Lilly [1994]），ノーマン（Norman [1994]），チョー（Cho [1994]），ボード（Board [1994]）を参照されたい。神取 [1994]，リップマン（Lipman [1995]），岡田 [1996] 第12章，松島 [1997]，中山 [1997] 第5章は，限定された合理性についてのサーベイと解説を提供している。オートマンについては，ホップクロフト=ウルマン（Hopcroft and Ullman [1979]）を参照されたい。
6) 神取=マイラス=ロブ（Kandori, Mailath and Rob [1993]）32ページ。なお，その解説として青木・奥野 [1996] が有用である。

期待できない．こうした要因についての情報処理能力の限界は，サイモン (Simon [1945]) によって提示された「限定された合理性」の概念によって説明されてきたのである．

洞口（Horaguchi [1996a]）は，オートマトン・モデルなど「限定された合理性」に関する従来の数理経済モデルをサーベイしたのち，自ら1つの定理を証明している．洞口の提示する「限定された合理性」のモデルは，その定理として「純粋戦略ではナッシュ均衡が情報処理費用の意味でイテレイテッド・ドミナンスよりも情報効率的である」ことを示した．すなわち，標準型で示されるゲームの場合，純粋戦略におけるペイオフの比較に情報処理費用が必要になると仮定すると，ナッシュ均衡に到達するためのペイオフ比較の回数が，イテレイテッド・ドミナンスによる均衡への到達よりも，常に少ない回数になることが，その内容である．

洞口（Horaguchi [1996a] 289 ページ）は，定理の意味を直観的に説明するために，次のような例を挙げている．

　「例2. 質問1. A国には3社の自動車製造メーカーが存在する．各製造メーカーは，10車種の異なる乗用車モデルを所有している．すべての製造メーカーが，B国に工場を設立することに決定した．各企業は，新たに設立される工場で，どのモデルを製造するべきか決定しようとしている．B国全体でみたときに，いくつの異なる乗用車生産戦略の組み合わせが得られるか．
　質問2. 乗用車製造メーカーのうちの1社は，異なった製品の組み合わせに応じて，工場設立にともなう収益性を評価する必要がある．コンピューター・プログラムを使うと，それぞれの異なった製品ラインの組み合わせについて，収益性のシミュレーションをするのに 0.1 秒かかる．すべての可能な計画の実行可能性を評価するのに何日かかるか．
　答え．質問1.　1,070,599,167 通り
　　　　質問2.　1239.11 日（3年と144日）」
（Horaguchi [1996a] 289 ページより邦訳）

ある特定の組織も，同様の情報処理能力における限界を有している．たとえば在外子会社の数が増加することは，多国籍企業の本社にとって，より大き

な情報処理の負荷を背負うことになり，また，外国に投資した子会社の操業管理は，長期にわたる試行錯誤を通してのみ可能となろう．

寡占的状況のもとでプレーヤーの数が少ない場合にも，また，「外性的ショック」の存在を無視したとしても，ゲーム理論上論理的に想定可能な戦略の数は天文学的数値に上昇する．3社10車種の戦略決定の問題ですら，その選択肢は10億通りを超えるのである[7]．

通常の経済学が想定する合理的なプレーヤーであれば，論理的に可能な戦略のなかから，最適な戦略を選択しなければならない．上記の例では，最適戦略の選択はコンピューター・プログラムによって行われると仮定しているが，そのための費用と時間は，我々の常識をはるかに超えたものとなっているはずである．すなわち，合理的なプレーヤーによる逐次的な計算プロセスでは，意思決定を下すことは，事実上できない[8]．

洞口（Horaguchi [1996a] 290～291ページ）が定理として導いた「純粋戦略ではナッシュ均衡が情報処理費用の意味でイテレイテッド・ドミナンスよりも情報効率的である」ことの意味を平明に述べるならば，イテレイテッド・ドミナンスは，コンピューター・プログラムによって「すべての場合の数」を計算しつくす行動に譬えることができ，ナッシュ均衡は，よりヒューリスティックな，たとえばフォーカル・ポイントのように，アド・ホックに行動を選択することが均衡になるケースに譬えることができる．

フォーカル・ポイントがいかに形成されるか，そのプロセスが理解できれば，経済行動における競争の結果として入手できる様々なデータに，新たな理解を付加することができるかもしれない．シェリングの有名なフォーカル・ポイントの例のように，異なるプレーヤーがニューヨークのセントラ

---

7) 上に述べた問題の答えは，次のようにして求められる．すなわち，乗用車製造メーカー1社あたりについては，2の10乗（1,024通り）から，まったく生産をしないという戦略の数1をマイナスした値1,023通りの戦略がある．3社については，その3乗を求めると上記の戦略数が求められる．たとえば仮に，乗用車の車種が11種類，乗用車生産メーカーが4社あるとすれば，上記の戦略数は17,557,851,463,681通り（約17兆6,000億通り）となり，1万分の1秒（0.0001秒）でひとつの市場状態についてのシミュレーションが行われても，20,321.6日すなわち55年以上の歳月がかかる．市場を完全に見通すことは，不可能である．演算の方法についてはロス（Ross [1994]），グリマルディ（Grimaldi [1994]）を参照されたい．

8) この点は，社会主義経済における計算可能性の問題として古くから指摘されてきた論点と等しい．たとえば，鈴村 [1982]，ダウ（Dow [1991]）を参照されたい．

ル・ステーションを待ち合わせ場所にするというケースが，ナッシュ均衡になっていることは重要である[9]．すなわち，戦略空間が連続であり，その数が無限大であるようなケースであっても，比較的低い情報処理費用によってナッシュ均衡に到達可能であることが示唆されていると考えられる．

フォーカル・ポイント形成の条件を示せば，以下の2点が挙げられる．

第1は，戦略空間の限定である．上述した3社10車種の戦略決定の問題において，コンピューターによるシミュレーション時間を0.1秒と仮定したことは，本質的な重要性を持たない．たとえば，シミュレーション時間が10^{-6}秒と仮定されたとしても，戦略空間において考慮されるべき要因は戦略策定者によって任意に増加する．戦略空間は，人間の欲望に酷似している．自動車の例で言えば，立地場所，価格帯，オプション部品など，戦略空間を増やすことは容易である．しかし，合理的な意思決定を行いうるための情報処理能力は，コンピューター利用というコストを伴い，物理的に限定されている．

情報処理を可能にする有力な方法は，自らの行動パターンを単純化すること，また，その仮定が相手プレーヤーにも満たされていると想定することである．そのためには，逆説的ではあるが，追加的情報によって想定されうる行動パターンの数を削減することが，情報処理費用を削減するためには有効である．たとえば，上述の例であれば，自社に10車種乗用車が存在するとしても，現在の売上高という別次元のデータによって乗用車生産の優先順位をソートして，任意に考察対象とする車種の数を限定するのが1つの単純化された行動パターンであり，その行動パターンは相手企業にも観察されると仮定することが自然な考え方であろう．そうであるとすれば，上述の例におけるB国においては，各社とも3車種ないし4車種を製造すると考えるこ

---

9) シェリング（Schelling [1960] 56ページ）参照．人々がフォーカル・ポイントを形成する別の例として，4×4のマスを用意し，お互いに相手の選択を当てあうゲームの事例が挙げられている．相手と自分の選択が一致すればゲームは「勝ち」である．41人中24人が左上のマスを選択し，残る17人中14人は，左上から右下への対角線上のマスを選んだことが記されている．ゲーム理論とミクロ経済学については，クレプス（Kreps [1990]），フーデンバーグ＝ティロール（Fudenberg and Tirole [1991]），ミルグロム＝ロバーツ（Milgrom and Roberts [1992]），オズボーン＝ルービンステイン（Osborne and Rubinstein [1994]），グリーン＝マスコレル＝ウィンストン（Green, Mas-Colell and Whinston [1995]）を参照されたい．

とによって，想定される「場合の数」は急激に減少する[10]．

　第2に，第三者からの情報が，各プレーヤーに共通していることを認識する必要がある．企業行動に参加するプレーヤーは，囚人ではないのであり，情報の獲得が隔絶されていると仮定することはできない．政府，業界団体，マスコミュニケーション媒体から，同じ情報を得るプレーヤー達は，同じ行動を選択する条件を備えることになるであろう．海外直接投資の時間的同時性を，「防衛的投資」と捉えるバンドワゴン効果の存在は，長く認識されている[11]が，その本質は，市場を「防衛」することにあるのではなく，情報入手の同時性にあると考えるべきであるかもしれない．

　「限定された合理性」によって海外直接投資の意思決定が行われているとすれば，情報処理費用が十分に高いという理論的条件が満たされている必要がある．本書第2章ではアメリカに進出した日本企業のフィージビリティ・スタディについて調査し，多国籍企業の海外事業展開に先だつ情報処理費用の高さを明らかにする．また，第3章では，同じくアメリカに進出した日系企業の組織変革を問題とする．アメリカに進出した日系企業は，当初の立地先からの移転や複数ある生産拠点の統廃合など，投資意思決定の直後から組織による適応という課題に迫られている．それは，限定された合理性のもと

---

10)　「ローカル（局所的）なナッシュ均衡」と「グローバル（大域的）なナッシュ均衡」との差異を理解することは重要である．純粋戦略における「ローカルなナッシュ均衡」には，実数空間における局所的最大とは異なる性質がある．つまり，純粋戦略においてはローカルな均衡が存在しても，グローバルにはナッシュ均衡とはならないケースが存在する．実数空間では局所的な極大のうちのいずれかが大域的極大に該当する．参考第1図は，2つのローカルなナッシュ均衡が存在しても，グローバルなナッシュ均衡には純粋戦略において到達できないことが例示されている．

参考第1図　局所的な純粋戦略均衡

プレーヤー2
グローバル・ゲーム

		ローカル・ゲーム1		ローカル・ゲーム2	
		S11	S12	S21	S22
プレーヤー1	S1	4,　4	−1, 10	0,　0	10, −1
	S2	10, −1	0,　0	−1, 10	4,　4

　　（注）ここで，戦略空間（S1, S2；S11, S12）と（S1, S2；S21, S22）は局所的なゲームであり，それらがカバーする領域は大域的なゲームである．

11)　洞口［1992a］［1992b］を参照されたい．

における組織学習の側面と言ってもよい．その点を実証的に分析したい．

3. 多国籍企業の集権化と分権化

組織的意思決定と経営者の役割

　組織として多国籍企業を観察するための第2の大きな問題領域は，多国籍企業における集権化と分権化の問題である．内部化理論あるいは折衷理論は，取引費用の存在から組織と市場の境界を論ずる．しかし，組織の内部における集権化と分権化の度合いを論ずるための十分な分析用具を提供していない．多国籍企業における組織のあり方に着目した諸研究は，集権化と分権化を1つの対となった鍵概念として説明を加えてきた．集権化のメリットと分権化のメリットを比較対照した議論がその典型である．

　以下では，まず，バーナード，サイモンの著作における集権化・分権化の議論を紹介したのち，多国籍企業の組織形態に関する諸研究をサーベイする．そこから浮かび上がるのは，多国籍企業が，集権化を志向しつつ分権化への要請に迫られるという論理である．

　バーナード（Barnard [1938]）は公式組織の定義として，共通目標，共働意欲，コミュニケーションを挙げた．すなわち，組織とは，共通した目的のためにコミュニケーションを伴った協働作業をする人々の集合である．ただし，組織における意思決定は，必ずしもその構成メンバー全員によっては行われ得ない．意思決定は，組織内部の一部のメンバーによって行われうる．そして，その組織が企業である場合，意思決定権を握る一群の人々を経営者と呼ぶ．

　バーナード（Barnard [1938]）は，組織的意思決定と個人的意思決定とを区別する．

　「組織的意思決定と個人的意思決定とは，つぎの事実，すなわち，組織的意思決定はつねにではなくとも，しばしば委譲されうるのに対し，個人的意思決定は通常他人に委譲しえないという事実によって，主として意思決定の過程という見

地から区別されるべきものである.」(邦訳書, 196～197ページ)

　組織的意思決定は委譲されうる. すなわち, 企業という組織の内部において, 意思決定は分権化されうるのである. 一般に, 企業の意思決定における集権化とは, 意思決定の権限をできるだけ組織階層の上部に集中しておくような権限関係の決め方であり, 分権化とは, それを組織階層の下部に分散させる方法である (伊丹・加護野 [1989], 219ページ), と定義される[12].

分権化の程度

　サイモン (Simon [1976]) は,「組織メンバーの能力」(邦訳書, 296ページ) が, とりうる分権化の程度を決める一つの要因であるという. 正しい意思決定をなすために部下のもつ能力が強化されるならば分権化が可能となる. ただし, 上司が部下よりも高度に訓練されている場合にも, 決定を分権化する2つの大きな理由があるという.

　第1は, 決定の正確性に加えて, 上司に支払われる費用を重視することから生まれる. 上司が, 部下よりも高い給与を受けているのであれば, 彼の時間は, 組織の仕事のより重要な側面に留保されなければならない.

　第2は, 分権化よりも集権化した場合のほうが, 組織階層の上位に決定の伺いをたてることになり, その結果として, 意思決定過程に必要となる「金と時間」が多くなることが挙げられる. 中央で意思決定がなされるときの正確性という利点と, 決定を伝達する費用プラス決定の過程を重複させる費用との合計を, はかりにかけてみなければならない, という (サイモン (Simon [1976]), 訳書297～299ページ).

---

12) バーナード (Barnard [1938]) によれば,「意思決定の適否は, 事実と組織目的とに関する知識に依存し, したがって組織伝達と結びついているのであるから, 組織的意思決定に対する責任は, 多くの場合, 積極的かつ明確に割当てられねばならない. だから, 中心的ないし一般的な組織的意思決定は組織伝達体系の諸センターで最も正しくなされ, したがってかかる意思決定はこれら中心的職位にある人々に担当させる必要がある. このような職位を占める人々が管理者として知られる. かように組織の本質要素としての伝達が必要なため, ある種の組織的意思決定過程の専門家をあらわしていることである. ――これが管理者職能の本質である」(邦訳書, 197ページ). なお, 情報処理メカニズムとして企業を捉えたモデルとしては, 青木 (Aoki [1986]), ミルグロム=ロバーツ (Milgrom and Roberts [1990]), ボールトン=デワトリポン (Bolton and Dewatripont [1994]) がある.

第1章 組織としての多国籍企業

サイモン（Simon [1976]）は意思決定の分権化が進む理由として，次の点を指摘する．

「いままでのところ，上司は十分な時間さえ与えられれば，部下よりも正確な意思決定ができると仮定してきた．しかし，この仮定は，決定の基礎となる情報が上司にも部下にも平等に得られるときにのみ事実となろう．意思決定が時間ぎりぎりでなされなければならないとき，もしくは組織の特色が地理的分散にあるときには，この仮定はあてはまらないだろう．『実状についての事実』は，部下にとってはすぐ手にはいるものかもしれないが，それを上司に伝達することは非常にむずかしいかもしれない．」（邦訳書，301ページ）

分権化が企業組織のなかにおいて機能する条件[13]について，マーチ゠サイモン（March and Simon [1958]）は次のようにまとめている（邦訳書，320〜321ページ）．

第1に，利己心が人間の唯一の頼りうる動機であるとするならば，そのときは企業における意思決定の分権化は，企業の利益最大化に貢献する行為の経路を各意思決定者が選択するように動機づけるメカニズムを伴っていなければならない．こうしたメカニズムとしてマーチ゠サイモンが挙げるのは，各部門の損益計算書をもった部門別会計報告書であり，また，その他の代替的な「指標」である．この代替的な指標は金銭的その他の奨励によって会社の利益と相関しており，また意思決定者がその指標に注意を払うよう動機づけられてさえいればよい[14]．

第2に，恵まれた環境の下では，とりわけ個々の部門が十分に相互に独立的であり，そのため大きな外部経済ないし不経済が存在しないようなときに

---

13) サイモンによる以上の指摘がハイエク（Hayek [1944] [1945]）に依拠していることは周知のところであるが，マーチ゠サイモン（March and Simon [1958]）は，（ハイエクの）「その分権化擁護論は，基本的には，人間のプランニング能力の現実的な限界を所与とすれば，分権化されたシステムは，集権化されたものに比較して，よりよく作動するというものである．」（311〜312ページ）と述べている．

14) マーチ゠サイモンによるこの第1の指摘は，プリンシパル゠エージェント理論の分析枠組みに他ならない．同理論については，たとえばリーズ（Rees [1985a] [1985b]）を参照されたい．また，ローレンス゠ローシュ（Lawrence and Lorsch [1967]）による「分化」と「統合」概念との対照性にも注目されるべきであろう．

は，価格メカニズムは企業の中で分権化された意思決定を確保するための，有用な工夫となりうるであろう[15]．

第3に，企業内での価格の利用は，外部経済がないことを必要とするばかりでなく，限界費用と限界収益の妥当な算定，もしくは算定するための有効な技法が，意思決定者にとって利用可能になっていることをも必要とする．しかし，このような技法がないところでは，価格は分権化のための有効なメカニズムにはなりえないだろう[16]．

第4に，集権化されていようと，分権化されていようと，意思決定のなんらかの技法が，組織を純粋に「最適なもの」に近いものにすると想定するべき理由がない以上，意思決定メカニズムを求める探索は，ある程度の満足をもたらす「有効な」技法を求めることに向けられる[17]．これは「限定された合理性」のもとにおける満足化基準にもとづく意思決定である．

以下では，多国籍企業を組織として捉えた諸研究の成果をサーベイする．

多国籍企業の組織構造にみる集権化と分権化の研究

多国籍企業に関する集権化と分権化の研究は多い．以下では，選択的にならざるをえないが，いくつかの研究を紹介したい．共通点として注目されるべきは，企業経営における職能管理部門の重要性である．

---

15) マーチ゠サイモン（March and Simon [1958]）は，「組織は，価格の物差しを提供する外部市場をもっていないために，その内部では独占と不完全競争一般のもつ，すべての問題に囲まれている．」（邦訳書，310ページ）という重要な指摘を行っている．すなわち，「われわれが外部経済・不経済を考慮にいれるとすれば，集権化された意思決定に対する分権化された意思決定のネットの利点，もしくはその逆は，集権化された意思決定が行為の間接的な結果を考慮に入れえないこと（外部経済）による損失と，分権化された意思決定が必要な事実を得られず，また必要な計算を行いえないこと（限定された合理性）による損失とを，比較考量することによって評価されなければならない．この問題は，意思決定メカニズムにおけるこれら二つの種類の「不完全性」の重要性の比較という量的な問題になる．」（313～314ページ）
16) 「組織」を分析単位として集権化とそれに関連した公式化を実証的に論じた研究としてはヘイグ゠エイケン（Hage and Aiken [1967]）があるが，調査の対象は16の社会福祉および保健団体であり，観察の対象を慎重に制御している．公式化など，組織特性に関する実証研究のサーベイとしては野中・加護野・小松・奥村・坂下 [1978] を参照されたい．
17) こうした所説が分権化の発生要因と，その機能に焦点を当てていたのに対し，青木 [1978] はナイト（Knight [1921]）に依拠しつつ，権限の行使は，一般に何らかの代償なしには永続しないものである，という公準のもとに議論を展開する．組織階層における雇用主すなわち権限の行使者は，被雇用者に対して何らかの財を互換的に提供しなければならない．資本制市場体制において，雇用主が被雇用者にたいして提供する財の主要内容は，展開する環境状態の如何にかかわらず支払われる一定の「契約的支払」である．

集権化と分権化という分析視角から多国籍企業を論じた初期の研究として，フェイヤーウェザー（Fayerweather [1969]）が挙げられる[18]．フェイヤーウェザーは，①製品政策，②供給計画，③研究開発の分担，④財務運用体制，⑤営業方法，⑥所有に関する方針，などの職能分野においては，すべて集権化と分権化の問題が発生するという．

分権化した組織構造の採用は，以下の理由により支持される．すなわち，物理的距離や文化・国民性の違いを所与とすれば[19]，現地の環境条件に順応できる点が挙げられる．とりわけ，受入国のナショナリズムやナショナル・インタレストに譲歩すれば，短期的には海外で企業は好感をもって受け入れられる．たとえば，一般に早期に営業の潜在力を最高に実現することができる．

フェイヤーウェザー（Fayerweather [1969]）によれば，多国籍企業は，海外に生産拠点を設けた直後，自国における集権化の程度を基準にして経営を行うが，その集権化の程度が国際経営にとって明らかに最善のものである，と仮定する理由は何もないという．集権化した組織構造は，企業の保持する資源の移動のために最も適している．企業組織内における推進力，調整，継続性，経済性といった使命を達成するのに集権化が役立つ．

こうした考察からフェイヤーウェザーが導く結論は2つある．

第1に，集権化した組織構造の採用は，経営資源の移転にとって望ましい[20]．また，経営管理技法の点でも，集権化には一定の優位がある[21]．

---

18) フェイヤーウェザー（Fayerweather [1969]），邦訳書，238〜275ページ．ハイマー（Hymer [1972]）は，多国籍企業による雇用構造と都市集中を一面的に強調する点で，フェイヤーウェザーとは独自の，そしてやや偏った視点を提示している．

19) この仮定は重大である．ホフステード（Hofstede [1980]）に対して馬越 [2000] は，国の文化と経営のあり方について対立する見解を提示している．なお，渡辺・澤木 [1993] をも参照されたい．

20) 「この二つの構造の長所は，ともに重大であるが，統一化構造を支持する基本的な論理があるように思える．分散化を支持する議論の主たるねらいは，多国籍企業を受入国と最もうまく適合するようにさせることである．ある意味では，この目的は望ましいものだが，本質的には防御的なもので，積極的でもなければ建設的でもない．一方，統一化構造は，受入国に変化を導入し，かつ資源を移動するのには最も効率的であり，いっそう大きな貢献をすることができる．したがって，統一化構造の方が，多国籍企業のもつ優れた機能および特徴により合致するように思われる．」（フェイヤーウェザー（Fayerweather [1969]），邦訳書，239〜240ページ）

21) 「集権化された意思決定は，しばしば統一的な企業組織の経済効率の実現に貢献している．時には，集権化された意思決定はすぐれた技術をもつ個人——たとえばオペレーション・リサ

第2に，分権化を志向すべき理由として，コミュニケーションに対する障害の除去が挙げられる．フェイヤーウェザー（Fayerweather [1969]）は，次のように述べている．

「他方，コミュニケーションに対するすべての障害から生ずるマイナスの効果を考えると，現地人へ権限委譲を最大限に行なう方が有利になるように思われる．というのは，とくに本社における意思決定は，しばしば現地から本社への情報と，本社から現地への決定という二つの流れに依存しているからである．完全な伝達を妨げる文化的障害，および国民性に基づく障害，タイム・ラグ，距離的ギャップのために，正しい意思決定を達成することの困難，これらすべてが，本社に存在するすべての優れた経営資源がもたらすポテンシャルな利益を，相当割引いてしまうのである．」（邦訳書，275 ページ）

こうした見方に従うならば，多国籍企業の本社と子会社との地理的・文化的な距離が適切な意思決定の達成を困難にする限りにおいて，分権化の必要性が生まれることになる．

組織構造

多国籍企業の意思決定における特徴を研究する場合，その事業組織構造に着目する方法がある．

小宮・白川 [1972] は，多国籍企業組織の事例として IBM，モンサント，ソルベイ，エッソ・ヨーロッパ等を取り上げ，組織編成の三要素として①製品（部門）別，②地域別・国別，③機能別（職能別），に意思決定が必要とされることを指摘する．多国籍企業における権限の配分と子会社の自主性について，「本社への中央集権化・子会社への分権化についてどのような方針をとるか」という問題を設定し，経営事項別の権限配分について，「本社に権限の集中される程度の大きい順」として，①幹部職員の人事・給与，②研

ーチの手法の専門家──を全世界的な企業組織に利用できるようにするために役立てるのである．またある場合には，海外子会社間における重複を避けて，一企業のもつ全技術を一ヵ所に集中することが，ずっと経済的であるといえる．」（フェイヤーウェザー（Fayerweather [1969]），邦訳書，274 ページ）

究開発・ライセンシング，③財務，④予算管理，⑤生産・マーケティング，⑥労務，の順番を指摘する．

さらに小宮・白川 [1972] は，「地域本部などについても，管轄地域内の子会社の利潤について責任をもっている場合と（その場合，『地域本部がプロフィット・センターになっている』という），そのような責任を担当者が負っていない場合とがある．エッソ，CPC，IBM，ダウ・ケミカルなどは前者の例であり，GE，モンサント，ベンディックスなどは後者の例である」(87～88 ページ) ことを指摘する．そうした独立採算性が確保されるならば，人為的なトランスファー・プライシングが行われる余地はかなり狭められる，という．

高宮 [1980] は「多国籍企業における組織集権度」と題した文献サーベイにおいて，集権化の度合を考察するうえで，①職能分野，②産業，③多国籍企業の国籍，④受入国の差，⑤子会社の特徴，という5つの視角を提示する．

①職能分野としては，財務・研究開発・マーケティング・購買・人事管理の違いに応じた集権化の違いを，②産業については石油と自動車に関する研究を紹介したのち，垂直統合・均一的な事業環境・グローバルな財と地域性といった要因を考察する．③多国籍企業の国籍についてはヨーロッパないしアメリカ企業に関する研究を紹介し，④受入国の差としては発展途上国と先進国とを対置する．⑤子会社の特徴として挙げられているのは，買収・合弁・新規設立という参入形態の差である．

ストップフォード=ウェルズ (Stopford and Wells [1972]) は，1963 年と 64 年の『フォーチュン』500 社リストにあるアメリカ製造業企業 187 社を調査対象として，海外生産比率と海外製品多角化率とを座標軸に設定し，組織構造との関係を図式化した．海外生産比率とその多角化率が双方ともに低いときには国際事業部，多角化率が高まれば世界的製品事業部，多角化率が低く海外生産比率が高いときには地域別事業部，その双方が高まると製品と地域に関して意思決定権が重複するグローバル・マトリックス組織になるという[22]．

---

22) こうした問題設定がチャンドラー (Chandler [1962]) に依拠したものであることは，想像に難くない．なお，クリー=サッチェン (Clee and Sachtjen [1964]) をも参照されたい．

バートレット=ゴシャール (Bartlett and Ghoshal [1989]) は，ストップフォード=ウェルズの図式を批判する．地域と事業(製品)部門，地域と職能部門，事業(製品)と職能部門といった二次元の管理責任に対する指令と報告で特徴づけられるグローバル・マトリックス組織は「不幸な結果」をもたらしてきたと言う．その事例としてダウ・ケミカル，シティバンクを挙げ，こうした企業は，一旦グローバル・マトリックス組織を採用したにもかかわらず，結果的には，二元的な組織構造を捨て去ることになったという．二元的な指令と責任の重複によって，管理者間の食い違いが発生することが，その理由とされている[23]．

バートレット=ゴシャール (Bartlett and Ghoshal [1989]) が唱道する組織構造は「トランスナショナル組織」と命名されており，「トランスナショナル組織というのは一企業形態というよりも，組織能力や経営精神に現れる広大な企業コンセプトや哲学」(邦訳書，287ページ) であるという．たとえば，世界的な製品政策において規格化を推進して規模の経済を追求するか，現地市場のニーズに適合した製品規格の変更を行うか，という問題について，企業のフォーマルな組織構造とは異なった「特別に設けた意思決定機構」で処理するのが，その事例であるという．分権化された在外子会社と，その多国籍企業本社とが，組織図に示された階梯からは分離された意思決定チャネルを通じて調整されるのである．P&Gでは子会社のマネジャーと製品マネジャーとの交渉が行われ，NECでは世界各地の事業部門が年次ないし四半期ごとのテーマ・ミーティングを行っている，という (バートレット=ゴシャール (Bartlett and Ghoshal [1989])，邦訳書，287～288ページ)[24]．

こうした調整の必要性についてケイブス (Caves [1982]) は，次のように述べている．「国際的な製品事業部と，国際部門ないし地域事業部との選択を考察してみよう．この選択の背後にある経済的原理は，相互にコミュニケーションや調整を必要とする活動を，事業部の内部に位置づけることであり，また，継続的ないし定期的なコミュニケーションのチャンネルを必要と

---

23) バートレット=ゴシャール (Bartlett and Ghoshal [1989])，邦訳書，42ページ．
24) バートレット (Bartlett [1986]) が重視するのは「トップ・マネジメントの出張，全社会議，コミッティー設立」(邦訳書，363ページ) といった情報の伝達，交渉ないし調整プロセスである．

しない活動を離しておくことにある.」(76ページ)

集権度の測定

ネガンディ (Neghandi [1983]) は,ヨーロッパで活動するアメリカ,西ドイツ,日本の在外子会社120社を対象として意思決定の特徴を比較している.貸借対照表,損益計算書をはじめとする財務データを本社に対して報告する義務を比較すれば,アメリカ系企業の場合は月次データでの報告を行い,日系企業は四半期ないし年次データで報告を行う比率が高い.西ドイツ系企業の場合には,両者の中間に位置している.人事,設備投資,製品政策,広告宣伝,資金調達といった意思決定事項について比較してみると,アメリカ系企業が最も集権化しており,在外子会社が意思決定に影響を与える比率は低い.日本は在外子会社による意思決定への影響が最も大きく,西ドイツは,再度,その両者の中間に位置している.

ゲイツ゠イーゲルホフ (Gates and Egelhoff [1986]) は,多国籍企業の集権化に影響を与える要因を明らかにしている.集権化の水準は,1.在外子会社内部で決定,2.国際事業部,世界的な製品担当部門,ないし地理的な地域統括で決定,3.部門レベル以上および企業統括部門で決定,という3段階に分類される.彼らの研究によれば,在外子会社の規模,製品変化,競争条件変化は集権化とプラスの相関を示す.これに対し,本社レベルでの在外活動規模,外国での製品分化,製品の改良上の差異,外部所有の程度,外国の企業買収の程度,在外企業の操業年数といった諸要因は,集権化とマイナスの相関を示していた.

ゲィティノン゠アンダーソン (Gatignon and Anderson [1988]) は,企業がより高いコントロールによる参入方式を選択するのは,どのような場合か,を取引費用の概念を用いて分析する,という.「1.完全所有,2.多数所有,3.均等パートナーシップ,4.少数所有」の4つの組織形態 (organizational forms) に分割される統制構造 (governance structure) を従属変数として売上高R&D比率,カントリー・リスク・ダミー,在外子会社数,従業員数,売上高広告宣伝費比率,「社会文化的距離」ダミーによってロジット・モデルによる分析を行っている.完全所有の場合,こうした説明変数

の多くが統計的に有意となっている.

ゲィティノン=アンダーソン (Gatignon and Anderson [1988]) は,自らの研究について,「我々の研究には,もちろん,限界がある.我々はいかに統制構造が時間と共に変化するかについてよりは,むしろ,多国籍企業の「参入方式」を考察したにすぎない.」(333 ページ) と述べている.その限界とは,第1に,コントロールの度合(degree of control)を極めて単純に所有比率に要約させていることであろう.そして第2に,所有比率の違いを取引費用の存在のみで説明することには無理がある,と言わざるをえない.

分権化された意思決定の実態把握

日本企業の多国籍化過程について,通商産業省産業政策局国際企業課 [1983][1986][1988][1991][1994] は継続したアンケート調査を行っている.「事前承認事項」と題された質問項目では,現地法人の意思決定に関して本社企業の事前承認が要請されるものを尋ねている.第1-1表には,その結果をまとめた.

在外子会社の意思決定にあたり,本社企業の事前承認が必要であると回答されている項目の回答比率は10年以上にわたって極めて安定しており,各調査時点で大きな変動はない[25].第3回調査を基準にしてその順位を比較すれば,第1位は「1. 役員の任免」であり,以下,「9. 子会社の設立・他社への資本参加」,「4. 利益処分」,「5. 新規設備投資の決定」,「8. 研究開発投資の決定」,「3. 賃金引き上げ(ベースアップ等)」,「7. 販売条件の変更」,「6. 製造方法の変更」,「2. 従業員の雇用・解雇」の順になる.

「1. 役員の任免」,「9. 子会社の設立・他社への資本参加」,「4. 利益処分」,「5. 新規設備投資の決定」といった意思決定事項は,本来的に複数の経営管理責任者によっては,フォーマルにもインフォーマルにも調整できない類の意思決定事項であることが示唆されている.すなわち,集権的に決定されざるを得ないのかもしれない.

---

25) なお,『我が国企業の海外事業活動』に『海外事業活動基本調査』が統合された通商産業大臣官房調査統計部企業統計課・通商産業省産業政策局国際企業課編 [1998][1999] では,回答企業の分母のとり方が変更されており,先行する調査との比較を適切に行えないように思われる.

第1-1表　日系在外企業の事前承認事項　　　　（単位；%）

調査回数名	第1回	第2回	第3回	第4回	第5回
調査時点	1981年3月	1984年3月	1987年3月	1990年3月	1993年3月
1. 役員の任免	92.5	93.25	94.7	92.7	95.2
2. 従業員の雇用・解雇	18.1	17.73	25.4	17.4	18.5
3. 賃金引き上げ（ベースアップ等）	29.6	30.02	38.9	27.7	31.5
4. 利益処分	89.0	89.05	90.6	84.4	90.0
5. 新規設備投資の決定	80.4	74.84	78.8	74.7	83.4
6. 製造方法の変更	51.1	34.06	33.6	28.6	39.7
7. 販売条件の変更	36.3	29.40	33.8	27.0	34.7
8. 研究開発投資の決定	56.6	41.36	49.4	43.2	57.0
9. 子会社の設立・他社への資本参加	―	87.97	92.9	91.4	95.3
10. 長期資金調達の決定	―	―	―	77.9	84.7
11. 一定額以上の寄付	―	―	―	55.0	65.9
12. その他	34.8	30.28	43.6	―	―

（出所）　通商産業省産業政策局国際企業課［1983］［1986］［1988］［1991］［1994］より筆者作成.

　日本輸出入銀行海外投資研究所［1990］は，日本の多国籍企業本社が在外子会社に対してどの程度の「権限委譲」を行っているかをアンケート調査している．その結果を第1-2表にまとめた．

　在外子会社に対して権限委譲の進んでいない意思決定事項（遅延度）は，通産省の調査結果とほぼ一致する．「2. 現地役員の人事」，「6. 設備投資計画の決定」，「7. 生産品目の決定」，「10. 長期資金の調達」，「11. 決算・利益処分」といった意思決定事項は日本本社に集権化されている．

　アンケート調査を行った時点で権限委譲の進んでいる事項（進展度）は，「1. 現地社員の人事（昇進・勤務評定）」，「12. 寄付」，「13. 広報活動」，「4. 原材料部品・調達先の決定」，「3. 在庫・生産量の決定」である．こうした分権化された意思決定事項は，集権化されている意思決定事項と比較して，在外子会社の負担するリスクが低いこと，また，日常業務に分類される継起的な側面を持つ．

　将来，権限委譲を進展させたいと回答された意思決定事項（将来）は，「8. マーケティング戦略（販売条件・販売先等）の決定」，「6. 設備投資計画の決定」，「2. 現地役員の人事」，「1. 現地社員の人事（昇進・勤務評定）」，

第I-2表　在外子会社に対する日本本社の権限委譲

(単位；回答数多数順順位)

	進展度	遅延度	将来
1. 現地社員の人事（昇進・勤務評定）	①		④
2. 現地役員の人事		①	③
3. 在庫・生産量の決定	⑤		
4. 原材料部品・調達先の決定	④		
5. 製造方法の決定			
6. 設備投資計画の決定		②	②
7. 生産品目の決定		③	
8. マーケティング戦略（販売条件・販売先等）の決定			①
9. 運転資金の調達			
10. 長期資金の調達		④	⑤
11. 決算・利益処分		⑤	
12. 寄付	②		
13. 広報活動	③		

(出所)　日本輸出入銀行海外投資研究所［1990］より筆者が順位を単純化.

「10. 長期資金の調達」であった．在外子会社における研究開発に関する質問項目が設定されていないが，日本の多国籍企業は，マーケティング，設備投資計画，役員・社員人事，資金調達などを分権化する方向に向かっていたと言えよう．

地域統括本部

　日本輸出入銀行海外投資研究所［1990］は，「『現地マーケットニーズに合わせた商品開発』をグローバル化を進める上での最重要項目にあげる企業が圧倒的に多い」(30ページ) こと，および，

　「『地域統括機能の強化』をあげる企業が極めて多かった．すでに統括拠点を持っている企業は 66 社（電気（組立）が 10 社で最多）にのぼっており，これに今後設立予定があると答えた企業 56 社を合わせるとグローバル化が重要な企業目標であると回答した企業（216 社）の 56.5％を占める．…(中略)…地域統括拠点の設立目的としては，『地域に密着したマネジメントの必要性』『地域内拠点間の相互補完関係強化』といったように，海外事業活動の展開が進むにつれ高まる現

地に密着した経営の必要性に対応するものや、『各拠点の共通問題の処理』、『各拠点間、本店・拠点間の事業活動の調整』といった海外拠点間の調整の必要性に対処するもの、さらに『各拠点への金融・財務面での支援』が挙げられている.」(32～33 ページ)

ことを指摘している[26].

本書第3章では、アメリカの地域統括拠点に所有される日系在米子会社の組織再編成が、日本から直接に統括される場合よりも高い頻度で行われる可能性を実証的に検討する.

また、第4章では、1990年代における日本の電機電子産業を事例として、日本における、いわゆる「産業空洞化」の傾向を探りたい. 企業規模の縮小は集権化へのステップとみることもできるが、企業組織のあり方を企業が自律的に決定できないことが、事態の本質を捉えているように思われる. 組織内部での集権化・分権化というモノサシ自体が、外部の経済環境によって変化せざるを得ない. 従来の研究は企業組織の拡大という成長への方向性を暗黙の前提として集権化と分権化に関する企業の自律的決定を議論していたが、経済環境の変化は、そうした選択肢を狭めることにつながるかもしれない.

第5章では、日本企業の東南アジアにおける国際的事業展開の特質を論ずる. それは世界レベルでの分権化と、その東南アジア地域内における集権化という2つの次元をあわせもつ.

4. 日本企業の競争優位に関する諸学説

作業組織

組織として多国籍企業を観察するための第3の大きな問題領域は、多国籍企業における作業組織の実証的研究である. それは、折衷理論においては希釈化され、内部化理論においては無視されてきた論点でもある. なぜならば、

---

26) 地域統括本部については世界経営協議会 [1990]、高橋 [1991] の調査・研究がある.

取引費用を最小化することが企業行動の本質である，と捉えて実証研究を試みるならば，企業競争力を所与として仮定する以外にないからである[27]．取引費用を最小化する主体として企業を分析するときには，企業活動における競争優位の源泉[28]と，多国籍企業における技術移転の問題とを所与として仮定せざるを得ない．結果として，内部化理論ないし折衷理論にもとづく技術移転論には，見るべき成果が乏しいという結果になっていると思われる．

第6章では，マレーシアの家庭電器産業を題材として，企業の競争優位を形作っている作業組織のあり方を描写したい．したがって，本節では作業組織の観察を主眼とした研究を以下にサーベイしておきたい．

フィールド調査に関する方法論上の問題提起

社会科学における典型的な実証研究の方法には，企業を分析の対象とした場合，以下の3種類がある．第1は，官庁統計作成のための個票ないし既出版の二次資料を利用した計量経済分析，第2は，社会調査法に立脚したアンケート調査とその多変量解析，そして第3は，インタビュー調査ないしは観察によるフィールド調査である．これら3つの研究方法は排他的ではなく，補完的に用いられうるが，第1の方法は計量経済学を学んだ経済学者によって，また，第2の方法は社会調査法を学んだ社会学者によって採用される場合が多い．

本章では，第3の実証研究の方法について，さらに細分化して整理し，将来の研究の進展に必要な条件を議論したい．また，筆者自身の具体的な調査事例として，第6章に詳述するマレーシアのローカル電機メーカーにおける生産システムの観察について，その意義を述べたい．

---

27) 投入費用を制約条件として利潤極大化をはかることと，利潤を制約として投入要素を最小化することとが同値となる双対性については標準的なミクロ経済学に解説されている．生産要素の投入条件を所与として競争優位によって企業の国際化を説明することと，競争優位性を所与として要素投入に関わる取引費用を最小化することは，やはり双対性として解釈できる．洞口［1993］は生産関数と費用関数との双対性にもとづく実証分析の一例である．

28) たとえば，内部化理論ないし折衷理論によっては，1989年をピークとする日本企業の競争優位の崩壊について説明することはできないのではないだろうか．

参与観察

　計量経済学[29)]や社会調査法[30)]に比較して，フィールド調査による企業研究の方法論が体系的に議論されることは少ない[31)]．ウェッブ=ウェッブ（Webb and Webb [1932]），佐藤 [1992]，小池 [2000] などによる調査方法に関する覚え書きは重要であるが，それを読んで理解することと，実践できることとは違う．企業への訪問調査を可能にしているのは，調査者の力量のみではなく，受け入れる企業側の態度とノウハウに依存しているからである．

　フィールド調査の方法を，その時間と回数という視点から分類してみると，次の5つの方法が採用されてきたことがわかる．

　第1は，数ヶ月の「参与観察」であり，ジャーナリストでは鎌田 [1983]，研究者ではグラハム（Graham [1994] [1995]）の調査がある．鎌田 [1983] はトヨタの作業現場に自ら働くことによって，作業の肉体的疲労度を強調した．また，グラハム（Graham [1994] [1995]）は，アメリカの日系企業，スバル・イスズ・オートモーティブに勤務し，日系企業における採用管理，作業管理の実態を報告した．

　こうした作業現場での参与観察による記録は説得的であり，詳細な事実を報告できる．しかし，同時に2つの大きな限界がある．第1は，自らの現職を秘匿するという調査対象企業への信義の問題である．鎌田，グラハムともに，現職は秘匿して作業ラインに立ったと考えられるが，たとえば，自らの現職を秘匿して行った「調査」が公表されるならば，観察の対象となった企業は，研究者の受け入れに一層慎重になり，後進の研究を阻害することにな

---

29)　グリーン（Green [1993]）が定評のある計量経済学のテキストである．
30)　社会調査には，アンケート調査とその多変量解析を内容とする分析手法の解説（林・鈴木 [1997]）と，フィールド・リサーチ（中村・広岡 [2000]）ないしグラウンデッド・セオリーと呼ばれるインタビュー調査手法の二つが並存している．後者は，ここで議論するフィールド調査とほぼ重なりあう調査方法である．ただし，社会調査が対象とするのは企業に限らない．
31)　なお，社会科学的な研究の技法という意味を離れて，実際的な要請に応えるための調査技法が洗練されているのはマーケティングにおける市場調査である．アームストロング=コトラー（Armstrong and Kotler [1999]）第4章を参照されたい．興味深いことに，市場調査による顧客需要の掘り起こしの手法は，アカデミックな調査方法と極めて類似している．なお，アカデミックな調査手法よりも部分的に優れているのではないかと感じさせるのは，顧客データベースの構築が強調されていることである．

るかもしれない．第2の限界は，現場作業に関する日誌の作成という方法によ る「参与観察」では，単一の職務しか観察できないことにある．鎌田 [1983]，グラハム（Graham [1994] [1995]）ともに，自らの関わった自動 車の組立ラインについての記述は可能であるが，それ以外の作業について観 察することは不可能であった．参与観察が，実は「観察」ではなく，「経験 談」となっている以上，それは，自ら作業をこなさなければならない必要性 から，当然のことと言える．

訪問・インタビュー調査

フィールド調査において採用される第2の方法は，3時間程度の「半日調 査」である．これは，訪問先企業でのインタビュー調査と工場見学の組み合 わせであり，企業経営に関するフィールド調査の基本型をなしている．たと えば，安保他 [1991] [1994]，板垣他 [1997]，岡本編 [1998] [2000] は， 複数の調査者によってグループを組むことにより，30から60程度の日系企 業に対してインタビュー調査を行っている．事前に準備された調査票に，イ ンタビューをもとにして調査者が記入する，という方法を採用している．ま た，筆者自身も，インドネシア，シンガポール，タイ，フィリピンで4つの 2社比較を行い，その結果を報告している（洞口 [1991c] [1992a]）[32]．

半日調査のメリットは，調査を受け入れる工場サイドにとって貴重な「時 間」を最小限に抑えて必要な情報をインタビューし[33]，かつ，生産工程の確 認をすることができるところにある．たとえば，工場内にプレスの工程を持 つか，作業のためのグループを何人で，どのように組織しているかなどは， 現場でのインタビューが役立つ．調査結果をもとにして複数企業の比較が可

---

32) また，その後，フィリピンの現地中小企業24社（洞口 [1995b]，Horaguchi [1997]），ア メリカの大手自動車企業の2工場（洞口 [1997a]），マレーシアの欧米，ローカル，日系電機 電子メーカー14工場（洞口 [1999a]），日本の大手電機メーカー7工場（洞口（Horaguchi [1999]），フランスのローカルおよび日系電機メーカー5工場（洞口 [2001a]），フィリピン， タイ，マレーシア，インドネシアの日系企業8工場（洞口 [2000]），さらに，洞口の参加した アジア経済研究所 [1994] においてはインドネシアの日系企業21工場について，それぞれの 調査目的に応じて半日調査を繰り返してきた．
33) この点の指摘は，小池 [2000] にある．なお，調査の重要性を理解するうえでは小池 [1991] が有用である．

能になるのである.

　フィールド調査の第3の方法として,「数回にわたる半日調査の繰り返し」を採用している小池・猪木［1987］を挙げておくことは重要であろう. 同一の工場に複数回訪問し, 作業に携わっている作業者に直接インタビューすることによって作業者の熟練の幅を確定しようと試みている. 作業現場で作業者の横に立った「ききとり」を重視しているのである.

　第2, 第3の方法を含めて, 半日調査のデメリットを指摘しておきたい. 第1は, 調査を受け入れる企業のノウハウに調査結果が左右されうることである. 企業側は, 調査者に会わせてもよいと判断される作業者, 観察させてもよいと判断される工場とその特定の操業期間を選択することができる. 日本の小学校5年生の社会科（文英堂編集部編［1997］）を見れば, いわゆる「社会科見学」として自動車組立工場が小学生向けの工場見学コースを準備していることがわかる. 大学の研究者からの工場見学の申し入れにも, そうしたラインが準備されるかもしれない. また, 筆者は, ラインの見学を依頼したときに,「あいにく, その日にはラインがストップしているので」という理由で見学を断られた経験が何度かあるが, そこには, 工場側の判断基準として「見せてもよい」ラインの状態が存在していることを示唆している. すなわち, ラインをストップしなければならないほどの「異常」が存在するときには, 研究者の観察は許可されていないことになろう.

　第2のデメリットは, 調査の質問自体は妥当であっても, 工場側で「望ましい」と考える状態にあることを強調する答えが返ってくる可能性である. すなわち, インタビューをされた人が, 優れた生産システムの理念型を「正解」として捉え, その意味内容が付着している質問に対してはポジティブに答えることがあるかもしれない. 半日調査では, 調査者が自らの目で工場を観察できる時間は数時間にすぎないため, インタビュー結果を実測して確認することはできない. その場合には, 実態を確認する方法がないことが致命的となる. たとえば,「職務をローテーションしているか」と尋ねられた企業人は, その質問の意味が「多能工化」を追求するための手段としての「職務ローテーション」であることを鋭く察知し, 実態がどうであれ「はい, 可能な限り」,「日本ほどではありませんが」等々の回答をすることもあるかも

しれない[34]．また，たとえば熟練形成を調査目的とした調査者には，正規勤続従業員の多い工場における「ききとり」を許可しているかもしれない．人件費削減のために工場内を分社化して，新たにアルバイト主体のラインを組んだ部署には，調査者を近づけないかもしれない．あるいは，入社1ヶ月に満たない作業者の多いラインを，熟練形成の研究者に紹介することは失礼にあたると企業側が判断するかもしれない．

　第3のデメリットは，インタビュー調査によっては，本来，計測によって比較されるべき数量データは捨て去られ，調査者の理念にとって必要な情報のみを生産現場から「ききとる」可能性を否定できない．半日調査では，あるいは，半日調査を複数回繰り返すことによっても，その回答の真偽を具体的に観察することができない．また，多くの場合，インタビュー調査によって得られた回答は定性的なものになるため，他の企業，他の職場との数量的な比較が困難である．たとえば，小池・中馬・太田［2001］においては，作業の幅があることが熟練の指標となっているが，それが生産性とは全く別の指標となっている点に注意が必要である[35]．たくさんの作業を知っているが，その構成要素である単一作業の生産性がそれぞれ低い場合，熟練とは何を意味しうるだろうか[36]．インタビュー調査によって推定しうる生産性には，限界がある．「職務の幅」という定性的指標が，必ずしも定量的水準と結びついていない可能性は否定できない．作業現場の観察によって，はじめて見えてくる生産上の問題点は，多々あるのではないか．

　第4は，調査者による問題発見の可能性が乏しいことにある．前述した安

---

34) 安保他［1991］［1994］，板垣他［1997］の調査では，インタビュー調査結果を1点から5点までの数値に指標化している．なお，安保，板垣らの研究グループのなかで，公文［1990］はアンケート調査を行っている．
35) 作業の幅が広いことが熟練であるというのは，ある種の熟練の定義にすぎない．その定義に従えば，受けもつ作業の幅が広くても生産性が低く，長期勤続者であっても生産性が低いというケースがありうる．小池・中馬・太田［2001］は，射出成形職場の作業別習得状況を比較して，高度な職務をこなすことができるのが20代後半の作業者であって，30代，40代から50代にいたる勤続年数の長い作業者ではない事例を報告している（174ページ）．
36) たとえば，入学試験問題の作成，入学試験の監督，学生生活相談，留学のアドバイス，大学紀要の配布，学部紹介パンフレットの作成，高校への進路指導，サークル活動の顧問などは，筆者の勤務する日本の大学における教員の「仕事」であるが，こうした側面で熟練の幅が広がることは，研究と教育に特化するアメリカの（一流）大学教員に比較して，大学の「競争力」や「生産性」を強めることにつながるであろうか．

保・板垣らの研究においては，調査票を準備して，その集計値をもとに分析するのであるから，原理的には郵送による企業向けアンケート調査と変わりがない．調査票の記入者が，企業側であるのか，旅費を使って訪ねていった調査者であるのかという違いがあるのみである．また，海外の現地工場におけるインタビュー調査に回答するのが現地に派遣された日本人管理者である場合，現場作業者の実態を把握しているとは限らない．「おそらくそうなっているはず」という程度の「印象」を，現地調査によって収集している可能性も排除できない．

　計量経済学における OLS (ordinary least square，最小二乗法) が学問理解の入門的基礎であるのと同様に，フィールド調査における半日調査もまた，調査者の調査技法を向上させ，調査の視点を絞るために有効であろう．いわば，「最小努力による通常の調査」(ordinary least survey, OLS) として，国際経営研究の基礎として位置づけられる．半日調査は，常に必要となる．また，情報入手のための基礎的な方法の1つである．その点を否定するものではない．また，調査目的によっては，視覚的に観察不可能な事象を研究課題とすることも多いだろう．しかし，生産現場のように観察可能な対象について観察が放棄されてきたこと，それによって生産性が類推されてきたことの意味は大きい．筆者が半日調査の限界と重要性を意識しつつ，さらに，それを乗り越える努力が積み重ねられるべきであると主張したいのは，この生産現場での観察可能な事象に限定されていると言ってよい．

複合的調査

　フィールド調査の第四の調査方法として，「アンケート調査および訪問調査の併用」がある．工場訪問と，その工場に勤務する従業員に対するアンケート調査を併用する方法である．ドーア (Dore [1973])，高宮 [1993] に見られる方法であるが，両研究ともに工場への訪問回数，観察期間などは不明である．

　第5の方法として，「観察期日・回数を秘匿した調査」がある．これは，あまりにも多い工場・企業への訪問回数，訪問期間を論文中に記載する煩わしさを避けたものと解釈でき，『ハーバード・ビジネス・レビュー』といっ

た経営者向け啓蒙雑誌などでは,よく見られる.メイス (Mace [1971]),ミンツバーグ (Mintzberg [1973]) などは,取締役や経営責任者を対象としたインタビュー調査の結果を一般化してまとめている.

またコンサルティングを請け負った研究者の場合[37],被調査企業は,企業秘密とも言える事実を明らかにすることになるが,通常,調査者は企業名を明らかにすることは許されない.念のため述べておけば,企業名の秘匿は上記第1から第4の方法のいずれにも見られる.注意するべきは,調査訪問日時を秘匿するコンサルタンツの真似をして,わずか1回の訪問の結果を1回と記載しない,という研究方法の流布であろう.会社名を秘匿する必要があったとしても,観察期日,回数を秘匿する必要は必ずしもない.

コンサルティングの結果ではなく,純粋な調査が行われ,かつ調査日時が明記されない場合もある.島田 [1988],クラーク=藤本 (Clark and Fujimoto [1991]) などは,そうした研究の例であり,かつ高い評価を得ている.藤本によれば,調査日時の秘匿が行われたのは,製品開発という研究対象が選択されたために,企業側から要請されたものであるという[38].

2 週間の通勤調査

本書第6章では,新たな研究方法を提示したい.それは,2週間前後,同一工場に「通勤」して観察結果を記録する方法である.この方法によれば,第1の研究方法のように身分秘匿による調査を行う必要はなく,第2,第3の「半日調査」のようにインタビュー回答を実地に観察しない,という調査研究上のリスクを避けることができる.インタビューと実態観察を同時に行うことができる.

本章冒頭に,内部化理論あるいは折衷理論と称される多国籍企業分析における「理論」は,退化した組織論である,と述べた.それは,職場組織の観察というステップを踏まない多国籍企業分析という意味でも退化している,といえるように思われる.

---

37) 製茶業界へのコンサルティングと,様々な製茶作業への参与観察を行った結果にもとづいた経営戦略分析として,桜沢 [1994] [1997] は注目に値する.同研究の重要性を指摘したのは塩次 [1996] である.
38) 2000年10月22日,国際ビジネス研究学会での筆者の報告に対する,藤本教授のコメント.

第Ⅱ部

作 用

第2章　日系多国籍企業の
　　　　　フィージビリティ・スタディ[1]
　　　　　――対米直接投資に関する実態調査と仮説の抽出――

1. アメリカでの撤退事例

フィージビリティ・スタディ

　フィージビリティ・スタディ (feasibility study, 以下 FS と略記) とは，「企業化調査」ないし「事業可能性調査」と訳されるが，個別企業が新規事業を開始するため，事前にその収益性を調査することを意味する．海外進出を行う際に FS をいかに行うかについては，いくつかの「手引き書」や「マニュアル」が出版されている[2]．しかし，日本企業が現実に採用している FS がいかなるものであり，どのような共通した特徴を備えているのか，という論点を明らかにするための実態調査は従来行われてこなかった，と思われる．

　FS は，個々の企業が新規事業を立ち上げる際に，その将来の収益性を調査にもとづいて予測することであるから，損益計算書や貸借対照表といった財務諸表のように，すべての企業に共通する確定的なフォーマットが存在す

---

[1] 本章は洞口 [1998b] を加筆修正したものであり，フルブライト若手研究員プログラムおよび法政大学在外研究員制度によって，1994 年から 96 年までハーバード大学経済学部に客員研究員として滞在した期間に行ったアンケート調査に基づいている．本章の作成にあたり，㈶全国銀行学術研究振興財団からの研究助成を得た．

[2] 中小企業事業団情報調査部 [1985]，日本輸出入銀行海外投資研究所編 [1987]，バーレンス=ホウランク (Behrens and Hawrank [1991]) などがフィージビリティ・スタディに関して市販されている入手可能な「マニュアル」である．また，国際ファイナンスの観点からは，エイトマン=ストーンヒル=モフェット (Eiteman, Stonehill and Moffett [1995]) 第 19 章が新規国際事業の収益予測を扱っている．なお，1997 年 5 月，法政大学大学院夜間修士課程において R 商事，森田義郎氏 (当時) からレクチャーを受けたところによると，同社では，社内向けに独自の FS フォーマットが開発されているという．

るものではない．FS の方法は，個別の企業，あるいは，個々の担当者が有する知的なノウハウに属するものであり，その先進性や正確さは，事業の見通しを得るうえで重要な役割を果たすと考えられる．しかし，将来予測を行うことは，新規事業に限らず困難な課題である．その困難さが，理論上いかなる意味を持つものであるかは，本章の目的を述べたのち，再度詳しく論ずることにしたい．本章における質問調査項目の設計は，その点に留意したものとなっているからである．

調査目的

調査の目的は，以下のようなものである．

第1は，アメリカでの事業活動計画に，どれほどのコストと時間が必要であるかを認識するためである．1980年代以降，アメリカで活動する日系企業が急増したが，その一方で，その収益性の低さ，撤退比率の高さを指摘する研究もあった[3]．1995年には松下電器が MCA 株式をカナダの企業シーグラムに譲渡し[4]，大和銀行のアメリカ国内業務停止[5]，また，三菱地所のロックフェラー・センター経営難[6]などの事例が報道されたが，それらは，日本企業がアメリカで経営を継続していくことの困難さを象徴する，いわば氷

---

3) たとえば，洞口 [1991b]，小野 [1992]，坂本・小野 [1992]，郭・洞口 [1993] を参照されたい．

4) "Seagram will Trade DuPont for MCA Inc.: Does It Make Sense?," *Wall Street Journal*, 1995年4月7日．"Seagram Buys 80% of MCA at $5.7 Billion," *Wall Street Journal*, 1995年4月10日．"Matsushita Tells Why It Decided to Abandon Hollywood," *New York Times*, 1995年4月12日．"Seagram Reports a 58% Decline in Fiscal Fourth-Quarter Profit," *Wall Street Journal*, 1996年3月15日．なお，松下と同時期にコロンビア・ピクチャーズを買収したソニーについては，「会社研究・海外 M&A 誤算の検証，ソニー・コロンビア・ピクチャーズ，ヒット作ない弱み，投資膨らみ金利負担重く」『日本経済新聞』1994年12月20日朝刊を参照されたい．

5) "Feds Close Daiwa in USA," *USA Today*, 1995年11月3日．『日本経済新聞』「大和銀，住銀と合併へ．米，全業務停止を命令」1995年11月4日．"Fed lessons on Daiwa," *Financial Times*, 1995年11月6日．"Daiwa Effects Ripple Through Japan's Banking Industry," *Wall Street Journal*, 1995年11月6日．"Daiwa Pleads Guilty to Claim to Conspiring to Hide Loss," *Wall Street Journal*, 1996年2月29日．「大和銀，罰金250億円」『読売新聞』1996年3月1日朝刊．「銀行界，海外業務縮小相次ぐ」『読売新聞』1996年3月5日朝刊．なお，井口 [1997] には，大和銀行幹部の管理能力の欠如，大蔵省検査官による杜撰な検査体制が暴露されている．

6) 「動き出すか，米の"日の丸不動産"（上）」『日本経済新聞』1994年12月20日朝刊．「対米不動産投資重いツケ」『読売新聞』1995年9月7日朝刊．

山の一角にすぎないのかもしれない[7]．アメリカは，今後とも日本企業にとって重要な市場であり，生産拠点であり続けるであろうが，たとえば，今後新たに対米直接投資を計画し，実施しようとする中小企業にとって，計画それ自体のコストを知っておくことは，無計画な海外進出に歯止めをかける効果をもたらすであろう．

第2に，海外直接投資の撤退を経験した日本企業の多くが，FSの不足をその理由として挙げている[8]．操業時点でのパフォーマンスを向上させるために，どのようなFSの方法を採用するべきかがわかれば，今後，海外に進出する日本企業にとっての指針となるであろう．

第3に，FSの意義が，個々の企業にとって将来の市場動向を予測することにとどまるものではないことを示したい．FSをどれほど周到に行おうとも，将来を完全に予測することはできないのだが，「予測をする」という知的活動が予測者である事業の立ち上げ責任者や企業組織の構成員に与える影響は，いくつか考えられる．

以下，第2節では，FSの意義について論ずる．それは，一方では本調査の理論的意義を明確にすることに他ならないが，また他方では，FSの担当者にとって明示的に理解されるべき重要な論点を提示することになるからである．第3節では調査の方法を説明し，第4節にその集計結果をまとめる．第5節では若干の統計的分析を行い，第6節においてFSに関する今後の研究課題をまとめるとともに，本書以下の各章との関連を述べる．

2. フィージビリティ・スタディの理論

理論の基礎——限定された合理性

在外子会社の設立[9]に先だって，FSを行うことに，どのような意味があ

---

7) 次章では，1989年から94年にかけての日系在米子会社について分析する．1989年に東洋経済新報社編『海外進出企業総覧（国別編）』に記載されていた在米子会社2,840社のうち，776社（27.32％）が1994年には記載抹消の対象となっている．なお，田中[2000]をも参照されたい．
8) 洞口[1992a]第5章および第6章を参照されたい．なお，中小企業事業団情報調査部[1990]，日本在外企業協会[1991]がある．
9) 在外子会社の設立を，多国籍企業の組織変更として捉えることができる．経済学的参入・

るだろうか．FS の担当者は，自らの予測がはずれることを知りながらも，あえて予測を作成している[10]．また，ほとんどの場合，FS によって予測した数値は内部資料であって，企業外部に公表することを前提として行っているのではない．将来予測が不可能である，ということを知りながら作成される将来予測，という矛盾した事実は，どのように説明されうるであろうか．

すでに前章で議論したとおり，筆者は次のような説明を与えたい．すなわち，将来設立する子会社の行動予測が不可能なのは，組織の内部に情報処理能力の限界が存在し，最適な組織のあり方を将来にわたって見通すことが不可能であるからに他ならない．財・サービスの生産プロセスにおける革新，天候や天変地異による需要変動，政府による規制の変更など，「外生的ショック」とみなされるべき影響は，数多く存在する．こうした要因についての情報処理能力の限界は，サイモン（Simon [1945]）によって提示された「限定された合理性」の概念によって説明されてきた．

前章の自動車メーカーの事例で明らかにしたように，寡占的状況のもとでプレーヤーの数が少なくとも，また，「外性的ショック」の存在を無視したとしても，ゲーム理論上想定可能な戦略の数は天文学的数値に上昇する．通常の経済学が想定する合理的なプレーヤーであれば，論理的に可能な戦略のなかから，最適な戦略を選択しなければならない．前章の例では，最適戦略の選択はコンピューター・プログラムによって行われると仮定していたが，そのための費用と時間は，われわれの常識をはるかに超えるものとなっているはずである．すなわち，合理的なプレーヤーによる逐次的な計算プロセスでは，実際上，意思決定を下せない．また，コンピューターを利用することなく意思決定をする人間が，どのような基準を用いて市場についての仮定を

退出のモデルが，企業の収益性を参入・退出の決定要因として捉える立場をとるのに対し，組織変更としての参入・退出は，収益性をその最終的な基準とはするものの，多くの場合，それとは異なった次元で決定されうることが重要である．端的に言えば，多国籍企業の組織改編は，計算能力に限界のある企業組織が，環境に対して適応的行動を採用するために発生すると考えることができる．その例としては，参入・退出をはじめとして，複数ある在外子会社を統合するケース，持株会社を設立してその子会社を設立し，日本側親企業からみて孫会社に組織を改変するケースなど，いくつかの典型的な方法がある．

10) S商事・秋山雄一氏へのインタビューによる．秋山氏によれば，「事業を創造すること」の重要性は，必ずしも事業予測の正確さとは，一致しないことが強調されていた．（1995年8月22日，所属業種は当時．）

第2章　日系多国籍企業のフィージビリティ・スタディ　　　　45

第2-1図　知的活動としてのフィージビリティ・スタディの効果

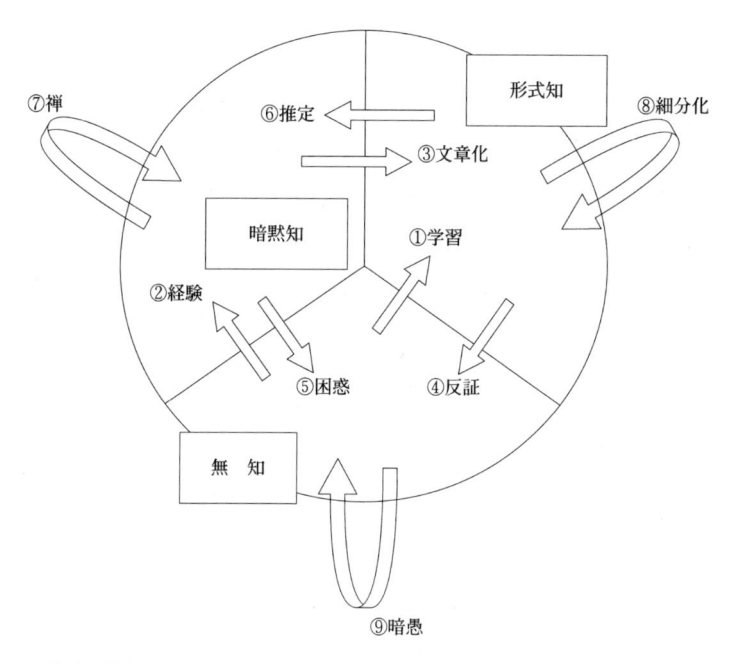

(出所)　筆者作成.

単純化しているかは，たいへんに興味深い問題である．サイモンのいう「満足化基準」はその単純化の仮説として有力ではあるが，依然として他の仮説が模索されうるようにも思われる[11]．

「限定された合理性」の概念を適用する際に，情報処理費用が十分に高いという理論的条件が満たされている必要があるが，海外事業を展開する際のコストとしてみると，FSに関しては，その条件が満たされているように思われる．以下で，やや詳しくFSの具体的側面に即して，適用可能な理論を模索したい．鍵となる問題は，「限定された合理性」という概念における「限定」がいかに形成されるかである．以下の論述に際しては，第2-1図を

---

11)　信念，情熱，信頼，恥といった対人接触によってのみ表出され認知可能な「感情」によって，企業経営の意思決定が左右される側面の重要性を吟味することは今後の課題である．信頼については山岸[1998]，恥についてはルイス(Lewis[1991])を参照されたい．

参照されたい.

予測による学習——時間と空間

　予測を行うことの第1の意義は,予測者自身が,予測のプロセスにおいて市場への理解を深めるであろう,という点に求められる.もちろん,市場への理解がただちに予測を確実にするものではない.しかし,将来の不確実なできごとに対して,過去の行動パターンを参考にして,より適切な対応を選択することが可能になるのである.

　たとえば,「アメリカ,マサチューセッツ州ケンブリッジでは,過去5年間,年あたり平均4日間は豪雪注意報によって学校・企業の活動が停止した」というデータは,翌年度の豪雪注意警報発令日数の予測根拠としては薄弱である.しかし,そのデータを知っておくことによって,年間労働日200日のうちの約2％は雪で失われるかもしれないこと,日系企業だけが豪雪のなかで操業を続けるならば,アメリカ社会の反発を買うであろうことを理解することができるであろう[12].

　予測を行うことの第2の意義として,予測者が,予測のプロセスにおいてビジネス・チャンスを発見するかもしれない,という可能性も指摘できる.需要の見積もりを出すためにヒヤリングを行う過程で,新規顧客が見つかるかもしれない.たとえば,「アメリカ・マサチューセッツ州ケンブリッジの交通信号のランプは,10個に1つの割合で故障しており,点灯していない」というデータが得られたとき,その事実は,多くの企業にとっては不必要なデータであろう.しかし,交通信号のランプを保護するための冬季暖房設備を製作しているメーカーにとっては,重要なマーケティング上のデータとなるかもしれない.

　FSを行う第3の意義は,ありうる可能性の多くを捨て去る,という行為を否応なく経過することであろう.FSを多数の地域で行うことはできない.時間とコストがかかりすぎるためである.FSの対象地として特定の地域を

---

12) トヨタがケンタッキー州に工場立地を決定した際に,やはり年間の降雪量が少ないことが理由の一つであったという.1997年8月27日,トヨタ・ケンタッキー工場でのヒヤリングによる.

限定せざるを得ない．その際，特定地域への絞り込みは，調査主体の直感にもとづく[13]．そして，その直感は調査主体の認知度に依存している．認知度の違いは，どこから生まれるか．それは，情報入手の過程におけるコストの低さから発生すると考えられる．情報伝達媒体として何が用いられるかは，情報伝達のコストに依存する．対人接触による情報伝達は，電話よりも認知度を高めるであろうが，そのための移動コストは電話料金よりも高くなる場合が多い．

例を挙げよう．たとえば，アメリカのオハイオ州とケンタッキー州のどちらが南に位置するか．各州，最大の都市はどこか．その両都市における年間降雪日はどちらが多いか．こうした設問には，アメリカの小学生であれば，難なく答えられるかもしれないが，日本の多国籍企業に勤務する「課長」にとっては難しい質問かもしれない．しかし，仮に，その「課長」が，オハイオ州に進出しているホンダと取引がある会社に勤務しており，アメリカへの出張経験が豊富であれば，認知の度合いは，大きく異なってくるであろう．

第2-1図では，以上に例示した認知プロセスを「①学習」として示している．無知から，明示的な知識（形式知）を獲得するケースである．

調査を通じた現地での経験——暗黙知の獲得

学習には，目的がある．言葉の定義上，学習には，何を学んでいるかがわかっていることが重要であろう[14]．しかし，経験の場合は，必ずしもそうではない．何を経験したのか，すべてを数え上げることは，通常困難である．学習が，可算可能な，いわばデジタルな知識の習得を目指す知的活動であるのに対し，経験は，可算不可能でアナログな体験の記憶を意味している．

経験によって知り得た事実，いわば，知恵が，企業活動に直接に役立つとは限らない．たとえば，アメリカでは電気料金・電話料金の「銀行振り込み」という制度がない[15]．電力会社，電話会社から，個人の銀行口座に直接

---

[13] 選択肢の限定が情報処理費用を削減することは，前章のローカルなゲームの事例によって示した．
[14] この点において，心理学における「学習」の意味は，広すぎるといわざるを得ない．心理学においては，行為主体が無意識に獲得する習慣を「学習」と呼ぶ場合がある．
[15] これは1994年から96年当時の筆者の経験にもとづく．2つの制度が，なぜ，それぞれの

請求が行き，引き落としをするというシステムは，日本に固有であって，アメリカでは特殊である．周知のとおり，アメリカでは，銀行の当座預金用のチェック・ブックから，利用者が毎月チェックを振り出すのである．アメリカの制度は，電力利用者が電力会社にチェックを郵送するという意味で，日本よりも郵便料金のかかるシステムであるが，この事実を知ったとして，それを，企業活動（郵便料金収入増大）に役立たせるためには，日本の銀行口座利用者の意識を変化させる，という大きな課題が残されることになる．もちろん，そのサービスをアメリカに持ち込むことによって，チェックの振り出しよりも効率的な電気・電話料金の払い込みシステムができあがるかどうかは調査によってはわからない．存在しないものを，創り上げた結果を予想するのは困難であろう．

暗黙知の概念は，周知のとおりポランニー（Polanyi [1966]）の造語である[16]．ポランニーが例として挙げる顔の認識は，社会制度の認識に共通する部分がある．ある人の眼の形を認識することは可能であっても，それを論理的に説明し尽くすことは困難である．FSによって調査者が獲得した暗黙知は，事業の設立に直接に役立つとは限らず，また，役立っていたとしても，当事者達にその役立ち方が認識されていないかもしれない．

以上の活動プロセスは，第2-1図において「②経験」として示されている．

国で定着しているのか．それは青木・奥野 [1996] が強調するように歴史的な経路に依存するであろうが，その歴史において，どちらの制度が効率的であったかを確定することは困難であろう．歴史的な条件は，仮説検定のためにコントロール不可能だからである．また，適者生存の論理を制度の改変にあてはめて「進化」と呼ぶ根拠も，薄弱である．ある国の制度が，実際に効率的なものであるか否かを実証するには，仮に，それが可能であっても膨大な時間とコストを必要とし，また，多くの場合は実証不可能である．したがって，「進化」と「変化」を峻別する基準がない．青木・奥野 [1996] における「制度的補完性」の概念が，ゲーム理論における「戦略的補完性（strategic compliments）」の概念と異なることは重要である．すなわち，「制度的補完性」の概念は，官僚機構による組織の自己増殖過程を論理的にサポートする役割を果たしてしまうことに注意すべきである．いかなる税金の無駄遣いも，「補完的」でないと判定することはできない．

16) 暗黙知の概念を経済分析の道具として用いた例としては，池・猪木 [1987] がある．明示的な知識と暗黙知について，それぞれの転換プロセスを4象限に示したモデルとしては，野中 [1990]，野中・竹内（Nonaka and Takeuchi [1995]）がある．本章において議論しているように，将来の見通しが困難であったり，その結果として新規事業を撤退するケースなどに議論を敷衍する場合，明示的な知識と暗黙知との二分法は必ずしも有効ではない．筆者は，無知の果たす役割が，企業行動に決定的な影響を与えると考える．

文章化——暗黙知から伝達・保存可能な知識へ

　FSは文章にまとめられる．それは，調査者が暗黙知として獲得した「知」を組織構成員の間で共有するためかもしれない．その過程で，暗黙知は，人間の意識のなかに確固とした概念を形作り，定義可能・文章化可能な領域に形象される[17]．文章になることは，異時点間において保存可能・共有可能な形式知になることを意味する．暗黙知の獲得が，共時的な性質を持つことと対照的である．

　この知的活動のプロセスは，第2-1図では「③文章化」として示されている．FSによる社内文書の作成は，この「文章化」のプロセスに他ならないが，同時に，どのような意味でそれが重要であるのか疑問点が多い．

　第1に，FSを行った多国籍企業の担当者が，在外子会社の責任者として自ら経営に責任を負う場合，FSの内容を文章化する必要はないかもしれない．暗黙知のみに依拠して経営をすることは不可能ではない．

　また，第2に，FSを行った担当者が，別の経営責任者に文章化されたデータを伝達したとしても，暗黙知を伝達することはできない．伝達することができるのは，文章化されたデータの質と量，また，そこから読みとることのできるFS担当者の「情熱」であるかもしれない．しかし，残念なことに，この「情熱」は，関連部署担当者の説得のための「根回し」や酒席，ゴルフや観光といった「接待」によっても表現可能である．文章化されたデータが真に有効であるか否かは，文章化という事実のみでは捉えられない．その組織内部における文脈の吟味が必要になる．

　第3に，文章化の作業は，関連部署ないし関連した企業に対する説明責任を果たすために重要であるかもしれない．また，FSを行った本人にとっての備忘録という意味を持つかもしれない．また，文章化に際して，あるフォーマットが準備されているならば，調査できなかった項目，ないし，調査しなかった項目を理解することができるであろう．しかしながら，文章化その

---

17)　顔の例で言えば，三次元座標空間を設定したコンピューター・グラフィックスによって顔の輪郭を描く作業が，「文章化」に該当する．技術進歩は暗黙知の一部を形式知に変換可能にする．なお，その場合にも，より微妙な暗黙知による顔の修正は必要となろう．

ものは，暗黙知を豊かにするものではないであろう．言い換えるならば，形式知と，暗黙知とのどちらが，FSを経て創業された多国籍企業の子会社にとって有効に機能するのか不明であり，その点について，以下の実証研究に回答を求めたい．

反証と困惑

　事業活動の開始は，文章として残されたFSに対する批判の役割を果たす．調査担当者は，批判の対象として意識されることになる．批判の様式は，2つある．第2-1図において「④反証」および「⑤困惑」として示されている認識の崩壊過程である．

　形式知への批判として，「アメリカ，マサチューセッツ州ケンブリッジでは，過去5年間，年あたり平均4日間は豪雪注意報によって学校・企業の活動が停止した」というデータの獲得例について，再度とりあげよう．FSによって上記の事実を明らかにし，年間労働日数のうち約2%は雪で失われるかもしれないことを事業計画に織り込んだ企業があったとしよう．そして，この企業が，自ら操業を開始した初年度，記録的な豪雪によって年間12日間豪雪注意警報によって操業不可能になったとしよう．その場合，形式知に「④反証」が提示される．何年間の移動平均をとるにせよ，形式知と現実とが乖離したことを認めざるを得ない．

　暗黙知への批判例として，日本における「銀行振り込み」サービスの普及という商品開発の例を再度とりあげよう．「銀行振り込み」サービスの発達した日本において，コンビニエンス・ストアから電気・電話料金の払い込みが可能となっている状況を観察するならば，「銀行振り込み」サービスの合理性についての説明は，修正を必要とする．また，カードや電子的媒体による決済の発達も，暗黙知を「⑤困惑」にさらすことになるかもしれない．顔は，メーキャップによって大きく変貌するのである．

推定と知の高度化

　明示的な，あるいは暗黙の批判にさらされない場合にも，認識は深まる．対象への働きかけを通じて，獲得した明示的な知識を，高度な暗黙知とする

ことは可能である.

　パース（Peirce [1868]）は，演繹と帰納という2分法に対置させて，推定という仮説形成のプロセスを重視した[18]．第2-1図には，形式知を基礎として，暗黙知が獲得される場合として「⑥推定」のプロセスを示している．形式知から，暗黙知の獲得に向かうという認識の過程は，ある仮説を実証するために研究を進める研究者が，自らの認識する仮説では認識不可能な事象を偶然に発見する過程に類似している．

　たとえば，FSの担当者が，「年間の豪雪注意警報の日数」についての明示的な知識をもとにアメリカの現地従業員とともにFSを進めているときに，「夏の短さ」，「風の冷たさ」，「秋のにわか雨の多さ」など，必ずしも数値化されていない事実を認識し，そこから全体として「気候の険しさ」を「推定」していくプロセスである．もちろん，この暗黙知にもとづいて，具体的なデータを獲得しようとすることが，「③文章化」のプロセスであり，その2つのプロセスを行き交うことによって，認識は深まるであろう．

　「⑥推定」のプロセス以外にも，知の高度化には，2つのパターンが存在する．第1に，それは第2-1図に「⑦禅」と名づけて示したように，暗黙知がより高度の暗黙知になるケースである．暗黙知を，さらに高度な暗黙知として獲得することが可能か否かには，議論の余地があるかもしれない．しかし，無知から暗黙知を獲得するプロセスを「②経験」として名づけたことからみれば，その補集合として残るのは，「何も経験せずに，何事かを悟る」という行為であろう．適切な比喩ではないかもしれないが，それを暗黙知の高度化の事例として端的に表現するならば，「禅」の行為に近似しているように思われるのである．

　第2に「⑧細分化」と名づけたように，明示的な知識（形式知）が，より高度の明示的な知識（形式知）として再認識されるケースである．細分化の例示は，容易であろう．「年間の豪雪注意報の日数」を「月間」のデータとして示すことによって，形式知は数量的に豊富になったと主張されうる．

　なお，論理的にも，また現実にも，無知から出発した行為者が，無知のままで終わる可能性がある．第2-1図では，そのようなプロセスを「⑨暗愚」

---

18) 上山 [1980] を参照されたい.

と名づけたが，その事例については省略する．

3. 調査の方法

　本章では，郵送によるアンケート調査を集計し，分析したい．調査対象は，1991年から95年にアメリカで設立された日本企業の子会社336社であり，その送付リストとしては東洋経済新報社編『海外進出企業総覧（国別編）1995年版』（東洋経済新報社，1995年）を利用した[19]．調査票の質問は日本語であり，回答者は，アメリカで勤務する日本人従業員ないし日本人経営者である．

　FSは，多国籍企業の本社によって行われることは明らかであるが，複数の在外子会社を有する日本本社に対して，進出地域を限定して担当者を特定化することは，郵送によるアンケートの場合，必ずしも容易ではない．したがって，進出国を特定化したサンプルを得る場合には，当該国の子会社に対して調査票を送付することが有効であると考えられる．調査票の配布・回収は，1996年4月15日から5月31日にかけてアメリカ国内で行った．回答企業数は62社であり，総数336社に対して18.45％にあたる回答率である．質問票の内容は，本章末尾の付表2-1に掲載した．

4. 調査結果の集計

　第2-1表には，FSを実施したか否かを尋ねた結果と，その場合にアメリカ子会社にFSを文書として保管しているか否かを尋ねた結果を，クロス集計した．

　FSを実行したとする回答は，49件であり，全体の79.0％であった．FSを行わなかったという回答は11件・17.7％，無回答が2件・3.2％であった．無回答でありながら，返送された2件については，「28年前の会社設立

[19) 『海外進出企業総覧（国別編）1995年版』の調査時点は1994年であるが，1995年に設立予定の子会社についても，所在地，担当者などが記載されている場合があった．本調査では，それらのケースを含めた．

第2-1表　FS実施の頻度とFS書類の保管場所　　（単位，件，％）

	FS実行	FSなし	無回答	合計（構成比）
アメリカ子会社にFS書類保存	29	2	0	31(50.0)
アメリカ子会社にはない	18	3	2	23(37.1)
無回答	2	6	0	8(12.9)
合　計	49	11	2	62(100.0)
構成比（％）	79.03	17.74	3.23	100

（出所）　筆者作成．

のため，資料がありません」，「1958年に操業しましたので，その当時の事は存じません」といった但し書きがつけられていた．アンケート送付先は1991年から95年に設立されたと記載された在米日系企業であったので，これは，『海外進出企業総覧（国別編）1995年版』の記載が誤りであった可能性と，何らかの形で法人登記は1991年以降に再度行われているにもかかわらず，アンケート回答者にとっては同一企業として認識されている，という二つの可能性がある．なお，法人登記が，再度行われるケースとして最も多いと考えられるのは，州を超えた子会社設立場所の移転である．

　第2-1表に示された，「FSなし」とする11件について，質問票ではその理由を尋ねているが，それに対して得られた回答は以下のようなものであった．「会社更生法申請会社を購入．不振の理由が一応はっきりしており，購入価格が設備内容より格安であった．」「研究開発専門の100％子会社であり，コストプラスαの考え方で収入は確実に得ることができるため．」「医薬研究開発業務の特殊性．」「当社は，日本本社の北米技術センターであり，収益を目標としていない．」「受注確定済み，各プロジェクト遂行のために設立．」「出店の必要性が明確にあったため．」「30年以上も前のことで，親企業の連絡事務所としての必要性からスタートしたため．」「操業開始が1989年前になるため．」「設立に携わった者が既におりません．」

　第2-1表には，FSを実行しなかったにもかかわらず，アメリカ子会社にFS書類を保存している，と回答した企業が2件あることが示されている．その2つの企業担当者からは，詳細な説明が返送されてきた．一つの企業によれば，「当社は，コンサル・システム開発です．設立後2年なので，当初は本社を顧客にコストセンターとして運営します．収益目標のFSは行いま

第2-2表　FSが重要である理由

(単位，上段・件，下段・構成比(%))

	重要	やや重要	関係なし	無回答	合計
1. 事業を予測する唯一の方法であるため	37 (59.68)	12 (19.35)	3 (4.84)	10 (16.13)	62 (100)
2. 日本の親会社内部の関連部署を説得するため	32 (51.61)	13 (20.97)	7 (11.29)	10 (16.13)	62 (100)
3. 銀行などの社外の関連会社を説得するため	7 (11.29)	16 (25.81)	29 (46.77)	10 (16.13)	62 (100)
4. 担当者が交替したときに，会社の概要を伝えるため	2 (3.23)	17 (27.42)	33 (53.23)	10 (16.13)	62 (100)
5. 設立したアメリカ子会社の経営目標となるため	28 (45.16)	18 (29.03)	6 (9.68)	10 (16.13)	62 (100)

(出所)　筆者作成．

せんでしたが，3年位にどんな点で本社に役立つかは考え，役員会を通しました」とある．また，他の一社は，さらに詳細な説明を添付してあり，アメリカに立地したグループ企業3社の資本金，株主，業種，売上，税引き前利益，従業員数，日本人従業員数を説明している．その説明には，「当社は，1967年にQ電機製品の販売会社として米国に進出したためFSはやっておりません．…(中略)…又，毎年3ヵ年計画を設定していますが，当社の様な小規模な会社では，日本の他の大会社と異なり社長自ら設定した為替レートを下に，営業担当副社長及び管理担当副社長と共に作成しています．つまり費用はextraにかかって居りません」(会社名は，引用者が匿名に変更)とある．すなわち，2つの企業はともに設立前のFSは行っていないが，定期的な事業予測を行っているという意味で，FS書類を保存している，と回答したと言えよう．

第2-2表には，FSを重要とみなす理由を集計した．「重要」，とする回答が多かったのは，「事業を予測する唯一の方法であるため」59.7%，「日本の親会社内部の関連部署を説得するため」51.6%の二つである．逆に「関係なし」とする回答が多かったのは，「担当者が交替したときに会社の概要を伝えるため」53.2%，および「銀行などの社外の関連会社を説得するため」46.8%の2つであった．後者の回答は，海外拠点の設立にあたり，銀行からの借り入れに直接依存する企業が少なく，企業の内部資金を中心として海外直接投資が行われる傾向を示しているのかもしれない．また，「担当者が

第 2-3 表　FS の調査期間

	件数	%
3ヶ月未満	7	11.29
6ヶ月未満	16	25.81
1年未満	17	27.42
2年未満	5	8.06
2年以上	4	6.45
無回答	13	20.97
合　計	62	100

(出所)　筆者作成.

交替したとき」に備えるという選択肢が重要でないという回答が多かったことは，前節でまとめた用語法にしたがうならば，FS における社外向け「文章化」の重要性は，さほど認められていないことになる．「事業予測」や「関連部署の説得」の材料として「文章化」することは重視されているが，それは社内向けの資料であるということになる．

　第 2-3 表には，FS に要した調査期間をまとめた．質問票に記載された質問を掲げると「4. 調査に要した日時はどの程度ですか．断続的に行った場合は，その最初の時期から最終調査までの期間をご回答下さい」というものであった．最も多かったのは，6ヶ月以上1年未満で 27.4%，次に，3ヶ月以上6ヶ月未満・25.8%，3ヶ月未満・11.3% と続く．これら1年未満を合計すると，全体の 64.5% になる．1年以上を費やしたケースは9件，全体の 14.5% であった．年間の需要変動を知ることなく FS を終了してしまうケースが多いことになる．

　第 2-4 表には，FS に要した費用をまとめた．通常業務としての支出部分と出張旅費等の部分に分けて回答を得たが，その両者はほぼ同じ傾向を示し，300万円から1,000万円を費やした企業が全体の3割程度である．第 2-4 表における通常業務と出張旅費との合計金額については，必ずしも回答率が高くないが，その記載金額をまとめたのが第 2-5 表である．第 2-5 表から，1990年代前半，日本企業がアメリカに進出する際，FS に要した費用は平均で約 2,300 万円であったことがわかる．一年未満で FS が終了する理由には，調査費用の高さがあるのかもしれない．

第2-4表 FSの費用

金額	通常業務 件数	%	出張旅費等 件数	%
300万円未満	9	14.52	12	19.35
300万円〜1,000万円	19	30.65	20	32.26
1,000万円〜2,000万円	11	17.74	8	12.90
2,000万円〜5,000万円	4	6.45	2	3.23
5,000万円以上	2	3.23	1	1.61
無回答	17	27.42	19	30.65
合計	62	100	62	100

通常業務と出張旅費との合計金額	件数	%
300万円未満	2	3.23
300万円〜1,000万円	8	12.90
1,000万円〜2,000万円	11	17.74
2,000万円〜5,000万円	11	17.74
5,000万円以上	4	6.45
無回答	26	41.94
合計	62	100

(出所) 筆者作成.

第2-6表には，FSの担当者が誰であったかをまとめた．アンケート回答者以外の日本側本社内部の従業員が29件・46.8％，自分自身が24件・38.7％である．これらの回答は，複数回答であるため，その両者がだぶっている可能性がある．アメリカの子会社内部の従業員が14件・22.6％であるが，これは，新規事業の拡張として既存の子会社の従業員が担当したと考えられる．アメリカの貿易業者，銀行，コンサルティング会社がFSを担当したケースは14件・22.6％であった．

第2-6表への回答は興味深いものであった．すなわち，第2-5表においてFSに1億円かけたと回答した企業が2社あったが，第2-6表において，そのうちの1社は「日本側本社の自分以外の従業員」と「日本の商社，銀行，コンサルティング会社」がFSを行ったと回答し，他の1社は「アメリカ側子会社内部の従業員」，「日本側本社と資本関係のある関連会社」，「日本の商社，銀行，コンサルティング会社」，「アメリカの貿易業者，銀行，コンサル

第 2-5 表　通常業務と出張旅費等概算での合計金額

(単位，万円，件，%)

金額	件数	%
100	1	2.78
250	1	2.78
500	2	5.56
600	4	11.11
800	2	5.56
1,000	5	13.89
1,200	1	2.78
1,500	1	2.78
1,800	4	11.11
2,000	5	13.89
2,500	1	2.78
3,000	4	11.11
4,500	1	2.78
5,000	1	2.78
8,000	1	2.78
10,000	2	5.56
件数合計	36	100
平均金額		2284.7

(出所)　筆者作成．

第 2-6 表　誰が FS を行ったか　　(複数回答可)

	件数	%
1．日本側本社内部の従業員	44	70.97
1-A．自分(アンケート回答者)自身	24	38.71
1-B．自分(アンケート回答者)以外	29	46.77
2．アメリカ側子会社内部の従業員	14	22.58
3．日本側本社と資本関係のある関連会社	5	8.06
4．日本の商社，銀行，コンサルティング会社	7	11.29
5．アメリカの貿易業者，銀行，コンサルティング会社	14	22.58
6．その他	5	8.06
合　計	89	100

(出所)　筆者作成．

ティング会社」の 4 分類を利用したと回答している．これらの回答は，アメリカにおける合弁事業にかかる FS 費用の高さを示唆していると同時に，外部のコンサルタント料を支払う必要がある場合に FS 費用が高額になる事例

第2-7表 FSを行った日本側会社内部の従業員がアメリカに滞在した年数

	従業員の滞在期間		自分自身		自分以外	
	件数	%	件数	%	件数	%
6ヶ月未満	20	32.26	12	50.00	10	34.48
1年未満	9	14.52	4	16.67	7	24.14
2年未満	4	6.45	2	8.33	1	3.45
3年未満	3	4.84	0	0	2	6.90
3年以上	9	14.52	5	20.83	8	27.59
無回答	17	27.42	1	4.17	1	3.45
合　計	62	100.01	24	100	29	100

(出所) 筆者作成.

第2-8表 FSを作成するうえで大切なこと

(上段・件数, 下段・%)

	重要	やや重要	関係なし	無回答	合計
1. 適切な資料・データを収集し, 整理していること	34 (54.84)	12 (19.35)	6 (9.68)	10 (16.13)	62 (100)
2. アメリカ現地での経験に裏打ちされていること	34 (54.84)	11 (17.74)	7 (11.29)	10 (16.13)	62 (100)
3. 会社の業務内容を理解していること	28 (45.16)	16 (25.81)	8 (12.90)	10 (16.13)	62 (100)
4. 論理的に首尾一貫していること	13 (20.97)	22 (35.48)	17 (27.42)	10 (16.13)	62 (100)
5. 信頼のおける取引先の情報を使っていること	15 (24.19)	22 (35.48)	15 (24.19)	10 (16.13)	62 (100)

(出所) 筆者作成.

を示している.

　第2-7表には, FSを行った日本側会社内部の従業員が過去にアメリカに滞在した年数をまとめた. 6ヶ月未満が20件・32.3%であり最も多く, 6ヶ月以上1年未満と3年以上がともに9件・14.5%となっている. FSを行うのは, 日本本社をベースとして1年未満の比較的短期間に進出を決定づける現地滞在経験の短い従業員と, 海外現地法人で3年以上就業している滞在経験のかなり長い従業員とに二極分化していることになる.

　第2-8表は, FSを作成するうえで大切なことについての評価基準を尋ねた結果である. 「適切な資料・データを収集し, 整理していること」あるいは「アメリカ現地での経験に裏打ちされていること」が「重要」であるとす

第2-9表　現在の立地場所以外での
操業可能性についてFSを行ったか

	件数	%
行った	28	45.16
行わない	22	35.48
無回答	12	19.35
合　計	62	100

（出所）　筆者作成．

る回答は，ともに34件・54.8％であった．「論理的に首尾一貫していること」21.0％ないし「信頼のおける取引先の情報を使っていること」24.2％は，それに比較して「重要」であるという評価が低かった．

　第2-9表は，現在の立地場所以外での操業可能性についてFSを行ったかを尋ねた結果であるが，「行った」28件・45.2％，「行わない」22件・35.5％となっている．3割強の企業は，FSを行う段階で，すでに立地先を特定していたことになる[20]．

　第2-10表には，立地選択の際の情報収集先をまとめた．最も多かったのは「取引先」であり，35件・56.5％が「利用した」と回答している．次に多かったのは，「アメリカ各州投資誘致事務所」であり，10件・16.1％が利用したと回答している．「ジョイント・ベーチャー（JV）の相手先」9件・14.5％という回答が次に続き，「アメリカ・コンサルティング会社」および「アメリカ投資先商工会議所」を利用したという回答11.3％が，「日本商社・コンサルティング会社」（9.7％）ないし「JETRO」（3.2％）を利用したという回答を上回る．情報収集先としては，アメリカ現地の情報利用が優先されていると考えられる．

　第2-11表は，FSの作成時点でバランス・シートと損益計算書を作成したか否かを尋ねた結果である．44件が作成したと回答しており，第2-1表に示したFSを実行した企業49社のほとんどが財務データの予測を作成していることになる．第2-12表には，何年先まで予測しているかを尋ねたが，5年先まで作成するという回答が22件・50.0％であった．以下，3年先と

---

20)　まさに「見る前に，跳ぶ」意思決定過程が観察されていることになる．ワイク（Weick [1979]），遠田 [1998]，遠田編 [2001]，および加護野 [1988] を参照されたい．

第2-10表　立地選択の際の情報収集

	取引先		日本商社・コンサルティング会社		アメリカ・コンサルティング会社		JVの相手先	
	件数	%	件数	%	件数	%	件数	%
利用した	35	56.45	6	9.68	7	11.29	9	14.52
利用しない	10	16.13	39	62.90	38	61.29	36	58.06
無回答	17	27.42	17	27.42	17	27.42	17	27.42
合　計	62	100	62	100	62	100	62	100

	JETRO		アメリカ各州投資誘致事務所		アメリカ投資先商工会議所・役所	
	件数	%	件数	%	件数	%
利用した	2	3.23	10	16.13	7	11.29
利用しない	43	69.35	35	56.45	38	61.29
無回答	17	27.42	17	27.42	17	27.42
合　計	62	100	62	100	62	100

(出所)　筆者作成.

第2-11表　FSにおけるバランス・シートと損益計算書作成

	件数	%
作成した	44	70.97
作成しない	8	12.90
無回答	10	16.13
合　計	62	100

(出所)　筆者作成.

10年先が7件・15.9%で並んでいる.

　第2-13表には，売上高を予測する根拠をどのような情報源から求めたか，を尋ねた結果をまとめた．「過去における自社の輸出実績ないし販売・取引実績」が26件・29.6%，「アメリカ国内取引先からの引き合いを合計（需要情報をヒヤリング）」が22件・25.0%，「競争相手会社の過去の販売実績」16件・18.2%の順にならぶ.

　第2-14表には「現実の売上高とFSでの予想額との比率」を尋ねたが，FSを行ったか，事業予測をしていると回答した企業のうち35.3%は「ほ

第2章 日系多国籍企業のフィージビリティ・スタディ

第2-12表 バランス・シートと損益計算書の予測年数

年数	件数	%
10	7	15.91
7	1	2.27
6	1	2.27
5	22	50.00
4	2	4.55
3	7	15.91
2	1	2.27
無回答	3	6.82
合　計	44	100

(出所) 筆者作成.

第2-13表 売上高ないし総取引額を予測する根拠 （複数回答可）

	件数	%
1. 日本で取引のあった企業がすでに進出しており，その注文金額を合計	7	7.95
2. アメリカ国内取引先からの引き合いを合計（需要情報をヒヤリング）	22	25.00
3. 過去における自社の輸出実績ないし販売・取引実績	26	29.55
4. 競争相手会社の過去の販売実績	16	18.18
5. アメリカ市場における一人あたり製品売上高予測	3	3.41
6. 需要の価格弾力性の算定などにもとづく計量経済学的予測	3	3.41
7. アメリカの国内総生産（GNP）の伸びなどのマクロ経済学的データ	5	5.68
8. 特に根拠は考えられない（担当者以外は説明不可能）	6	6.82
合　計	88	100

(出所) 筆者作成.

第2-14表 現実の売上高とFSでの予想額との比率

	件数	%
1. 予想を大きく下回る（80%以下）	11	21.57
2. 予想をやや下回る（81～90%）	9	17.65
3. ほぼ予想どおり（91～110%）	18	35.29
4. 予想よりも，やや好調（111～120%）	4	7.84
5. 予想よりも，かなり好調（121%以上）	9	17.65
合　計	51	100

(出所) 筆者作成.

第 2-15 表　FS での予測方法と売上高の結果

	予測に対する現実の売上高の比率（回答件数）					合計
	80% 以下	81〜90%	91〜110%	111〜120%	121% 以上	
1. 日本での取引を合計	3	1	2	1	0	7
2. アメリカ国内取引先からの引き合いを合計	4	6	9	2	1	22
3. 過去の自社販売実績	6	2	10	3	5	26
4. 競争相手の販売実績	5	3	4	1	3	16
5. アメリカ市場における一人あたり製品売上高予測	1	1	1	0	0	3
6. 計量経済学的予測	0	0	1	1	1	3
7. アメリカのマクロ経済データ	1	1	1	0	2	5
8. 特に根拠なし	2	1	2	0	1	6
合　計	22	15	30	8	13	88

(注)　第 2-13 表が複数回答可であるため，第 2-14 表の回答件数とは一致しない．
(出所)　筆者作成．

ぼ予想どおり（91〜110%）」としている．「予想を大きく下回る（80% 以下）」は 11 件・21.6%，「予想よりも，かなり好調（121% 以上）」は 9 件・17.7% であった．この回答結果については，以下の第 5 節において統計的に分析する．

　第 2-15 表には，第 2-13 表で尋ねた売上高の予測根拠と，第 2-14 表での売上高の現実の結果とをクロス集計した．売上高の予測根拠として，「1. 日本で取引のあった企業がすでに進出しており，その注文金額を合計」したと回答した企業のなかには，現実の売上高が「予測よりも，かなり好調（121% 以上）」となった企業はゼロである一方で，売上高が予測の 90% より下回った企業は 4 社あった．したがって，この方法で売上を予測した企業数合計 7 社の過半数に達した．少ないサンプルではあるが，日本での取引にもとづいて売上予測をたてた企業の過半数は，予測を満たすことができなかったことになる．

　また第 2-15 表では，「2. アメリカ国内取引先からの引き合いを合計」した，あるいは，「5. アメリカ市場における一人あたり製品売上高予測」を用いたとする回答でも，現実の売上高が予測売上高を下回ったとする回答が多かった．逆に，「かなり好調」と回答した企業は，「3. 過去の自社の販売実績」や

第2-16表　予想を下回った理由

	重要	やや重要	関係なし	合計
1. 需要が予想よりも少なかった	11 (47.83)	5 (21.74)	7 (30.43)	23 (100)
2. 有力な競争相手先の影響	7 (30.43)	7 (30.43)	9 (39.13)	23 (100)
3. コスト・経費がかさんだ	6 (26.09)	9 (39.13)	8 (34.78)	23 (100)
4. マーケティングのチャネルが作れなかった	6 (26.09)	5 (21.74)	12 (52.17)	23 (100)
5. 親会社の経営政策の変更	3 (13.04)	4 (17.39)	16 (69.57)	23 (100)
6. 為替レートの変化	4 (17.39)	5 (21.74)	14 (60.87)	23 (100)
7. 規制と手続き時間	2 (8.70)	3 (13.04)	18 (78.26)	23 (100)
8. 天候・自然条件の変化	1 (4.35)	1 (4.35)	21 (91.30)	23 (100)

（注）　カッコ内は構成比．
（出所）　筆者作成．

「4. 競争相手の販売実績」に予測の根拠を置いているケースが目立った．

　第2-16表には，売上高が予想を下回ったと回答した企業に対して，その理由を尋ねた結果をまとめた．「需要が予想よりも少なかった」47.8%，「有力な競争相手先の影響」30.4%，「コスト・経費がかさんだ」および「マーケティングのチャネルが作れなかった」が26.1%であった．なお，「コスト・経費がかさんだ」という回答では，「やや重要」の比率が39.1%であり，「マーケティング」での同回答21.7%を上回っている．

　第2-17表には，FSでのコスト見積もりに比較して，現実に大きく割高となっている費目についての集計結果をまとめた．「やや割高（111～130%）」「かなり割高（131～150%）」「大きく割高（151%以上）」の3つの分類を合計して，最も高いものは「10. 日本人派遣社員の手当」であり，21件・33.9%である．次は，「2. 人件費・付加給付部分」16件・25.8%である．この2つは，同一の事象を指しているのかもしれない．15件・24.2%を記録しているのは「11. 資金調達に伴う資本コスト」であり，「12. 税金」13件・21.0%が続いている．「予想どおり（100～110%）」という回答が多かったのは，「7. オフィスの賃貸料・償却」，「13. 通信費・接待費（対日本本社）」，「9. 事務機械の値段」であり，これらに関連する費用については，

第2-17表 FSでのコスト見積もりと比較して，現実に大きく割高となっている費目

(単位，上段・件数，下段・%)

	むしろ割安(100%未満)	予想どおり(100～110%)	やや割高(111～130%)	かなり割高(131～150%)	大きく割高(151%以上)	該当なし	合計
1. 人件費・給与部分	2 (3.23)	24 (38.71)	10 (16.13)	2 (3.23)	0 (0)	24 (38.71)	62 (100)
2. 人件費・付加給付部分	1 (1.61)	22 (35.48)	13 (20.97)	3 (4.84)	0 (0)	23 (37.10)	62 (100)
3. 従業員の休日消化の多さ	3 (4.84)	20 (32.26)	6 (9.68)	1 (1.61)	0 (0)	32 (51.61)	62 (100)
4. 無断欠勤者の代替費用	6 (9.68)	13 (20.97)	4 (6.45)	1 (1.61)	0 (0)	38 (61.29)	62 (100)
5. 原材料の高さ	3 (4.84)	18 (29.03)	8 (12.90)	0 (0)	1 (1.61)	32 (51.61)	62 (100)
6. 原材料の品質の低さによるロス	2 (3.23)	19 (30.65)	3 (4.84)	3 (4.84)	2 (3.23)	33 (53.23)	62 (100)
7. オフィスの賃貸料・償却	4 (6.45)	27 (43.55)	5 (8.06)	1 (1.61)	0 (0)	25 (40.32)	62 (100)
8. 土地の賃貸料・償却	4 (6.45)	22 (35.48)	3 (4.84)	0 (0)	0 (0)	33 (53.23)	62 (100)
9. 事務機械の値段	4 (6.45)	25 (40.32)	6 (9.68)	1 (1.61)	0 (0)	26 (41.94)	62 (100)
10. 日本人派遣社員の手当	1 (1.61)	16 (25.81)	14 (22.58)	6 (9.68)	1 (1.61)	24 (38.71)	62 (100)
11. 資金調達に伴う資本コスト	2 (3.23)	18 (29.03)	11 (17.74)	3 (4.84)	1 (1.61)	27 (43.55)	62 (100)
12. 税金	0 (0)	23 (37.10)	10 (16.13)	3 (4.84)	0 (0)	26 (41.94)	62 (100)
13. 通信費・接待費(対日本本社)	4 (6.45)	27 (43.55)	5 (8.06)	1 (1.61)	0 (0)	25 (40.32)	62 (100)

(注) カッコ内は構成比．
(出所) 筆者作成．

第2-18表 FSにおける為替レート予測の設定数

予測設定数	件数	%
1通り	16	25.81
2通り	8	12.90
3通り	9	14.52
4通り	1	1.61
5通り	2	3.23
6通り	0	0
無回答	26	41.94
合計	62	100

(出所) 筆者作成．

第 2-19 表　FS での為替レート予測値

円/ドル	回答件数
200	1
160	1
150	6
130	5
128	1
127	1
125	2
120	3
110	2
105	2
104	1
100	8
90	2
85	1
合　計	36

(出所)　筆者作成.

第 2-20 表　為替レート予測の参考指標

（複数回答）

1. 消費者物価・卸売り物価	4	5.56
2. 経常収支	6	8.33
3. 公定歩合	9	12.50
4. 政府国債・財務省証券の価格・利回り	3	4.17
5. 為替の先物	13	18.06
6. 過去の為替レートのトレンド	22	30.56
7. 採算ベースとなる為替レート	4	5.56
8. 特に根拠なし	11	15.28
合　計	72	100

(出所)　筆者作成.

4割以上が「予想どおり」と回答している．なお，分散の大きな回答項目として「6. 原材料の品質の低さによるロス」があり，「むしろ割安」から「大きく割高」まで，回答によってばらつきがあった．

　第2-18表には，FSにおける為替レート予測の設定数をまとめているが，1通りの為替レート予測をしたと回答したものが16件であった．それら為替レート予測のうち主たる予測値をまとめると，第2-19表のようになる．1

第 2-21 表　事業予測を再度行う意図

	件数	%
ある	38	61.29
ない	24	38.71
合計	62	100

(出所)　筆者作成.

　ドルあたり100円が8件であり，以下，150円・6件，130円・5件，120円・3件となっている．第2-20表には，為替レート予測にどのような参考指標を用いたかを尋ねた結果をまとめたが，「過去の為替レートのトレンド」を根拠としたという回答が22件・30.6%，以下，「為替の先物」13件・18.1%，「特に根拠なし」11件・15.3%，「公定歩合」9件・12.5% という結果となった．

　第2-21表には，事業予測を今後再度行う意図があるかどうか，を尋ねた結果をまとめたが，「ある」という回答が，38件・61.3% となっている．

5. 若干の統計的検定

　本節では，若干の統計的検定によって，FSでの予測を上回る売上高を記録した企業の特徴を明らかにする．

　FSは，天気予報やマクロ経済指標についての客観的な予測とは違い，予測担当者の主観と業務遂行上の地位・責任がかかったものである．すなわち，FSでの予測値とは，「最低でも，ある金額の売上げ」を達成するように意図されたものであり，たんなる「平均」の予測ではないと考えられる．その意味で，FSの予測からのプラスの乖離は，マイナスの乖離と意味が異なると考えられる．その点をやや詳しく説明したい．

　まず，FSによる予測と，現実の売上高とが食い違った場合，その違いをもたらす要因は何であろうか．なんらかの意味で，十分なFSが行われていないとき，売上予測よりも低い結果が生まれてしまうかもしれない．したがって，予測からのマイナスの乖離は，FSにおいて見落とした経営上のポイントがあったことを意味している．

しかし，現実の売上高が FS での予測値を上回るとき，それは予測者の見込み違いのみを反映しているだろうか．事業を継続していく責任を負った人が FS を担当する場合が多い以上，より良い事業運営とは FS の売上予測に記載された数値よりも，高い実績を記録することであろう．そうであるとすれば，FS での売上予測と，それを上回る現実の乖離は，たんにズレを意味しているのではない．FS から売上高がプラスに乖離することは，より現実を見通した経営能力を示していると同時に，FS によって達成可能な予測を提示したと考えられるのである．

さらに，現実に売上高を記録している時点までには，FS の担当者やその後任の事業経営者は，売上高を可能な限り上げるように努力しているはずである．その逆に，FS の予測よりも現実の売上高が低かった場合，それを現実に近づけるべく，様々な方法が試されているはずである．以上のような意味において，予測を基準として，なるべく高い売上高を達成することが求められている，と考えられる．

以上のような観点から，第2-14表にまとめた現実の売上高と FS での予想額との比率を，序数的な指標として被説明変数とした．すなわち，現実の売上高と FS での予想売上高との比率について「80％以下」とする回答を 1,「81〜90％」を 2,以下同様に，「121％以上」を 5 とする，5 段階の指標として被説明変数とする[21]．この指標を Sales と名付ける．推定方法としては，序数の決定要因を扱うモデルとして，オーダード・ロジット・モデルを採用した[22]．

説明変数の採用にあたって，本章第 1 節でまとめた「理論」によれば，次のような推論が可能である．

①調査期間（Time）　まず，無知から明示的な知識（形式知）の獲得をするプロセス・「学習」によれば，FS に要した調査期間が長ければ長いほ

---

[21] 仮に，プラスとマイナスの偏差が対称的であれば，「ほぼ予想どおり」をゼロとして，「81〜90％」と「111〜120％」を 1,「80％以下」と「121％以上」を 2,とする序数的指標が考えられるかもしれない．

[22] オーダード・ロジット・モデルについては，グリーン（Green [1993]）第 21 章を参照されたい．本章の推定には，統計パッケージ，Stata を用いた．

ど，売上予測よりも良い結果をもたらすであろう．したがって，FS担当者が長い時間をかけて調査を行っていれば，売上高が予測を下回る確率が低くなると考えられる．したがって説明変数としては，第2-3表におけるFSの調査期間を1から5までの5段階の指標として用いた．以下，この調査期間をTimeと呼ぶ．

②調査費用（Cost）　明示的な知識（形式知）の獲得プロセスである「学習」の場合も，また，暗黙知の獲得プロセスである「経験」の場合にも，FS実施のためのコストがかかる．FSにかけた費用が高ければ高いほど，「学習」と「経験」の双方を豊富に行うことができるために，正確な売上高の予測と現実での目標達成が可能になるであろう．回帰係数の符号は，プラスが予想される．第2-4表にまとめたFSに要した「通常業務」での費用を5段階の指標として，説明変数とした．第2-4表における出張旅費等ないし合計金額は回答率が悪く，データ数が少ないために利用しなかった．以下，調査費用をCostと呼ぶ．

③アメリカ滞在期間（Stay）　暗黙知の獲得プロセスとしては，「経験」が重要である．第2-7表に示した，「FSを行った日本側会社内部の従業員がアメリカに滞在した年数」を5段階の指標として，Stayと名づけ，説明変数とした．異なる国における経営に関する暗黙知の獲得が，企業経営にプラスに働くとすれば，Stayの回帰係数の符号は，プラスとなるはずである．

なお，第2-22表には，SalesとStayのクロス集計を掲げてあるが，FSを行った従業員のアメリカ滞在年数が6ヵ月未満であった場合，予測に対する現実の売上高の比率が，90％以下となったケースが12件あることがわかる．こうしたクロス表で行いうるのは，カイ二乗検定であるが，その場合には，分布が異なることを言えるのみであって，回帰係数の符号にあたる「異なり方の方向」を示すことはできない．

④データ重視度（Data）　アンケート回答者が，どの程度，明示的な知識（形式知）としてデータの獲得を重視しているかを示す指標として第2-8

第2-22表 FS担当者のアメリカ滞在期間と売上高の結果

	予測に対する現実の売上高の比率（回答件数）						
	80%以下	81〜90%	91〜110%	111〜120%	121%以上	無回答	合計
6ヶ月未満	5	7	5	0	2	1	20
1年未満	1	0	4	2	2	0	9
2年未満	0	0	3	0	1	0	4
3年未満	0	0	3	0	0	0	3
3年以上	1	1	3	1	2	1	9
無回答	4	0	0	1	2	10	17
合 計	11	8	18	4	9	12	62

(出所) 筆者作成.

表の質問項目「1．適切な資料・データを収集し，整理していること」に対する3段階の回答を用いた．Dataと呼ぶ．明示的な知識（形式知）の獲得を重視している企業では，売上予測と現実との乖離は少ないかもしれない．符号はプラスが予想される．

⑤経験重視度（Exp） アンケート回答者が，どの程度アメリカでの現地経験を重視しているか，すなわち，暗黙知の獲得を重視しているかを計る指数としてExpを用いた．第2-8表に示したように，「2．アメリカ現地での経験に裏打ちされていること」に対する3段階の回答を用いた．最も重視している場合3の値をとる．アメリカでの経験，すなわち，暗黙知の獲得を重視する企業が売上予測を誤ることは少ないかもしれない．したがって，プラスの符号が予測される．なお，DataとExpとは，第2-8表において，ともに34件・54.8%の「重要」とする回答を得ているが，その回答者は同一ではない．

以上の各変数についてのより詳細な説明は，本章末尾の付表2-2にまとめた．

推定結果

説明変数間の単純相関係数は付表2-3に示したが，最も高いものでも0.2776であり，問題とはならないと考えてよいであろう．データの記載が

第2-23表　オーダード・ロジット・モデルによる収益性の分析

	係数	t値
Time	−0.7026939	−2.138**
Cost	0.8603242	2.429**
Stay	0.5047515	2.334**
Data	1.2050110	2.237**
Exp	−0.8263673	−1.732*
データ数	39	
対数尤度	−46.192951	
カイ二乗検定	16.89	
疑似重相関係数	0.1546	

(注)　** は両側検定5％水準，* は10％水準で統計的に有意.
(出所)　筆者作成.

完全であったものは39件であり，そのデータをもとに推定した結果を第2-23表に掲げた．① Time は両側検定5％水準でマイナスに有意，② Cost，③ Stay，および④ Data は，両側検定5％水準でプラスに有意，⑤ Exp は両側検定10％でマイナスに有意であった．

　理論的に予測された回帰係数の符号は，すべてプラスであったので，② Cost，③ Stay，④ Data は推計結果に合致しており，現実の売上高を予測値よりも押し上げる要因として解釈できる．すなわち，FS に費やした費用が高ければ高いほど，FS 担当者のアメリカ滞在経験が長ければ長いほど，そして，FS を作成する際に適切なデータの収集・整理が行われているほど，FS での予測よりも現実の売上高は高くなるという傾向がある．

　③ Stay は暗黙知の獲得，④ Data は明示的な知識（形式知）の獲得，② Cost はその双方の獲得という文脈で理解されうるとすれば，「暗黙知と，形式知とのどちらが重要か」という問いには，双方が一体となって FS 後の売上高上昇に寄与すると回答せざるを得ない．

　次に，マイナスの符号を示した変数について，考察したい．回帰係数の符号がマイナスを示した説明変数は，FS においてその要因を重視するほど，現実の売上高が予測よりも下回るものであり，売上高の予測を過大評価する要因になっていると考えられる．① Time がマイナスの符号を示していることは，すなわち，FS に費やした時間が長ければ長いほど，FS で予測され

た売上高に到達することは難しい，ということになる．これは，FS担当者のアメリカ滞在期間③Stayがプラスの符号を示していたことからは，一見矛盾するようにも思われる．しかし，FS作成期間が長期にわたるということは，すでに計画段階で，組織内での不協和音や，組織外の環境変動があったことを示唆しているのかもしれない．したがって，FS段階から計画の実行までが難航すると，その後の事業成長にも後遺症がでるのかもしれない．しかし，この点の確証を得るには，更なる調査が必要であろう．

両側検定で10％水準であったとはいえ，⑤Expがマイナスであったことは，FS作成の目的を明確にしている点で興味深い．すなわち，「経験」を重視しすぎると，売上予測は過大となるかもしれないのである．③Stayが示すように，「経験」のある担当者がFSを作成することは重要であるが，FSを作成する際重要なのは，④Dataが示すように，その経験を生かして資料・データを収集することであり，経験からの「思いこみ」ではない，ということになる．この点は，第2-15表に示したように，「日本での取引」に依存する企業の売上高が低迷することにも一致する．

6. フィージビリティ・スタディの意義

主要な事実発見

(1) 研究開発業務を行う在米日系子会社については，FSを行っていないケースが目立つ．

(2) FSを行った企業は，「事業予測の方法」ないし「関連部署の説得」のためにFSが重要であると回答している．担当者間の業務引き継ぎや，銀行など社外の関連企業を説得するため，という回答は少なかった．

(3) FSに費やした期間が1年未満である，と回答した企業が全体の64.5％であった．

(4) FSに要した費用は，回答企業の平均で約2300万円であった．

(5) FSを行った日本人従業員のアメリカ滞在期間は，1年未満が46.8％であったが，その一方で，3年以上の長期滞在者の比率も14.5％に達

した．

(6)　立地選択場所として複数の地点を調査した企業は 45.2% であったが，1ヵ所しか調査していなかった企業も 35.5% あった．

(7)　FS 作成時点において，損益計算書は 5 年先まで作成されるケースが半数を占めた．

(8)　FS における売上高の予測根拠として，「日本での取引のあった企業がすでに進出しており，その注文金額を合計」した企業については，アメリカに進出後，実際の売上高が低迷する傾向があった．

(9)　FS でのコスト見積もりに比較して，大きく割高となった費目は，「日本人派遣社員の手当」であった．

(10)　統計的な分析によれば，FS にかけた費用（Cost）が高ければ高いほど，予測よりも売上高の伸びは高かった．また，「適切な資料・データを収集し，整理していること」が重要であると回答した企業（Data）は，そうでない企業よりも，現実の売上高が高かった．また，FS 担当者のアメリカ滞在期間（Stay）が長ければ長いほど，現実の売上高は高かった．

(11)　統計的分析によれば，FS に費やした期間（time）が長ければ長いほど，現実の売上高の伸びは悪かった．

含 意

(1) FS の意義

経済環境や，競争業者の戦略が時々刻々と変化することを考えると，1 年以上にわたって FS を続けることは，その正確性を高めるものではないかもしれない．この点は，外国市場の参入に際して行われる FS に，平均 6 ヶ月程度で約 2,300 万円の費用がかかることを勘案すれば，矛盾なく解釈できる．いたずらに FS を続けて調査コストを支出するよりは，タイミングのよい投資決定を導く事前調査がビジネス・チャンスを摑むうえで重要に違いない．

約 2,300 万円の追加的な経常利益を獲得するためには，数億円の売り上げが必要となる．FS の費用は，高額である．しかし，それにもかかわらず，統計的分析によれば FS の支出が大きかった企業ほど，実際の企業運営にお

いて好調な売上高を記録していた．FS が投資の一部である以上，その回収には一定の期間を要する．本章に示した調査結果によれば，FS 作成の時点では5年程度の将来予測が行われている．適切な FS には，事業運営を円滑に行わせしめる効果がある，と推測することができる．

その効果がどこから生まれるかについては，いまだ確定的な回答を得たとは言えない部分も多い．しかし，本研究の統計的分析によれば，FS 担当者が，FS を作成する過程でアメリカ市場について「学習」し，「経験」を重ねることができるからである，と考えることができる．「適切な資料・データ」を重視する企業（Data），あるいはまた，FS 担当者のアメリカ滞在期間（Stay）が長い企業では，操業後，現実の売上高が高かったのである．アメリカ滞在によって「経験」を蓄えた企業担当者が資料やデータによって「学習」した結果としての FS は，事業の「ツボ」を心得たものとなっていたのかもしれない．

仮に，そうであるとすれば，これは，「青い鳥」や，「海賊の財宝」を探しに冒険に出かける少年・少女の旅行記に似ているのかもしれない．探索の対象を獲得することは，話の発端としての目標ではあるが，現実には，不可能であるか，あるいは，目標を設定した小説の作者からみれば重要ではない．旅行記の作者，つまり，小説家の目からみて重要なのは，ある対象を探索するという経験が，探索対象の価値を変化させてしまうプロセスなのである．ここで，旅行記のなかの主人公は，アメリカで FS を行う担当者である．そして，主人公の目標を設定する小説家の役割は，戦略策定に責任を負う本国・日本の経営責任者とだぶらせることができるであろう．FS による将来予測も，それが完璧な将来予測となっている必要はなく，また，不可能であることは誰しも暗黙の前提としているのである．

別の表現をすれば，FS には，外国市場における業務経験を通じた OJT の意味がある，ということにもなる．OJT による熟練形成が円滑に機能すれば，経営パフォーマンスは向上するであろう．ただし，その費用は，1プロジェクトあたり約 2,300 万円かかるのであり，日常業務についての OJT に比較して高額であり，また，目立つものであるかもしれない．

(2) 組織的知識創造理論への批判

野中 [1990] は，次のように述べている．

「人間の認知限界という命題は，おそらく否定し難い常識であろう．しかしわれわれは，人間の本質をそのような視点でとらえるのではなく，『人間には無限の知識獲得能力がある』と仮定する．とりわけわれわれは無限の経験能力がある．われわれは日々経験知ないし暗黙知を蓄積している．それを形式的に変換する能力には限界があると考えられるが，形式知の基底をなす暗黙知の獲得能力はその気になれば無限であると考える．」(72ページ)

筆者は，上記の考え方を支持しない．本章の実証結果より，組織の持つ暗黙知の獲得能力には，明確な限界があると考えるからである．暗黙知を獲得するための費用は無視できないばかりか，むしろ，高額であった．それは，明確に「限界」を画することになる．人間の認知限界が，現実的な費用によって画されていることを無視している理論は，他にもある．たとえば，情報伝達におけるメディア選択を論じたダフト゠レンゲル（Daft and Lengel [1986]）が，対人接触を最も「リッチ」なメディアであると仮定しているのは，その一例である．彼らの議論は，情報の保存，象徴作用，大量伝達など，様々な側面を捨象した単純な直観に近いものにすぎないが，情報伝達に要するコストをも無視している．たとえば，商社マンによる対人接触は，最も多義的に情報を伝達しうる．しかし，それがアメリカと日本との情報伝達であれば，移動に要する海外出張費用は，FAXや電話よりもはるかに高額になる．「他の条件を所与とする」ことによってメディア選択の有効性を議論しても，それがコストという現実的要因によって制約されているのであれば，現実的な意義は薄い．

野中・竹内（Nonaka and Takeuchi [1995]）は，サイモンの議論を紹介しつつも，それを「情報処理パラダイム」であるとして「限定された合理性」の概念もろとも捨て去ってしまっているように思われる．野中・竹内 [1995] は次のように述べている．

「サイモンにとっては，暗黙的な知識はノイズ以外のなにものでもなく，人間の推論や意思決定の論理的内容は，価値とか意味とかいったものよりはるかに重要なのである．彼はまた，ある問題に含まれる曖昧性や多義性あるいは組織における情報冗長性の重要性に十分な注意を払っていない．」（訳書，55ページ）

果たして，上記の批判は当を得ているであろうか．比較級を用いた言明である以上，相対的には正しいのかもしれないが，サイモン（Simon [1969]）は，「目標がない場合の計画設定」を論じた箇所で「面白さ」あるいは「珍しさ」に関する発見過程を重視している．

「音楽で新しい鑑賞力を身につけるための良い方法は，もっとたくさんの音楽を聞くことであるということは一般に認められているところである．同様に絵画の面で新しい鑑賞力を養うにはもっとたくさんの絵を見ることであり，またワインの鑑賞力をつけるには，良いワインを飲むことである．新しい経験に身をさらすと，ほとんど確実に選択基準は変化する，そして大部分の人間は，意識的にそのような経験を求めているのである．」（邦訳，256ページ）

筆者は，暗黙知の獲得には費用と訓練とが必要であり，それが不十分な場合には「無知」であることに自ら気づかぬ個人と組織が存在し続けると考える．それは，時間とコスト，組織に蓄えられたノウハウの移転が限定されている，という意味において情報処理能力の限界と言い換えることもできる．しかし，それが説明のすべてではない．

筆者は，人間が，必ずしも自らの「無知」を認識しようとしないのは，人間が不可避的に身にまとう「プライド」のためであろうと考える．その考察は，別稿に譲らざるを得ないが，ある環境のもとで獲得した「プライド」を捨て去って，新しい環境のもとで再度学習し，経験するという意欲と情熱とを，大多数の人間は，そう多くの回数，あるいは，長期間維持できないのではないだろうか．

暗黙知の新たな獲得が人間の体力と密接に結びついていることが，その理由の1つである．経験のないところに暗黙知の獲得はなく，体力のないとき

には経験の多様性は限定される．さらに，自分の経験を正当化することでしか，人間は自らの生を肯定的に捉えられないことが，第2の，そしてより本質的な理由である．「暗黙知の獲得能力はその気になれば無限」という野中[1990]の主張は多分に教師的唱導であるのかもしれないが，暗黙知の獲得には，時間やコストといった制約を超えて，人間の本性に根ざした障壁があると思われる[23]．仮にそうであるとすれば，暗黙知は，権威や権限，とりわけ「経験」を尊重する組織風土のもとで，腐敗しやすいものであるのかもしれない．暗黙知を文章化することが強制されない組織においては，暗黙知が陳腐化し，時代にそぐわないものになっていることを検証する手だてがないからである[24]．

本章の事実発見によれば，FSを通じた投資意思決定の段階から，日系企業はある種の「ゆらぎ」を見せていた．それは，立地選択場所として1ヵ所だけをFSの調査対象とし，1年未満の短いFS調査期間によって投資の意思決定をし，そして，本来最も推計の容易であるはずの「日本人派遣社員の手当」がコスト増加要因となっている日系企業の国際経営の姿である．次章では，アメリカ市場に参入した日系多国籍企業の子会社について，その組織再編成の特徴を明らかにする．そこでは，FSの段階における「ゆらぎ」の修復が不可避となっていることを大量データによって示す．

23) パールミュッター (Perlmutter [1969]) のいうエスノセントリック（一国中心主義的）な行動パターンが発生する理由の1つは，ここにあると解釈できる．たとえば，アメリカに20年間滞在したビジネス・パーソンが，その経験を捨てて別の国で新規事業を開発することは，無経験の人以上に困難なのではないだろうか．アメリカでの経験は，他の国では無用なものかもしれない．それにもかかわらず，アメリカでの経験に頼ることでしか，自らのアイデンティティを保ち，他者からの尊敬を獲得する手だてがない，そうした感覚を無意識に抱くことが「普通」のことではないだろうか．
24) 本書第4章および第5章では，現場主義的な「経験」を重視した経営管理を行っていると想定されている日本の電機メーカーにおける雇用調整のあり方を論ずる．

付表 2-1　フィージビリティ・スタディの方法に関する実態調査

1. 現在お勤めのアメリカ企業が操業開始する以前に，フィージビリティ・スタディ（企業化調査，操業時収益性の将来予想をした事前調査，以下「F/S」と略記）は行われてましたか．

　　　　　　　　□はい　　□いいえ…その理由を以下にご記入ください．

2. F/Sは文書として現在アメリカ子会社内にありますか．

　　　　　　　　　　　　　　　　　　　　□はい　　□いいえ

3. F/Sはどのような理由からもっとも必要だと考えられますか．重要さの程度を，それぞれ1つお選びください．

　　　　　　　　　　　　　　　　　　　　　重要　やや重要　関係無し
　□事業の収益を予測する唯一の方法であるため　□………□………□
　□日本の親会社内部の関連部署を説得するため　□………□………□
　□銀行などの社外の関連会社を説得するため　　□………□………□
　□担当者が交替したときに，会社の概要を伝えるため
　　　　　　　　　　　　　　　　　　　　　　　□………□………□
　□設立したアメリカ子会社の経営目標となるため□………□………□

4. 調査に要した日時はどの程度ですか．断続的に行った場合は，その最初の時期から最終調査までの期間をご回答下さい．
　□3ヶ月未満　□6ヶ月未満　□1年未満　□2年未満　□2年以上

5. F/Sに要した費用はどの程度ですか．人件費など通常業務として行った部分と，出張旅費等についての特別な業務の部分に分けてご記入ください．
　　☆通常業務
　　　（例：年俸1,000万円の従業員1名が1年3ヶ月＝1,250万円）
　　□300万円未満　□300万円−1,000万円　□1,000万円−2,000万円
　　□2,000万円−5,000万円　□5,000万円以上
　　☆出張旅費等（例：一回あたり100万円の出張を3回×2人＝600万円）
　　□300万円未満　□300万円−1,000万円　□1,000万円−2,000万円
　　□2,000万円−5,000万円　□5,000万円以上

通常業務・出張旅費等，概算での合計_____万円

6. 誰がF/Sを行いましたか．該当するもののすべてに✓印をおつけ下さい．
   □ 日本側本社内部従業員…………□自分自身　　□自分以外
   □ アメリカ側子会社内部の従業員
   □ 日本側本社と資本関係のある関連会社
   □ 日本の商社，銀行，コンサルティング会社
   □ アメリカの貿易業者，銀行，コンサルティング会社
   □ その他

7. 「日本側会社内部の従業員」がF/Sを担当した場合，F/S担当者が当該会社を設立する以前に，アメリカに滞在した年数を合計すると，どのくらいになりますか．
   □6ヶ月未満　□1年未満　□2年未満　□3年未満　□3年以上

8. F/Sを作成するうえで最も大切なことは何ですか．重要度を一つお選び下さい．
   　　　　　　　　　　　　　　　　　　　重要　やや重要　関係無し
   □適切な資料・データを収集し，整理していること□………□………□
   □アメリカ現地での経験に裏打ちされていること　□………□………□
   □会社の業務内容を理解していること　　　　　　□………□………□
   □論理的に首尾一貫していること　　　　　　　　□………□………□
   □信頼のおける取引先の情報を使っていること　　□………□………□

9. 現在の立地場所以外で操業する可能性についてF/Sを行いましたか．
   □はい　　□いいえ　　□不明

10. 立地選択にあたってはどのようにして情報を集めましたか．該当するものすべてに✓印をおつけ下さい．
    □事業に具体的に関連する取引先
    □ JETRO
    □商社など日本のコンサルティング会社
    □アメリカ各州の投資誘致事務所

□アメリカのコンサルティング会社
　　　□投資先の商工会議所・役所
　　　□ジョイント・ベンチャーの相手先

11. 将来のバランス・シート（損益計算書，P/L）は，F/Sに予測されていますか．
　　　□はい　　　　　　　　将来何年にわたって予測されていますか．＿＿年
　　　□いいえ

12. 売上高ないし総取引額を予測する具体的根拠としてF/Sに記載されていたのは何ですか．該当するもののすべてに✓印をおつけください．

　　　□　日本で取引のあった企業がすでに進出しており，その注文金額を合計
　　　□　アメリカの国内取引先からの引き合いを合計（需要情報をヒアリング）
　　　□　過去における自社の輸出実績ないし販売・取引実績
　　　□　競争相手会社の過去の販売実績
　　　□　アメリカ市場における一人あたり製品売上高予測
　　　□　需要の価格弾力性の算定などにもとづく計量経済学的予測
　　　□　アメリカの国内総生産（GNP）の伸びなどのマクロ経済的データ
　　　□　特に根拠は考えられない（担当者以外は説明不可能）

13. 売上高ないし総取引額は，どの程度F/Sでの予測を反映していますか．
　　　□予想を大きく下回る　　　（80％以下）
　　　□予想をやや下回る　　　　（81％―90％）
　　　□ほぼ予想通り　　　　　　（91―110％）
　　　□予想よりも，やや好調　　（111―120％）
　　　□予想よりも，かなり好調　（121％以上）

14. 予想を下回る場合，その最大の理由はどのようなものですか．重要度を一つお選び下さい．

　　　　　　　　　　　　　　　　　　　　　重要　やや重要　関係無し
　　　□需要が予想よりも少なかった　　　　□………□………□
　　　□有力な競争相手先の影響　　　　　　□………□………□

□コスト・経費がかさんだ　　　　　　　　　　□………□………□
□マーケティングのチャンネルが作れなかった　□………□………□
□親会社の経営政策に変更があった　　　　　　□………□………□
□為替レートの変化が大きかった　　　　　　　□………□………□
□規制があり，手続きに時間がかかった　　　　□………□………□
□天候を含む自然条件の変化　　　　　　　　　□………□………□

15．F/Sでのコスト見積りと比較して，現実に大きく割高となっている費目についてお教え下さい．

	むしろ割安 (100%<)	予想どおり (100-110%)	やや割高 (111-130%)	かなり割高 (131-150%)	大きく割高 (<151%)	該当なし
人件費・給与部分	□	□	□	□	□	□
人件費・付加給与部分	□	□	□	□	□	□
従業員の休日消化の多さ	□	□	□	□	□	□
無断欠勤者の代替費用	□	□	□	□	□	□
原材料費の高さ	□	□	□	□	□	□
原材料の品質の低さによるロス	□	□	□	□	□	□
オフィスの賃借料・償却	□	□	□	□	□	□
土地の賃借料・償却	□	□	□	□	□	□
事務機械の値段	□	□	□	□	□	□
日本人派遣社員の手当て	□	□	□	□	□	□
資金調達にともなう資金コスト	□	□	□	□	□	□
税金	□	□	□	□	□	□
通信費・接待費（対日本本社）	□	□	□	□	□	□

16．F/Sでは為替レートの予測に何通りの状況を設定していますか．
　　　　　　　　　　　　　　　　　　　　　　　　　　　＿＿＿通り

17．F/Sでの為替レートの予測値はいくらでしたか．1ドル＝＿＿＿円

18．為替レートの予測にあたってF/Sで具体的に参考にされている指標は，どのようなものですか．

- □ 消費者物価
- □ 経常収支
- □ 公定歩合
- □ 政府国債・財務省証券の価格，利回り
- □ 為替の先物
- □ 過去何年間かの為替レート水準のトレンド
- □ 過去の営業実績での採算ベースとなった為替レート
- □ 特に根拠は考えられない（担当者以外は説明不可能）

19．現在の会社についての事業予測を，改めて行う予定はありますか．
　□ある　　　　　□ない

回答者氏名（ふりがな）

連絡先

Tel.　　　　　Fax.

付表2-2　オーダード・ロジット・モデルに用いた変数の説明

Sales…売上高．質問紙「売上高ないし総取引額は，どの程度F/Sでの予測を反映していますか．□予想を大きく下回る（80％以下）□予想をやや下回る（81-91％）□ほぼ予想よりも，やや好調（111-120％）□予想よりも，かなり好調（121％以上）」に対する回答．

Time…FSに要した調査期間．質問紙「4．調査に要した日時はどの程度ですか．断続的に行った場合は，その最初の時期から最終調査までの期間をご回答下さい．□3ヶ月未満，□6ヶ月未満，□1年未満，□2年未満，□2年以上」に対する回答．

Cost…FSに要した調査金額．質問紙「5．F/Sに要した費用はどの程度ですか．

人件費など通常業務として行った部分と，出張旅費等についての特別な業務の部分に分けてご記入下さい．☆通常業務（例：年俸1,000万円の従業員1名が1年3ヶ月＝1,250万円）□300万円未満，□300万円－1,000万円，□1,000万円－2,000万円，□2,000万円－5,000万円，□5,000万円以上」に対する回答．

Stay…日本側従業員FS担当者のアメリカ滞在年数．質問紙「7.『日本側会社内部の従業員』がF/Sを担当した場合，F/S担当者が当該会社を設立する以前に，アメリカに滞在した年数を合計すると，どのくらいになりますか．□6ヶ月未満，□1年未満，□2年未満，□3年未満，□3年以上」に対する回答．

Data…アンケート回答者のデータ重視の度合い．質問紙「8. F/Sを作成するうえで最も大切なことは何ですか．重要度を一つお選び下さい．適切な資料・データを収集し，整理していること．□重要，□やや重要，□関係なし」に対する回答．

Exp…アンケート回答者がアメリカ現地経験を重視する度合い．質問紙「8. F/Sを作成するうえで最も大切なことは何ですか．重要度を一つお選び下さい．アメリカ現地での経験に裏打ちされていること．□重要，□やや重要，□関係なし」に対する回答．

付表2-3 オーダード・ロジット・モデルに用いた変数間の単純相関係数

	Time	Cost	Stay	Data	Exp
Time	1.0000				
Cost	0.2385	1.0000			
Stay	−0.0910	−0.1085	1.0000		
Data	0.0542	0.0870	−0.0052	1.0000	
Exp	0.0157	−0.0134	0.1182	0.2776	1.0000
Sales	−0.2151	0.2855	0.2639	0.2075	−0.1334

（出所）筆者作成．

第3章 参入・退出と組織の再編成[1]
――アメリカにおける日系多国籍企業の事業継続と組織的進化――

1. 既存理論の限界

市場参入と組織改編

　外国市場への参入は，不確実性のなかでの決断を主たる特徴としている．それは，フィージビリティ・スタディの段階から，当事者の経験と学習という側面を有している．第2章では，その点を確認した．したがって外国投資の収益性は，企業の優位性が仮想されていたとしても，確保されてはいない．競争優位とは，獲得されるべき目標にすぎない．

　すでに本書第1章において，「限定された合理性」の概念が，多国籍企業の行動を説明するうえで重要であると主張した．より微妙な問題は，どのようなコストを支払うことによって「限定」を低減させることができるのか，という点にある．第2章のフィージビリティ・スタディに関する研究によって，進出以前に1年間程度の期間，約2,300万円の費用によって事前調査を行う日本企業の平均的姿が浮き彫りになった．本章では，その次に起こる経営課題を分析対象としたい．すなわち，企業組織の構成員が在外子会社を設立したのちに，さらに経営環境を学習し組織を改変していくことが予想されうる．それは，2つの理論的視角に対する疑問につながる．1つは競争優位説，もう1つは取引費用説による外国直接投資の説明である．すでに本書第1章において取引費用説による多国籍企業の組織論について批判的検討を加

---

[1] 本章の作成にあたっては㈶松下国際財団，および，㈶日本証券奨学財団による研究助成を得た．記して感謝したい．

えた．以下では，競争優位説をも含めて，やや詳しく組織改変との関わりについて論じたい．

競争優位説の限界

競争優位説にもとづいて外国直接投資の決定要因を説明するとき，いかに多国籍企業自身が自らの競争優位を知るか，という点については十分な説明が困難である．ハイマー（Hymer [1960]）は，多国籍企業が，外国において現地企業に対する何らかの優位性を保持していることから，外国直接投資の存在を説明する．そして，多国籍企業の保持する優位性は，受入国現地企業が受入国市場に関する情報上の優位をもっていることを相殺しうるものでなければならない，とする．しかしながら，ハイマーの理論においては，多国籍企業がいかにして自社に固有な優位性を認識するのか，とりわけ多国籍企業が直接投資をする以前に，どのようにして外国における操業上の競争優位を知りうるのかについての説明はない．

多国籍企業が自社の優位性を知る方法には，輸出や外国企業に供与するライセンシング契約の実績がある．しかし，投資先市場における現地生産についての優位性を正確に知るには，現実に子会社を操業してみる以外にない．企業に固有な優位性という概念は，本質的に事後的（ex post）な性質を持つのであり，現実の操業が行われたのちにのみ認識されうる，と考えざるを得ない[2]．ポーター（Porter [1980]）による競争優位の概念も，競争を行ってみなければ優位であるかどうか判明しないという点で，事後的にのみ理解されうる性質を持つことは明らかである[3]．

---

[2] 洞口 [1992a] による日系企業撤退の研究も，この事後的（ex post）な視点に立脚したものであった．すなわち，経営資源の優位性を有した企業が，外国市場に進出したのちに，市場需要の変動や，競争相手企業の出現によって，収益性を確保できなくなることが，理論・実証分析の双方を貫く基本的視角であった．洞口 [1992a] 第5章においてサーベイした主たる撤退要因のうち，「フィージビリティ・スタディの不完全」，および，「親会社の投資政策の変更」という要因が，上記分析視角からの重要な例外である．

[3] 国際経営の失敗事例を集めた著作として，リックス（Ricks [1983]）および飯田 [1998] がある．杉田 [1998] によれば，1998年4月までに，中国では31万社あまりの外資系企業が設立され，5万9,000社以上が合法的な撤退手続きを完了している，という．なお，本書第2章，脚注8)および本章，脚注6)をも参照されたい．

取引費用説の限界

　コース（Coase [1937]）に始まる取引費用の概念にもとづく直接投資の説明[4]も，やはり事後的（ex post）なものである．経済学者は，黒板のうえに取引費用の水準を描くことができる[5]が，取引費用の高さを，実際に操業を行う以前の多国籍企業が測定することは不可能である．なぜならば，取引費用とは，その定義上，事業に必要な交渉の相手を探す費用と，契約の履行を確実にするための法的執行費用を含むものだからである．いうまでもなく，交渉の相手を探すプロセスは，操業の準備段階だけでなく，操業を開始したのちにも頻繁に必要となる．

　事後的（ex post）な直接投資の説明によれば，直接投資は輸出やライセンシングに比較してより低い取引費用を実現するはずである．しかし，外国市場への参入を開始する以前の多国籍企業にとってみれば，事前的（ex ante）に，直接投資に伴う取引費用が他の参入形態におけるそれよりも，低くなることを確証できるものではない．輸出を行う際には，市場を利用するという意味で適切な価格づけや支払い契約書の作成といった取引費用が必要となる．しかし，直接投資を行っても，従業員の賃金水準の設定・交渉や部品納入業者との契約条件確定といった取引費用が必要となる．現実には，輸出と直接投資という2つの形態のうち，どちらの取引費用総額が低いのか不明であるとしか言いようがない．取引費用が低下するがゆえに外国直接投資が選択されるという内部化理論，折衷理論には実証的裏付けがない．

　筆者は，このような従来の説明を決定論的であると形容したい．そして，上記のような意味において，競争優位と取引費用という2つの基本的概念は，外国直接投資の決定要因としてみると共通の性質を有しているといえる．すなわち，この2つの基本的概念は，事前的に（ex ante）外国市場における多国籍企業の事業継続の可能性を十分に説明するものではないのである．

---

4) 洞口=トイン（Horaguchi and Toyne [1990]）および洞口 [1992a] は，取引費用の経済学による多国籍企業研究を批判的にサーベイしている．なお，ラグマン（Rugman [1980]）およびダニング=ラグマン（Dunning and Rugman [1985]）をも参照されたい．
5) 本書第1章第1-1図，バックリー=カッソン（Buckley and Casson [1981]）およびティース（Teece [1986]）を参照されたい．

新しい理論的視座

　では，いかなる理論が，既存の外国直接投資の決定要因に関する理論に代替しうるのであろうか．筆者は，外国直接投資を開始するための FS から，それが行われたのちの事業の再編までを 1 つの継続的プロセスとして捉える．そして，このプロセスを説明するために，「限定された合理性」の概念を導入すべきであると主張したい．サイモン（Simon [1945] [1955] [1959] [1978] [1979] [1986]）は，人間の情報処理能力が限られているために，経済主体としての人間が一定の時間内で効用を極大化することはできない，と論じた[6]．それこそが，企業の組織構成員をして，事前的に投資を決定せしめうる要因にほかならない．

　「限定された合理性」の考え方にもとづけば，特定の個人は企業の競争優位や取引費用を明確に認識できず，企業戦略における最適化計算を行うことができない．同様に，ある特定の組織も，個人のもつ限界を越えることが可能であるとはいえ，同様の情報処理能力における限界を有している．将来を見通すことができないままに，将来に関する意思決定である投資を行うことができるのは，そこに，個人と組織の「意図（intention）」があるからであろう．この点については，以下，本章における仮説の設定にあたって再度論じたい．

組織再編成と不確実性

　日本本社サイドからみれば，在外子会社の数が増加することは，多国籍企業の本社に対するより大きな情報処理の負荷を与えることになる．事業を継続できた企業は，事後的（ex post）に退出した企業よりも優れていたことを知ることができる．しかし，事前的（ex ante）には，すべての企業が事業の継続可能性を信じ，成長できると確信しているかもしれない．

　情報処理能力に大きな負荷をかける重要な要因として，不確実性の存在がある．不確実性を評価するには，情報の収集と処理の側面で，より高い情報処理費用の支出を必要とする．したがって，市場における不確実性は多国籍

---

[6]　本書，第 1 章を参照されたい．

企業の経営成果に追加的な影響を与える．たとえば，在外子会社が需要のトレンドを正確に予測することは不可能に近い．しかし，生産設備のキャパシティは生産を開始する以前に決定しなければならない．したがって，在外子会社の生産設備は常に過剰になるリスクを背負っている．

製品市場だけでなく，生産要素市場においても不確実性は存在する．労働の質，すなわち従業員の職業倫理，熟練度，科学技術の理解度といった側面は投資受入国の賃金水準といった定量的データと比較すれば，事前の情報として入手することは困難である．同一の賃金を提示して採用した従業員についても，労働の質は大きなばらつきを有しているであろう．

不確実性の存在を考慮に入れることは，経済分析としては目新しいものではない．競争優位や取引費用からの説明はあまりに決定論的であり，市場需要の変動といった不安定性をくぐり抜けた企業のみを想定した説明であると言える．また，時間に依存して「限定された」合理性における「限定」が拡張していく側面，すなわち，組織として事業環境を学習し適応していく側面を軽視した説明しかできていない．

組織再編成の事例としての外国直接投資

多国籍企業の国際的操業過程は，企業組織の構築プロセスについての典型的な事例を提供している[7]．国籍の違いは受入国における外国企業の操業の軌跡を追跡することを可能にし，観察可能なデータを提供する[8]．企業の参

---

7) 青木［1995］もまた「国際企業は投資先国の資本・雇用制度の制約からある程度自由でありうるために，直接投資やジョイント・ベンチャーを通じて，組織の内在的多様化の動因となる異種侵入の担い手たりえるかもしれない」（32ページ）と述べている．なお，洞口［1992a］は，すでに，「日本企業が海外で事業を展開することは，異なる経営慣行と社会制度の国際的な相克という側面を持つものであるが，その時間的位相を理解することなしには，その影響の評価もまた皮相的なものにとどまるであろう」（5ページ）と述べている．実証研究が必要なのは，理論分析によっては，「異種侵入」が，現実に何年ののちに一部淘汰され，また，一部は発展していくのか，導出することができないからである．

8) ザックデフ（Sachdev [1976]），ケイブス＝ポーター（Caves and Porter [1976] [1977]）ボッドウィン＝チョプラ＝トーヌデン（Boddewyn, Chopra and Torneden [1978]），ウィルソン（Wilson [1978]），ボッドウィン（Boddewyn [1983a] [1983b]），洞口［1986］，洞口（Horaguchi [1993b] [1994a]），ゴメ・カッセール（Gommes-Casseres [1987]），リー（Li [1995]）らの研究を参照されたい．ゴメ・カッセールが論旨の基礎をおくのはコーグット（Kogut [1983]）のいう「継続的プロセス」である．ウィルソンは，バーノン（Vernon [1966] [1974] [1979] [1985]）のプロダクト・サイクル理論に依拠している．バーノンの論考については，洞口［1992a］を参照されたい．なお，日本企業の対米投資と撤退研究のサーベ

入と，参入企業を市場が選別する過程という2つのデータが，企業組織の再構築過程の実証的研究には必要となるが，1980年代以降急増した日本企業の対米直接投資は，その後の事業継続プロセスについても実証研究に耐えうるデータを提供している．

仮説の設定

在外子会社の事業継続可能性についての動態的側面は，「限定された合理性」の概念を演繹することによって，より正確に捉えられるであろうことは，すでに主張した．投資主体である企業の意思決定者は，初期投資のリターンが必ず正になることを合理的推論によって確言できない．したがって，市場の敵対的反応を恐れなければ，誰もが初期投資を行うことができる．その動機は，収益機会の獲得だけでなく，企業規模の拡大，外国投資を行いうる企業であるという名声を経営者が求める意識，海外事業担当者の昇進願望や自己実現欲求，競争相手企業への追随，といった要因であってよい．しかし，同時に，その企業は比較的短期間で組織再編成ないし撤退という新たな課題に晒されざるを得ない．このように，多国籍企業組織の維持・成長を捉えることによって次のような仮説を導くことができる．

仮説1．多国籍企業の本社が，在外子会社の操業を支える意図さえあれば，利潤がなくとも，操業は継続される．

以上の仮説は，追加的な説明を要しないほどに単純なものである．しかし，外国直接投資の決定要因に関する従来の実証研究における仮説とは，部分的にではあれ鋭く対立する．

従来の決定論的説明は多国籍企業の意図（intention）を捉えていない．投資の成果は，企業の保持する経営資源の優位性や，取引費用を低下させる組織設計の工夫によって高まることは事実であろうが，投資利益を獲得することのできない企業も在外子会社の操業を開始・維持できるのである．たとえば，洞口［1992a］が明らかにしたように，投資5年後に撤退する企業が

───────
イについては，ケイブス（Caves［1993］［1995］）および本章脚注11)を参照されたい．

多いという事実は，企業の優位性を保持していない場合にも在外子会社に投資できる期間の具体例として理解することができる．そして本書第2章に明らかにしたように，FS段階で5年を目途に投資計画が策定されていることも，在外子会社の具体的操業期間に影響を与えているであろう．

言うまでもなく，多国籍企業の意図という戦略上のバイアスは長期的に維持されうるものではない[9]．たとえば，不採算事業を継続するための自己資本や信用の有無は企業の保持する経営資源であるが，そうした事業継続能力の有無が操業期間に影響をあたえることは疑いない．繰り返すが，事後的（ex post）な説明としては，従来の直接投資研究は説得力を持っている．しかしながら，多国籍企業が初期参入ののちに外国市場における操業の不利を相殺する期間がどのくらいの長さであるのか，また，初期参入ののちに外国市場での競争優位を確立することなく撤退してしまう在外子会社がどの程度存在するのかは，事後的（ex post）な観点からは説明され得ない．筆者がここで説明したいのは，企業組織の拡大は事前的（ex ante）な主観によって意思決定されざるを得ないことである．それは時として投資に関わる5年から10年という長い期間にわたる経済活動の本質に内在する．

多国籍企業が外国市場に参入したのち，学習過程を経ることによって外国市場に関する情報上の不利は逓減していく．このプロセスは「限定された合理性」における「限定」が緩められていくプロセスであるが，この点から次の仮説2が導かれる．

　仮説2．多国籍企業の在外子会社が外国市場で操業を続けるなかで，組織
　　　　の再編成が不可欠になる．

ここで，組織の再編成には，参入・撤退を含む以下のような例が考えられる．非参入・非撤退の形式での組織の再編成としては，①在外子会社の移転，②2つ以上の在外子会社の合併，③外国における事業部の再編成や分社化，④

---

9) 戦略（strategy）と意図（intention）との区別は重要である．後者は，前者を包含する概念である．企業が自らの能力（competence）を省みることなく，意図した行動は，戦略とは呼びがたい．また，競争相手企業の動向や取引先企業との関係構築，政治経済的環境への無知のもとでも，意図を行動に移すことはできる．

出資比率の変更，⑤本国の直接所有から外国の地域本社による間接的所有への変更などが考えられる．

本章は，従来の決定論的説明に基礎をおく仮説と，「限定された合理性」の説明にもとづいた仮説の双方から導かれる説明変数を検討する．したがって以下のような疑問がグローバルな組織構築のプロセスに関連している．すなわち，何が在外子会社の操業期間を決定するのか．参入・退出の頻度に関する既存の説明は在外子会社の組織再編成にも適用可能であるか．在外子会社の非参入・非撤退形態での組織の再編成は不可避であるのか．

多国籍企業が「限定された合理性」のもとで在外子会社を経営する限りにおいて，組織の再編成は無視できない頻度で行われていると推定される[10]．以下，第2節では実証分析の方法とデータを説明する．第3節では実証分析における説明変数と被説明変数を解説する．第4節ではその結果を提示し，第5節において本章の研究結果を総括する．

2. 実証分析の方法とデータ

分析方法

本章においては，マルチノミアル・ロジット・モデルを採用し，在米日系多国籍企業の組織再編成に影響を与える要因を摘出したい[11]．本章で扱うデ

---

10) 本書第1章にサーベイしたようにストップフォード＝ウェルズ (Stopford and Wells [1972])，バートレット＝ゴシャール (Bartlett and Ghoshal [1989]) は組織の段階的変化についての議論を提示している．また，ゲートマン (Ghetman [1988]) は，多国籍企業の撤退に関する意思決定プロセスについて研究している．
11) 1990年代には，パーシャル・ライクリフッド・モデルによって，企業の新規参入とその生存についての研究がさかんに進められており，標準的な分析用具となっている．メイタ＝ポーチュガル (Mata and Portugal [1994])，アウドレッチ＝マハムッド (Audretsch and Mahmood [1995])，マクファーソン (McPherson [1995]) は，国内企業の新規参入とその生き残りについて，チャン (Chang [1995]) は日系多国籍企業の継起的な事業拡張について，コーグット (Kogut [1991]) は合弁事業による初期投資ののちの日系多国籍企業の事業買収行動について，それぞれパーシャル・ライクリフッド・モデルを用いている．洞口 (Horaguchi [1996b]) および洞口 [1997a] は，日本企業の対米投資について，本章と同じデータセットによってパーシャル・ライクリフッド・モデルを用いて分析している．パーシャル・ライクリフッド・モデルおよびワイブル・モデルについては，コックス (Cox [1972] [1975])，コックス＝オークス (Cox and Oakes [1984])，カルブフレイシュ＝プレンティス (Kalbfleisch and Prentice [1980])，および，ランカスター (Lancaster [1990]) を参照されたい．

ータの特徴にあわせてマルチノミアル・ロジット・モデルの説明をすると以下のとおりである．

周知のとおり，ロジット・モデルでは非説明変数がゼロまたは1の値をとる．マルチノミアル・ロジット・モデルでは，非説明変数がゼロからいくつかの整数値をとる．本章の場合には，ゼロから3までの4通りの値をとる．それは，アメリカに投資された日系在外子会社の組織再編成のあり方を4つに分類したことに対応している．

本章では1989年を基準年として，1994年における動向を分析した．基準年（1989年）にアメリカに存在した日系子会社は，1994年までの一定期間ののちに以下に述べる4つの状態のいずれかに分類される．①アメリカ市場から撤退して姿を消しているケース（Exit），②撤退した日系子会社がある一方で同一の日本側親会社がアメリカ国内に新たな子会社を設立しているケース（Exit & Reorganization），③基準年に存在した場所ないし企業形態においては在米子会社が存在しないがアメリカ国内の別の場所に同一社名によって事業を継続している子会社，ないし，異なる出資比率によって同一親会社の所有のもとで追加投資が行われている子会社（Survival & Reorganization）が存在するケース，④基準年と同じ企業が操業を継続しているケース（Survival），の4つである．

この4通りのケースが発生する確率を $P(y=i)$, $(i=1, 2, 3, 4)$ とすると，

$$P(y=1) = \frac{e^{x\beta(1)}}{e^{x\beta(1)} + e^{x\beta(2)} + e^{x\beta(3)} + e^{x\beta(4)}}$$

$$= \frac{e^{x\beta(1)}}{\Sigma_i e^{x\beta(i)}} \qquad i=1,\cdots,4$$

$$\vdots$$

$$P(y=4) = \frac{e^{x\beta(4)}}{\Sigma_i e^{x\beta(i)}} \qquad i=1,\cdots,4$$

という4本の方程式が本章のマルチノミアル・ロジット・モデルを構成する．ここで基準となるべき状態を，①アメリカ市場から撤退して姿を消しているケース（Exit）とすれば，$\beta(1)=0$ とおくことができ，

$$P(y=1) = \frac{1}{1 + e^{x\beta(2)} + e^{x\beta(3)} + e^{x\beta(4)}}$$

$$P(y=2)=\frac{e^{x\beta(2)}}{1+e^{x\beta(2)}+e^{x\beta(3)}+e^{x\beta(4)}}$$
$$=\frac{e^{x\beta(2)}}{1+\Sigma_i e^{x\beta(i)}} \qquad i=2,\cdots,4$$

$\vdots$

$$P(y=4)=\frac{e^{x\beta(4)}}{1+\Sigma_i e^{x\beta(i)}} \qquad i=2,\cdots,4$$

と書くことができる．したがって，状態①を基準にした場合，状態②の相対的な発生確率は，

$$\frac{P(y=2)}{P(y=1)}=e^{x\beta(2)}$$

となり，最尤法によって$\beta(2)$の値を推定することになる．同様に，$\beta(3)$および$\beta(4)$の値も推定できる[12]．なお，グリーン（Green [1993], 666ページ）に記載されているとおり，

$$\frac{\partial P_j}{\partial x}=P_j[\beta(j)-\sum_k P_k\beta(k)] \qquad (j=1,2,3,4, \ k=2,3,4)$$

は，独立変数xが確率P_jに与える効果を示している．たとえば$j=2$について，その導出過程を示しておけば，

$$\frac{\partial P(y=2)}{\partial x}=\frac{\partial P_2}{\partial x}=\frac{\partial}{\partial x}\left(\frac{e^{x\beta(2)}}{1+\Sigma_k e^{x\beta(k)}}\right)$$
$$=\frac{\beta(2)\cdot e^{x\beta(2)}(1+\Sigma_k e^{x\beta(k)})-e^{x\beta(2)}(\Sigma_k \beta(k) e^{x\beta(k)})}{(1+\Sigma_k e^{x\beta(k)})^2}$$
$$=\frac{e^{x\beta(2)}}{(1+\Sigma_k e^{x\beta(k)})}\cdot\beta(2)-\frac{e^{x\beta(2)}}{(1+\Sigma_k e^{x\beta(k)})}\cdot\frac{\Sigma_k\beta(k)e^{x\beta(k)}}{(1+\Sigma_k e^{x\beta(k)})}$$
$$=P_2\beta(2)-P_2(\Sigma_k\beta(k)P_k) \qquad (k=2,3,4)$$

となり，グリーン（Green [1993], 666ページ）に記載されている式を導くことができる．ここで，$e^{x\beta(2)}/(1+\Sigma_k e^{x\beta(k)})=P_2$である．

---

[12] 本章での推定には，統計パッケージ，Stataを用いた．マルチノミアル・ロジット・モデルについては，グリーン（Green [1993]）第21章，また，ステイタ・プレス（Stata Press [1997]）をも参照されたい．

データ

本章においては，アメリカにおける日本の在外子会社を掲載した東洋経済新報社『海外進出企業総覧（国別編）』1990年版および1995年版を用い，1989年と1994年のデータを利用する．

1989年のデータとして掲載されていた在米日系企業は2,840社であった．そのうち，2,064社（72.68％）が1994年にも掲載されており，776社（27.32％）が抹消されていた．1994年データとしては3,728社が掲載されているが，それは2,064社の記載継続企業と，1,664社の新たに掲載された企業との合計からなる．その構成比は記載継続企業55.36％と新規掲載企業44.64％である．

1989年に掲載されていた2,840社のうち，1,969社が以下の分析に必要な説明変数についてのデータを備えていた．説明変数のデータは，1989年時点における『海外進出企業総覧』の記載事項を用いた．1989年に活動していた日系在米子会社が，その時点における説明変数の影響を受けて1994年時点にどのような組織再編成をしたかを，マルチノミアル・ロジット・モデルの測定によって明らかにする．1,969社のデータは筆者が入手可能な最大限のデータ・セットであるという意味で貴重であるが，制約もまぬがれない．2つの大きな制約がある．

第1に，サンプルとなった在外子会社の親企業のなかには，株式を公開していない企業も多く含まれ，また，鉱業から不動産業にいたるすべての産業分野を含む．そのために，たとえば多国籍企業の研究開発費といったデータを入手することはできなかった．第2に，1990年以降に進出し，1993年以前に撤退してしまった企業をサンプルに含んでいない．

3. 事業継続の推計

被説明変数

日系在外子会社の状態を示す被説明変数（*haz*）は0から3までの値をと

る．*haz* の値が 0 であるとき，①1989 年に存在したが 1994 年『海外進出企業総覧』リストから抹消された企業を示す．1,969 サンプルのうち 281 サンプル（14.27%）が 5 年の間に記載を抹消されており，なんらかの形で撤退していると考えられる．*haz* が 1 であるときは，②撤退した日系子会社がある一方で同一の日本側親会社がアメリカ国内に新たな子会社を設立しているケースに該当する．126 サンプル，6.40% が該当した．*haz* が 2 であるとき，③基準年に存在した場所ないし企業形態においては在米子会社が存在しないが，アメリカ国内の別の場所に同一社名によって事業を継続している子会社があるか，あるいは，異なる出資比率によって同一親会社の所有のもとで追加投資が行われている子会社を意味する．そのケースは 495 サンプル，25.14% あった．また *haz* が 3 であるときには，④基準年と同じ企業が操業を継続しているケースに該当する．1,067 サンプル，54.19% がここで定義した組織再編成を行わずに事業を継続していた．

ここで②と③について，やや詳しく説明しておこう．こうした変数を含めて組織再編成の存在を考慮に入れることによって，在米日系子会社の撤退を強調しすぎるという危険を排除できる．組織再編成には，以下のような例がある．

②のケースに該当する場合，多国籍企業は収益のあがらない事業から撤退するだけではなく，より高い収益を獲得しようと好立地を探索していることになる．このとき，企業名は変更されている．仮に，組織再編成を考慮に入れず，参入と撤退のみで立地変更を捉えようとすれば，それは，1 つの在外子会社の撤退とそれに引き続く参入とみなされることになる．しかしながら，多国籍企業は初期参入時点におけるコスト非効率に気づき，新たに獲得した情報にもとづいて新たに法人を設立するかもしれない．典型的なケースとして，総合商社の出資する子会社の撤退と新規設立がある．日本国内であれば同一法人内のリストラクチャリングと新規事業設立であるが，多数の海外現地法人については，その収益の独立性が明確にされる．

②のケースに該当する第 2 の場合は，製品事業部単位で設立された在外子会社が地域ごとに集約されるケースである．外国直接投資を行う本国の多国籍企業が製品別事業部制を採用しており，ある外国への投資が事業部ごとに

設立された在外子会社によって占められている場合，在外拠点が地域ごとに集約される場合がある．そのことによって，間接費の節約や重複投資を避けることが可能になる．ただし，他方では異なる製品事業部による在外子会社が，同時並行的に立地されうる．

③に該当する組織再編成の第一の例は，在米子会社の立地場所の移転である．本章で用いたデータのなかには，たとえば，ニューヨークに立地した企業が，ニュージャージーに移転するケースなどがあった．これらは，在米操業期間が長くなるにつれて，自らの事業にふさわしい立地場所への移転が行われたと推定される．②のケースとの違いは，企業名に変更がないことである．

また③に該当する第2の例として，在外子会社の社名変更，出資比率の変更などがある．こうした変更が行われる理由としては，事業の拡張や負債の返済，あるいは，別会社を吸収・合併するケースがある．このケースでは，在外子会社の住所あるいは日本人代表者（社長）名には変更がない．在外子会社の視点からみると，吸収・合併を行うことは新規市場への参入という側面を持つことになる．また，たとえば，吸収・合併をされる側の会社は本国多国籍企業の10%以下の少数出資であり，吸収・合併の時点で増資されることもあろう．この場合には追加的投資が行われていることになる．

本章の分析に用いる1,969社のうち，621社（31.54%）が②ないし③のケースとして組織再編成を行っていたが，②と③の違いは，②においては日本側親会社の多国籍企業を単位としてみたときに，撤退と再参入を1989年から1994年の間に行っていたことである．③は，『海外進出企業総覧』における記載抹消がなく，組織再編成が行われたとみなされるケースである．①から④になるに従って，多国籍企業組織は安定的である，とみなされる．

なお，属性データが不十分であったためにマルチノミアル・ロジット・モデルの分析には用いることができなかったが，1989年データ・2,840社のうち1,002社（35.28%）の在米日系子会社が5年間になんらかの組織再編成を行っていたとみなされる．1,002社のうち，422社（42.12%）が撤退した在外子会社であり，580社（57.88%）は操業を継続していた．2,840社中422社，すなわち14.86%の日系企業が1989年から94年の間に撤退したこ

とになる[13]。

説明変数

本章で採用する12の説明変数は，概念的に5つのグループに分類することができる。それは(1)多国籍企業の特性を示す変数，(2)合弁事業度を示す諸変数，(3)親子会社関係を示す諸変数，(4)投資戦略に関する諸変数，(5)産業を示す2つのダミー変数，である。

(1) 多国籍企業の特性を示す変数：mul

複数の在米子会社による事業運営の程度 mul は，日本側親会社によって所有されている在米子会社の数によって測られる。第3-1表に示したように，日本側親会社の投資した在外子会社の数には，1社から155社までの幅がある。

最も多くの在外子会社，155社を所有していたのは三井物産であり，丸紅が73社で第2位であった。こうした総合商社の在米子会社は商業・貿易業に従事する支店が主たるものではなく，鉱業，製造業からサービスにいたるほぼすべての産業にわたっている。なお，本章において採用した産業分類は，この在米子会社の業務内容によるものであり，総合商社の子会社であっても商業には分類されない事業を行う在米子会社のほうが多い。

mul の解釈は異なる仮説によって分かれうる。mul の値が大きいことは，親企業である多国籍企業がより多くの企業に投資を行い競争優位を有していることを意味しうるが，その場合には mul の値が大きいほど在外子会社の事業継続期間は長くなると考えられる。ホースト（Horst [1972]）やグルボー（Grubaugh [1987]）は多国籍企業が大きいほど信用リスクや平均生

---

[13] この結果は，ダン=ロバーツ=サミュエルソン（Dunne, Roberts and Samuelson [1988]）の報告するアメリカ国内企業の撤退比率よりも低い。ダン=ロバーツ=サミュエルソンの研究によれば，その計測期間中，常に，30％以上の撤退比率が報告されている。これは，地元中小企業など，いわゆる「多産多死」と形容される参入・撤退比率の高い産業を含むために予想される結果である。また，郭・洞口 [1993] および洞口・郭（Horaguchi and Kwak [1994]）によれば，1975年を基準としたとき，北米地域における5年後の撤退比率は，全産業で21.4％，製造業で35.6％であった。ただし，この比率には組織再編成を含むため，本章での①と②を合計した推計値と，ほぼ同水準となっている。

産費用が低くなると論じている．

本章で提示した仮説2に従うと，*mul* が高いと個別の在外子会社が同一事業を継続する期間は，むしろ，平均的に短くなると考えられる．なぜなら在外子会社間での調整や間接部門の費用削減動機などから，複数の在外子会社が統合される可能性が高くなるからである．大規模多国籍企業の子会社におけるほうが，そうでない場合よりも，在外子会社の所有変更は頻繁に行われると考えられる．

(2) **合弁事業度を示す諸変数**：*per, no*

合弁事業に関する特徴は，*per* と *no* という2つの変数によって示される．*per* と *no* の2つの変数は，ともに事業継続期間と組織再編成に影響を与えるものと考えられる．

per は，東洋経済新報社編［1990］に記載された在米日系子会社の日本側出資比率である．なお，外国直接投資の一般的な定義に従って10％以下の出資比率によって運営・掲載されている在米日系子会社のデータは除いた．したがって *per* は，10から100までの値をとる．言うまでもなく，出資比率が100％であるときには単一ないし複数の日本企業が完全所有していることになる．また，100％未満であるときには在米日系子会社の自己資本の一部が非日本企業によって所有されている．コーグット（Kogut［1991］）によれば，合弁事業はある種の実物オプションであると考えることができる，という．すなわち，合弁事業に投資することによって，その投資家は事業環境が好転する時期に事業を拡張するか，あるいは，株式を売却するか，いずれかを選択できるという裁量権を有することになる．こうした論理に従えば，合弁事業による在米日系子会社の事業継続期間は短くなる，と考えられる．すなわち，*per* の値が低いとき，所有権の移転がより頻繁に起こりうる．

no は，在米日系子会社に投資をする日本側多国籍企業の共同出資社数を示す．単一の日本企業がアメリカに在外子会社を設立した場合，*no* は1の値をとる．第3-1表に示したように，*no* の最大値は15，すなわち，15社による共同出資であった．ゴメ・カッセール（Gommes-Casseres［1987］）によれば，在外子会社の操業目的が時間に応じて変化するときに合弁事業が

第3-1表　諸変数の統計量

変数	データ数	平均	標準偏差	最小値	最大値
age	1969	14.38852	8.141089	5	49
mul	1969	10.37989	24.51404	1	155
no	1969	1.265109	0.7316915	1	15
per	1969	89.30285	22.79024	10	100
ceo	1969	0.8090401	0.3931574	0	1
mer	1969	0.0589132	0.2355219	0	1
cap	1969	1554.188	8456.041	0.1	250000
em	1069	146.5851	667.8466	1	19727
jem	1969	8.140681	17.17385	0	255
cd	1969	0.3920772	0.4883378	0	1
ad	1969	0.1264601	0.3324516	0	1

(出所)　東洋経済新報社編『海外進出企業総覧(国別編)』1990年版および1995年版，アメリカに進出した日本企業の子会社データをもとに筆者作成．

解消されやすいという．合弁事業への参加者が投資目的を異にするとき，事業継続期間が短くなる．したがって，*no* の値が大きいとき，多国籍企業としての組織再編成が行われる必要も高まるであろう．

(3)　**親子会社関係を示す諸変数**：*ceo, jem, age*

ダミー変数 *ceo* は，『海外進出企業総覧』の記載する在米日系子会社の「代表者名」が日本人であるときに1，それ以外の場合にはゼロの値をとる．*ceo* が日本人であることは，在外子会社に対する日本本社からのコントロールの度合いが高いことを示していると考えられる．組織再編成の意思決定は，本社と在外子会社間の調整がスムーズであるほど容易であろう．従って，日本人経営責任者が存在することは組織再編成にはプラスの要因として働くであろう．回帰係数の符号としては正，すなわち，他の条件を一定として，日本人経営者がいる場合，在外子会社は撤退せずに組織的な適応によって事業継続期間を長くしていると考えられる．

jem は日本人従業員の数であり，その意味は2つある．

第1に，*jem* は多国籍企業のコントロールを示すと考えられる．在米日系企業において，社長のみならず経営陣が日本人で占められており，また，技術的サポートも日本人によって行われることは広く経験的に観察されてい

る．もしも jem の値が高ければ，そうした在外子会社には日本本社からの資金的サポートも容易になると考えられ，操業の継続性や組織再編性への志向性が維持される．

また第2に，日本人従業員の数が多いことは技術移転のための情報伝達が高い密度で行われることを意味している．研究開発費支出が売上高に占める比率の高い企業が，より高い頻度で在外子会社に日本人従業員を派遣することは洞口［1992a］（Horaguchi［1993a］）が示しているが，アメリカに派遣された日本人従業員を通じて在米日系子会社に対して経営上のノウハウが集中的に移転されるかもしれない．上記，いずれの効果によっても jem の回帰係数は正，すなわち，より長い事業継続期間が期待される．

日系在米子会社の操業年数 age は，撤退企業の事業継続年数，ないし，事業を継続する企業の操業継続年数である．1989年データに掲載され，かつ1994年データにおいても掲載され続けた在外子会社は，設立時点から1994年までの期間によって操業年数 age とした．また，1994年データで記載を抹消された企業は，操業開始年度から1993年まで事業を継続したと考えて操業年数を推定した．操業年数が長ければ長いほど，組織は安定的になると予想される．第3-1表には，被説明変数と説明変数の基本統計量を掲げている．サンプル企業のなかで，アメリカにおける事業継続期間 age の最も長いものは49年であった．こうした企業の中には，買収によって参入したために，日本企業の資本が入る以前の創業時点が『海外進出企業総覧』に回答されているものも含まれると考えられる．また，平均操業期間は14.4年であった．

(4) 投資戦略諸変数：*mer, cap, em*

mer はダミー変数であり，在外子会社が日本企業によって買収されて設立されたという記載がある場合に1の値をとる．山脇（Yamawaki［1994］）は，日本企業がアメリカ企業を買収した場合に撤退比率の高いことを，また，シェーバー（Shaver［1994］）は生存比率の低いことを報告している．日本企業によるアメリカ市場への参入形態が買収 *mer* であった場合，生存比率に負の影響を与えるかもしれない．それは，買収後の事業運営にお

ける旧経営陣とのコンフリクトや，追加投資が必要となるためと考えられる．負の回帰係数の符号，すなわち，mer が1の値をとる場合には事業継続期間が短くなるものと考えられる．

cap は，在外子会社の自己資本金額である．cap は企業規模の代理指標であるが，その解釈には次のような説がある．ジョバノビッチ（Jovanovic [1982]）は，規模の小さな企業が短期間で退出する傾向があると想定した理論モデルを提示している．そうした想定があてはまるならば，自己資本が大きいほど存続比率は高くなるであろう．その場合，回帰係数の符号はプラスを示すであろう．

em は総従業員数を示す．この変数は，企業の規模がどの程度削減されうるかを捉えるものである．需要が減少したときに，物的資産に比較して従業員数の削減はより弾力的に行われるかもしれない．ゲマワ＝ネールバフ（Ghemawat and Nalebuff [1985]）は，大きな分割不能資産を保有している企業が，需要の衰退に直面して小規模企業よりも先に退出するという命題を証明しているが，ティロール（Tirole [1988]），ウィンストン（Whinston [1988]）は，その命題が資産の分割不能性に依存したものであることを示している．企業に雇用されている従業員数は分割可能であるから，需要の低下に直面する企業は，従業員数からみた企業規模を削減することができる．雇用調整を行うことによって，事業の継続期間は長くなるであろう．したがって，回帰係数の符号はプラスを示すであろう．

(5) 産業を示す2つのダミー変数：cd, ad

商業ダミー cd は，在外子会社の業種が販売，貿易，商業などに分類されている場合に1の値をとるダミー変数である．すでに mul の説明において述べたように，総合商社の出資する在外子会社のうちのいくつかは cd に分類されるが，その他製造業，サービス産業，第一次産業にも向けられている．また，製造業企業の在外子会社であっても，その多くが cd に分類される．それらの在外子会社は，日本から輸出される製品をアメリカ市場で販売する役割を果たしており，製造には携わっていない．

商業による投資は，アメリカ市場における情報収集と操業経験の蓄積とい

う役割，すなわち，「限定された合理性」の「限定」を広げる役割を果たすと考えられる．その役割を成功裏に果たしたのちには，新しいオプションとして製造業などに事業形態が変更されるかもしれない．また，それが失敗であれば撤退されるであろう．事業が変更されることなしに継続されるのは，本来の商業に分類される一部の投資にすぎない．成功・失敗にかかわらず，cd に分類される多くの事業は継続期間が短いと想定されるのであり，回帰係数の符号はマイナスが期待される．

　もう一つの産業ダミーは，ad であり，輸送機械製造業ないし電気機械製造業に分類される産業について1の値をとるダミー変数である．cd，ad ともに東洋経済新報社編［1990］に記載された「業種」によっている．すでに cd について述べたように，ad についても親会社の業種分類と在米子会社の業種分類が一致するとは限らない．典型的な例は，総合商社と自動車部品メーカーの合弁事業としてのアメリカ投資である．仮に，その在米子会社が製品を販売するだけであれば cd に分類され，製品を製造・販売するならば

第3-2表　相関マトリックス　（データ数, 1969)

	age	mul	no	per	ceo	mer
age	1.0000					
mul	−0.0580	1.0000				
no	−0.0024	0.0153	1.0000			
per	0.1688	−0.3197	−0.0674	1.0000		
ceo	0.0862	−0.0750	0.0613	0.2949	1.0000	
mer	−0.0732	−0.0206	−0.0317	0.0346	−0.2077	1.0000
cap	0.0100	0.0144	−0.0140	−0.0594	−0.0067	−0.0030
em	0.0523	0.0088	−0.0098	−0.1032	−0.1080	0.1206
jem	0.3040	0.0413	−0.0116	0.0947	0.1071	−0.0416
cd	0.3528	0.0256	−0.0507	0.1063	0.0779	−0.0728
ad	−0.1565	−0.0308	0.0188	−0.1367	−0.0912	0.0411

	cap	em	jem	cd	ad
cap	1.0000				
em	0.2305	1.0000			
jem	0.2928	0.2527	1.0000		
cd	−0.0725	−0.0772	−0.0002	1.0000	
ad	0.0980	0.1610	0.1007	−0.3056	1.0000

（出所）　第3-1表に同じ．

ad に分類される．産業分類の基準は在米子会社の業種であり，日本側親会社のそれではない．

ポーター (Porter [1990])，安保他 [1991]，アベグレン=ストーク (Abegglen and Stalk [1985]) などの主張するように，日本企業の競争優位が組み立てラインを中心とする組織能力に依存するという議論に従うならば，*ad* の回帰係数はプラスを示し，事業継続期間は長くなると考えられる．

以上の各変数間の単純相関係数は，第3-2表に示されている．全体として，相関は低い．最も高い相関を示したものでも，*cd* と *age* の 0.3528 であった．

4. 推計結果

マルチノミアル・ロジット・モデルによる推計結果は，第3-3表に掲げた．4つの変数 *mul*，*jem*，*age*，*cd* に注目する必要がある．

まず，日本人従業員数 *jem* はすべての方程式においてプラスの符号を示しており，統計的に有意であった．これは，アメリカの在外子会社における日本人従業員数が多いほど，単純に撤退することが少ないことを示している．すなわち，撤退しても再参入する（方程式1, Exit & Reorganization）か，あるいは，組織改変を伴いながらも事業を継続している（方程式2, Survival & Reorganization）か，あるいはまた，組織改変を行わずに事業を継続している（方程式3, Survival）ことを示している．逆に，撤退する事業では，まず，日本人従業員の数が減らされる傾向がある，と解釈することもできる．

親会社からみた在米子会社の数を示す *mul* は，撤退して再参入したケース（方程式1, Exit & Reorganization），事業を再編成しながら継続したケース（方程式2, Survival & Reorganization）において本章・仮説2から期待された正の符号を持ち，1%の棄却水準を上回って統計的に有意であった．しかし，事業を継続したケース（方程式3, Survival）では統計的に有意ではなかった．すなわち，これは現存する子会社の数 *mul* が多ければ多いほど再参入や組織再編成が多く，単純に事業を継続するとは言えないことにな

第3章 参入・退出と組織の再編成

第3-3表　マルチノミアル・ロジット・モデルの推定結果
　　　　── Exit をベースとした推定 ──

	方程式1 Exit & Reorganization	方程式2 Survival & Reorganization	方程式3 Survival
age	−0.310884	−0.0405852	−0.0168964
	(−1.865)*	(−3.167)***	(−1.845)
mul	0.3945439	0.3997933	0.0180394
	(11.728)***	(11.915)***	(0.566)
no	−0.0274228	−0.1895152	−0.1387095
	(−0.203)	(−1.530)	(−1.718)
per	−0.0058105	−0.0046672	−0.0008393
	(−0.986)	(−0.932)	(−0.203)
ceo	0.4152901	−0.2449296	−0.1406499
	(1.192)	(−0.959)	(−0.705)
mer	−0.1516831	−0.1479433	−0.1451711
	(−0.291)	(−0.384)	(−0.475)
cap	0.0000126	0.0000156	0.0000103
	(0.517)	(0.692)	(0.469)
em	−0.0002057	−0.0001493	−0.0001192
	(−1.060)	(−1.008)	(−0.776)
jem	0.0246543	0.0343051	0.0233021
	(2.035)**	(3.087)***	(2.330)**
cd	−0.1396922	−0.4846854	−0.5109649
	(−0.498)	(−2.251)**	(−3.255)***
ad	0.3394463	−0.4965678	−0.1644665
	(0.938)	(−1.614)	(−0.684)
定数	−2.298205	−0.1397069	2.034618
	(−3.614)***	(−0.268)	(4.808)***

データ数, 1969
対数尤度比, −1667.9955***
疑似 R^2, 0.2522

(注1)　カッコ内は t 値. ***は $p<0.01$, **は $p<0.05$, *は $p<0.10$ であることを示す.
　　　　対数尤度比についても星印の意味は同じ.
(注2)　3本の方程式ともに，対数尤度比，疑似 R^2 の値は同じ.
(出所)　本文での手続きに従い筆者作成.

る．また，少数の企業にしか投資しない日本側親企業は，組織再編成を行わずに事業を継続するか，あるいは，一度撤退した場合には短期間のうちに再参入することがない，とも言える．

　操業年数を示す age は，事業を再編成しながら継続したケース（方程式

2, Survival & Reorganization) においてのみマイナスで有意な値をとった．したがって，組織再編成が頻繁に行われていたのは，比較的操業年数の短い子会社であったことになる．操業年数が長いほど組織再編成は行われなくなった，とみることができる．すなわち，アメリカ市場における経験年数が少ない企業において組織再編成が課題となっていたと考えられる．

商業ダミー cd は，方程式2 (Survival & Reorganization) および方程式3 (Survival) において5%の棄却水準を上回って統計的に有意な負の符号を示した．2つの方程式においてマイナスの符号であったということは，再編成の後に事業を継続しているケースが少ないこと，あるいは，事業の継続性が低いことになる[14]．

5. 日本人従業員の役割

発見された事実

本章の分析を通じて，在米日系企業の組織再編成に影響をもつ，4つの変数が明らかになった．日本人従業員数 (jem)，複数投資 (mul)，操業年数 (age) および商業ダミー (cd) である．

これらの各変数は，為替レートや地価などの資産価格といったマクロ経済的要因，あるいは，R&D支出や企業規模といった企業の優位性に着目して行われてきた従来の研究が指摘してきた外国直接投資の決定要因とは，幾分か異なる一群の説明変数である．以下で，これらの変数が有意であることの意味を解釈しておきたい．

(1) 日本人従業員数 (jem)

本章における一連の分析は，日本人従業員数 (jem) の多いことが，在米日系企業の撤退比率を低くし，同時に，組織再編成を活発化する傾向がある

---

[14] 洞口 [1997a] は，アメリカ市場に参入した日系企業のデータを5年ごとに分割することによって，商業ダミー cd の特性を捉えている．それによると，事業開始後5年間に撤退や組織変更が多発するが，その後は他の産業と同じレベルになり，さらに，その後15年から20年程度以上の操業年数ののちには他の産業に比較して安定的に事業が継続される傾向がある．

ことを示した．日本から，より多くの日本人従業員が送られてくる在米子会社であるほど，より長期にわたって操業される傾向があると言えよう．

この事実発見は，以下のような現象を説明するうえで有用かもしれない．

第1に，アメリカで活動する日系企業の収益性が他の地域に比較して低いことはよく知られている[15]が，日本から派遣される従業員の数が多いために，その派遣従業員のコストが在米日系企業の収益を低下させているのかもしれない．では，なぜ日本企業は子会社の収益を圧迫する程度にまで，日本人従業員を派遣する必要性を感ずるのであろうか．その理由としては，次の3点をさしあたり指摘したい．すなわち，(a)職務の改善を目的として日本からの技術移転をスムーズに行うため，(b)日本人従業員のアメリカにおけるオン・ザ・ジョブ・トレーニングが行われており，その場合，日本本社では国際的業務を経験する必要性が認識されているため，および，(c)アメリカにおける事業は日本本社にとって「面子」をかけた事業として認識されているために，採算を度外視した支援が行われる，などの理由が考えられる．

第2に，日系企業に勤務するアメリカ人従業員は，しばしば昇進に限界があることに不満を漏らす[16]が，日本本社サイドは，アメリカでの事業継続を確実にするために日本人従業員を通じたコントロールが不可欠である，と認識している可能性がある．日本の企業が期待しているのは，日本企業の経営を日本語で理解するアメリカ人従業員が育つことではなく，アメリカでの経営を英語で行う日本人従業員が育つことであるかもしれない．これは，アメリカの企業が日本人従業員に期待する言語能力とは逆である．また，大多数の日本企業は，日本国内の本社において日本語でコミュニケーションをし，文書を作成しているのだが，日系在米子会社の経営トップに立つアメリカ人経営者に，日本語によるコミュニケーションの意思と能力が十分にあるとは限らない．企業組織の構成員に言語能力の双方向性が求められないのであれば，アメリカに派遣された日本人従業員が，アメリカ人経営者と日本本社と

---

15) たとえば，通商産業省編 [1994] によれば，北米地域の売上高経常利益率は，マイナス0.3％であり，アジア地域のプラス0.5％と対照的である．日系現地法人の売上高税引後利益率と事業の継続性（存続率）とが正の相関を示すことについては，郭・洞口 [1993] を参照されたい．

16) 矢部 [1991]，熊谷 [1996] を参照されたい．

を仲介する役割を果たさざるを得ないであろう．これは，アメリカにおける日系企業の現地化の問題である．

(2) **在米子会社の数** (mul)

在米子会社の数（mul）が多い日本側親会社は，頻繁に参入と撤退を繰り返し，さらには，参入した企業の組織再編成を行っていたことになる．組織再編成の一つの形態としては，地域統括本部（regional headqarters）の設立が挙げられる．アメリカにおいては，日系企業が地域統括本部を設立する事例が多数観察される．東洋経済新報社編［1995］は，1,297社の在米日系企業がアメリカの日系地域統括本部によって所有されていることを示している．掲載された在米子会社の総数は3,728社であったから，34.79％が地域統括本部によって所有されていることになる．

すでに本書第1章でサーベイしたが，地域統括本部は，次のような役割を果たしうる．第1に，地域統括本部は，アメリカで活動する複数の子会社について利益と損失とをプールすることができる．損益を連結することによって，法人所得税の支払いは最小化されるかもしれない．第2に，アメリカ国内で子会社が獲得した利益やキャピタル・ゲインをアメリカの地域統括本部が再投資するならば，日本からの投資と異なって，為替変動リスクを避けることが可能になるかもしれない．第3に，日本本社からの直接的コントロールが緩められるかもしれない．地域統括本部がより広範な裁量権を有するならば，すばやい意思決定を行うことが可能かもしれない．第4に，在米子会社間において従業員の異動を行い，特殊な技能を有する従業員のノウハウを共有することが可能になるかもしれない．

アメリカにおける地域統括本部形成の要因と，その機能（不全）についての分析は，今後の課題である．

(3) **操業年数**（age）

操業年数（age）が短い企業において組織再編成が課題となり，それが長くなると組織的に安定することが発見された．投資を行った初期においては，事前の計画から様々な点での変更がありうると考えられる．これは，製造業

投資において，工場建物が固定されているというイメージからは離れるが，全産業をサンプルとしている本研究では理解しうる行動様式であろう．

(4) **商業ダミー** (*cd*)

商業ダミー (*cd*) は，方程式2 (Survival & Reorganization) および方程式3 (Survival) において統計的に有意な負の符号を示しており，商業に分類される場合，在米日系企業の組織再編成が頻繁には行われないか，あるいは，事業の継続性が低いことを示している．これは，総合商社などが多数の日系在外子会社に出資して組織再編成を行っているという推測とは異なっている．

限定された合理性の意味

本研究は，合理的な意思決定を行う経済人の仮定を乗り越えて，不確定な経営成果を知る以前に意思決定を行う経営人のモデルに依拠している[17]．本章第1節で述べたように，決定論的な説明を離れて，試行錯誤を視野に含める「限定された合理性」の概念にもとづくとき，さしあたり次のような仮説を導くことができた．

仮説1．多国籍企業の本社が，在外子会社の操業を支える意図さえあれば，利潤がなくとも，操業は継続される．
仮説2．多国籍企業の在外子会社が，外国市場で操業を続けるなかで，組織の再編成が不可欠になる．

仮説1を手がかりとして，日本人従業員数 (*jem*) が統計的に有意な変数として浮かび上がった．また，仮説2に着目することによって，事業継続年数 (*age*) および在米子会社数 (*mul*) が統計的に有意であることが発見できた．事業経験が浅く，多数の子会社を持つ企業にとって組織再編成が課題となる．本章のデータにおいて組織再編成と捉えられたケースは，事業継続

---

17) 経済人 (economic man) と経営人 (administrative man) との差異については，サイモン [1976] 第3版への序文 (p. xxix) を参照されたい．

のプロセスにおけるラーニング効果を反映した立地場所の移転, ないし, 所有の名目的変更であるかもしれない. これは, 限定された合理性のもとでの意思決定プロセスとして理解されうる. 企業の海外投資活動には, 常に新しい課題が現れ, また新しい組織の編成が必要になると思われる. それは, 取引費用の削減を追求する行為として解釈することができるかもしれないが, そうした解釈が事後的 (ex post) なものにすぎないことは, すでに明らかであろう.

また, 日本人従業員に支えられたアメリカ現地法人の存在という事実は, 次のような推論について, 検討する余地があることを示唆しているかもしれない.

第1に, 加工組立型製造業メーカーは, 輸出自主規制への対応としてアメリカに進出した経緯があり, 本来, 現地生産において競争優位を発揮するほどに, すぐれた生産システムを保持しているのではないかもしれない. これは, トヨタやホンダといった一部の大手自動車組立メーカーの動向に目を奪われるならば, 見落とされる論点ではないだろうか. 日本の中堅・中小加工組立メーカーのアメリカにおける国際経営能力について研究を進めることが急務である. すなわち, 日本の自動車メーカー, 電機メーカーの進出に呼応して, 日本の部品メーカーが進出しており, こうした日本国内での系列をベースとしてアメリカに進出した企業は, アメリカでの経営において独自の販売経路を獲得するうえで困難に直面しているかもしれない. アメリカの電機・自動車メーカーが, 急速に日本企業の生産システムを吸収し, 生産性を改善してきたことが考えられる. 筆者がアメリカで見学したGMのプラントにおいても, アンドン, カンバンなどのトヨタ型生産システムの導入が試みられていた. これには, トヨタとGMの合弁事業であるNUMMIが果たした役割が大きいであろう. 筆者の訪問したミシガン州のGM工場では, GMの生産技術者がNUMMIの組立ラインで生産技術を学ぶために働いたことがあること, また, 工場長も見学の経験があると述べていた[18].

---

18) 1995年7月27日, イプシロニのGMパワートレイン工場, および, 1995年8月8日ポンティアックのトラック組立工場におけるヒヤリングおよび工場見学. なお, 工場見学は許可されなかったが, GMの工場には, すでに1980年代後半から職務区分の数を2から3程度に減らしたアメリカ工場があるとのインタビュー回答を得た. 安保編 [1994] では日系工場に対す

第2に，製品系列の多様化や新規事業分野への参入を，企業の設立・撤退によって行っているのかもしれない．アメリカで採用する従業員の職務区分が厳格であり，汎用性のある技能が育成できない場合，配置転換を行って新しい製品の製造を行うことは困難であり，むしろ新たに設立された現地法人への新規採用によってそれが行われるのかもしれない．すなわち，現地法人の立ち上げに際して必要となる日本人スタッフの数には，下方硬直性があるのかもしれない．

　第3に，国際的な立地場所の移動，ないし，相対的な生産比率の地域別変化は1つの説明となるかもしれない．たとえば，北米自由貿易協定（NAFTA）の形成は，アメリカ国内における日系多国籍企業の組織再編成という課題を超えて，カナダ，メキシコにまたがる新規投資とリストラクチャリングを生み出しているかもしれない．たとえば，アメリカにおいて従業員規模が削減されるなかであっても，日本人派遣社員がカナダ，メキシコの現地法人をサポートし続けるとすれば，日本人従業員比率は高くなるであろう．NAFTAが日本の製造業にとっての立地選択にどのような影響を与えたのかについては，新たな研究が要請されるところであろう[19]．

　　る職務区分の数を調査項目の1つとしているが，アメリカの工場における職務区分のうちでも「製造」に分類される現場従業員が全従業員の70〜80％を占めるという事実は注目に値する．仮に制度上，賃金率の異なる職務区分が多数存在したとしても，従業員の大多数は単一の職務区分に分類されていることになる．なお，ポンティアックのトラック組立工場では，従業員がチーム生産を拒否したためにストライキが起こったことがある．この経緯については，パーカー＝スローター（Parker and Slaughter［1988］）第8章に記載がある．

　19）　部分的にではあるが，洞口［2001b］および本書第5章に先行研究のサーベイがある．

第Ⅲ部

反作用

第4章　日本の産業空洞化
―― 主要電機メーカーの雇用と立地, 1987〜93年 ――

　第Ⅲ部では，日本企業のグローバル化が，その行為主体である日本企業自体に与えた影響に注目する．すなわち，日本企業が推し進めたグローバリゼーションという「作用」が引き起こした「反作用」と考えられる側面のいくつかに焦点をあてる．そして，第Ⅳ部に示す「スピルオーバー」の側面を含めて，企業行動の対外的拡張としてのグローバリゼーションのみではなく，世界的規模での経済構造変動としてグローバリズムの様相を描写したい．

　本章では日本国内の産業空洞化についての論点を整理し，第5章ではAFTA形成のもとにおける日系多国籍企業の生産再配置を論ずる．こうした経済環境の「反作用」は，個別企業がグローバリゼーションを推し進めた結果，さらなる対応を迫られる経済現象として現れる[1]．以下の二つの章では，それぞれ経済理論にもとづいた先行研究をサーベイし，そののち，日本の多国籍企業の対応についての事例を提示したい．電機電子産業に分類される大手メーカーが，以下の二つの章での主たる事例であり，その比較対照のために必要な限りにおいて自動車産業についてふれる．

---

[1] 海外直接投資とアジア通貨危機との関連については，洞口［1998d］，林・洞口［1998］において，一部論じた．外国為替レートの変動と金融市場の攪乱は，グローバリズムのなかの重要な連関であることは疑いないが，本書では分析できていない．たとえば，1980年代後半，日本のバブル経済は，対外直接投資が急増する時期と一致しており，逆に，1990年代中庸のタイにおける不動産バブルは，タイへの対内直接投資が急増していた時期と一致している．すなわち，外国為替レートの変動については，直接投資の「反作用」というよりも，同時決定的要因が外在的に存在している可能性も高い．なお，本章は洞口［1997c］［1998a］を大幅に加筆・修正したものである．

1. 産業空洞化の定義と先行研究

問題の所在

「産業空洞化」という用語は，厳密な意味での学術的用語であるとはいい難い．産業空洞化の定義は論者によって異なるのであり，そうした論者によって定義の異なる用語を学術用語として利用することは，経済分析の目的と方法とを混乱させる．また，産業空洞化という用語にもとづいて多くの経済学者による議論が提起されている国が日本にほぼ限定されることも，特殊な社会科学的現象と言うことができるかもしれない．

産業空洞化とほぼ同義の現象としては，産業の衰退，国際競争力の欠如，輸入の増加，産業構造の転換，生産拠点の移転ないし閉鎖，従業員数の削減，特定技術の後継者不足などがあり，日本以外の国々においてはそうした用語を個別に用いて分析対象を特定化することが多い．産業空洞化という用語が人口に膾炙していることは，日本人の危惧を示す社会現象としての側面すら有しているのかもしれない．ボールドウィン（Baldwin [1994]）は，外国直接投資の受け入れは国内産業を外国企業に支配されるという危惧を呼び起こし，外国への直接投資の増加は国内雇用を減少させるという危惧を呼び起こす，と指摘しているが，日本の対内直接投資が低水準であり，対外直接投資が巨額であることは，産業空洞化に関する議論を活発化させる要因となっているとも考えられる[2]．

産業空洞化は，必ずしも学問的用語として確立しておらず，様々な意味において用いられている．そうした現状であるにもかかわらず，産業空洞化に関する実態と従来の研究を整理することには，次のような意義があると考えられる．

第1に，日本政府は，産業空洞化の対策を経済政策のレベルで提示している．産業空洞化は，経済分析のための概念としては曖昧であっても，経済政策の対象として認識されている概念の一例である[3]．本章では，その政策を

[2) 日本の対内直接投資については，洞口 [1995a]，竹森・中野 [1997] を参照されたい．
3) 1996年11月29日，日本経済新聞（夕刊），橋本龍太郎首相の所信表明演説．経済政策の対

導く診断と，それに基づいた処方箋の正しさを検討する必要がある．

第2に，産業空洞化という用語を用いた経済学的議論は現在のところ日本に固有であるが，本章でのちに紹介するように，日本における気鋭の学者達が様々な問題を指摘してきた研究領域という事実を無視することはできない．産業空洞化という概念のもとで研究が積み重ねられてきたことは，日本に固有の現象であるが，その分析手法が進歩するならば，世界各国における同種の問題を分析するうえでの貢献をすることができるかもしれない．本章では，これら諸研究をサーベイするとともに若干の実証的分析を提示したい．本章では，日本の多国籍電機メーカーの国内工場立地について，国際化の進展した1987年から，データベース作成時点において利用可能であった1993年までの期間について検討し，国内電機産業の雇用者総数との相関を明らかにする．

以下，産業空洞化の定義を論ずるとともに，先行する諸研究をまとめ，第2節では海外直接投資を行う企業についての基本的なモデルを提示する．第3節ではデータ作成の方法を述べ，第4節では得られたデータの特徴をまとめるとともに，1998年にフォローアップした工場レベルでのフィールド調査の結果を紹介する．第5節は，むすびとして分析結果の含意を提示する．

産業空洞化の定義

本章において，筆者は，従来日本において行われてきた産業空洞化に関する議論を2つの定義で整理する．「広義の産業空洞化」と「狭義の産業空洞化」である[4]．

広義の産業空洞化

「広義の産業空洞化」とは，輸入の増大によって国内市場が外国企業に侵食され，その結果，産業が衰退する状態，いわゆる比較優位構造の変化にもとづく「産業構造の転換」を指している．たとえば，貿易によって特定の産

象となっているが，経済分析の用具ではない概念の例としては，高齢化，都市への一極集中などがある．経済政策の概説としては，洞口［1994］を参照されたい．

4) この定義は，藤原［1989］，原［1992］に依拠している．

業が衰退しているのであれば，それは広義に「産業空洞化」と呼ばれる．

産業構造の「転換」には，軽工業から重化学工業，さらに知識集約的技術開発を必要とする産業へ，一国国内産業の構成比率がシフトしていく「産業構造の高度化」と，国際競争に破れて国内企業が転廃業をしていく「産業の衰退」という正負両面が含まれうる．ここで言う広義の産業空洞化とは，「産業の衰退」の側面を表現する用語に他ならない．

たとえば，日本国内には中小企業の集中している「産地」と呼ばれる地域があるが，そうした地域の中小企業が円高に伴う輸出生産数量の低下から転廃業をしている，という事実はしばしば「産業空洞化」と呼ばれる．注意すべきは，「産地」における転廃業の増加は，さしあたり国際競争に破れたという表現で事足りる．いわゆる産業構造の転換であり，また，工業の衰退 (deindustrialization) であるが，日本においてはそうした現象を「空洞化」と形容する場合が多い．

狭義の産業空洞化

「狭義の産業空洞化」とは，特定国に本社をおく製造業企業が，外国直接投資をすることによって国内産業の雇用水準を減少させることである．

「狭義の産業空洞化」とは，その原因が，当該産業に属する企業の外国直接投資によるものである場合を指す．外国直接投資を原因としない産業の衰退は，比較優位構造の変化が内生的に起こる場合にも現象として観察可能であるから，その意味において，とりわけ「産業空洞化」という用語を使用する必要はない．しかし，「狭義の産業空洞化」という用語法を採用することには積極的な意味がある．すなわち，それは単なる産業の衰退ではなく，企業戦略の結果としての生産拠点の移動という側面を定義のレベルで包含しているのである．

ここでは，まず類似した用語との対照を行うことによって，上記の定義の意味を，若干詳細に説明したい．

第1に，「製造業」のみを「産業空洞化」の対象範囲とすることで，金融業における空洞化や知的サービス業における頭脳流出に関する議論を「産業空洞化」の意味領域から排除している．

第 2 に，「産業空洞化」の原因として「外国直接投資」のみを特定化している．

第 3 に，「産業空洞化」の影響としては，国内の雇用が低下した場合のみに限定している．生産数量は，雇用が低下しても増加しているかもしれない．

しかし，第 4 に，「産業空洞化」は産業と地域というメゾ・エコノミック (meso-economic) な視点を要求する概念であることが重要である．たとえば，直接投資を行った企業が，国内の生産拠点において資本集約的な生産方法を採用し，同時に，投資をする以前には部品調達取引を行っていた企業との取引関係を清算し，この部品メーカーが国内工場を閉鎖ないし縮小するケースは，「産業空洞化」の範疇に含められる．この場合，直接投資を行った大企業の生産は，伸びているかもしれない．しかし，部品生産や下請け加工を行う中小企業を含めて，一産業のレベルでみると，大企業の海外直接投資の結果として雇用水準が低下する可能性がある．こうした場合も「産業空洞化」に含められる．

先行研究

産業空洞化の研究は多い．以下では，産業空洞化について展開された議論をサーベイするが，さしあたり政府刊行物，特定政党の影響下にあると考えられる出版物などは対象からはずす．現状の分析と，政策立案のための規範論とが混在している可能性が高いためである[5]．

日本における産業空洞化に関する研究には，4 つのタイプがあるように思われる．第 1 は，アメリカを「産業空洞化」の先例として，その経験に基づいて日本の将来を類推する議論である．第 2 は，広義の産業空洞化を議論した研究であり，その論点は論者によって異なる．第 3 は，外国直接投資を原因として，日本国内の雇用がどの程度減少するかについて産業連関表を利用して推計した研究，および，その推計に論評を加えた論文である．第 4 は，個別産業のデータに基づく実証研究である．

---

5) 例外として特記するべき調査報告書として東京都労働経済局編 [1995] がある．同報告書は，規範的議論のベースとなるべきデータ収集のみを行っており，東京都内において製造業の転・廃業が進んでいる事実を指摘している．なお，白川・豊永 [1996] をも参照されたい．

アメリカとの比較による類推

岡本［1988］は，1970年代，アメリカの商務省をはじめ多くの機関で行われた調査結果を紹介する．それによると，アメリカ企業の対外投資が，アメリカの雇用に差し引きプラスの影響を与えていた，という．岡本［1988］によれば，アメリカ企業の多国籍化の過程は1955年のAFLとCIOの合同の背景をなした．AFL・CIOが「企業逃亡」に対する組織化対策を行い，1970年代後半から1980年代においては保護主義的な施策の積極的な支持者となった，という．

アメリカにおける産業空洞化から，日本についての類推をした議論の例としては黒川［1995］がある．黒川［1995］によれば，アメリカの製造業について空洞化した部分は，ソフトウェア産業，情報サービス，音楽ソフト，医療・保険サービス等の高付加価値な知的サービス産業によって埋められている，という．

しかし，すでに佐藤［1988］は，アメリカにおける高付加価値サービス産業における雇用増加が量的に限られたものであり，サービス雇用増加が低賃金労働部門の増加によって占められていることをデータによって示していた．したがって，佐藤［1988］は「製造工業雇用に比してのサーヴィス雇用の低賃金傾向がおそらく不可避であるとすれば，空洞化対策の上で重要なことは，サーヴィス労働者の賃金水準をいかに引上げるかである」（214ページ）という問題提起を行っている．

原［1992］は，さらに，より基本的な問題提起を行っている．すなわち，「直接投資が米国の産業空洞化をもたらしたという因果関係は希薄である」（106～109ページ）という事実認定が，それである．原［1992］は，*Survey of Current Business* 各号のデータに依拠しつつ，アメリカ多国籍企業と関連する輸出入金額をみると，1980年代半ばにおいて輸出が常に輸入を超過しているという事実を挙げる（111～112ページ）．

ただし，「産業空洞化」の議論において問題とされるべきは，製造業としての多国籍企業が国内に工場を操業しつづけているか，否かである．原［1992］の研究にはこの事実についての探求がない．明らかに，原の立論では，製造業企業が貿易業者に転換する事態をも含めて「競争力」が議論され

ていることに注意するべきである．たとえば，家電製造を海外にシフトし，同時に，IT技術を国内で創造して新たな輸出製品とすることが可能であるのならば，そこに「産業空洞化」の問題は発生しない．

アメリカにおける産業空洞化の動向を記述することは，日本の状況に関する過度な一般化を避けるうえで有用である．しかし，アメリカの産業動向も急速に変化を続けており，単純に日本の産業についての未来像として捉えることもできない．

広義の産業空洞化を論じた研究

グリフィス=アルケマ［1996］の小論は，イギリスの産業衰退を外国直接投資と切り放して論述した点で，「空洞化」を「産業の衰退」と同義に用いている議論の典型である．また，たとえば，植田［1996］が示す「空洞化」のデータはマクロ経済的に日本の製造業比率が長期的に低落してきたことである．同時に，植田はクルーグマンにもとづいて産業の集積について理論的指摘をするが，残念ながら実証研究には踏み込んでいない．

クルーグマン（Krugman［1991b］）は，規模の経済性が存在する場合，産業集積がある一地域から，別の一地域に移動する可能性があることを示唆する．たとえば，多国籍企業の立地が日本国内の一地域からマレーシアの一地域に集中したとすれば，それは，「空洞化」現象を説明していることになる．

製造業における技術の継承を論点とした諸研究も，広義の産業空洞化に関する研究に含められてよいであろう[6]．柳沼［1995］は全要素生産性（TFP）の変動を在外子会社の販売量で説明するモデルを構築し，農林水産業，鉱業，製造業9産業について計測を行った．その結果として「海外での事業活動は日本国内の技術にマイナスとなっていない」（46ページ）こと，すなわち，「海外の学習効果は国内技術にプラスの効果をもたらす」（46ページ）という注目すべき結論を導いている[7]．

---

6) 経済分析とは言い難いが，松田［1996］は，金型生産の集積がタイに生まれつつあることを報告している．

7) 柳沼［1995］に関連した論点を提示した研究として，中村・渋谷［1994］，若杉・谷地［1994］，橋本［1995］がある．

雇用減少の推計にもとづく議論

以下に紹介するのは，日本における雇用減少の推計を試みた研究と，それに関する議論を提起した論考である．

石田［1984］は1975年産業連関表による日本の国内雇用減少に関する推計を行っており，多くの論者によって引用されている．アメリカおよびアジア地域に向けられた製造業部門における日本企業の直接投資が，対米について約21万1,000人，また，対アジア向け投資によって29万9,000人におよぶ日本国内の雇用減少をもたらすという推計結果を提示している．

鳥居・深作・積田［1984］も1975年の産業連関表を用いたシミュレーション結果を示している．その仮定は，日本の自動車産業が海外で25万台の現地生産を開始し，その際，海外での現地部品調達比率が70％であるというものであり，4万2,000人の雇用減が見込まれること，また，部品調達比率30％のときに3万5,000人の雇用減が見込まれるというシミュレーション結果を報告している．

尾崎［1987］は，1984年の産業連関表をベースとして，日本の自動車メーカーがアメリカで現地生産を開始して約200万台の対米輸出が消失した場合，経済全体で約43万人の雇用が失われ，失業率にして約0.7％の影響をもたらすと試算している．1984年の完全失業率が2.8％，完全失業者数がおよそ180万人であったことから，尾崎［1987］は政府主導による国内市場の拡大・開放による雇用対策を訴えている．鳥居・深作・積田［1984］研究と尾崎［1987］研究は，日本の自動車メーカーによる現地生産の規模についての想定が異なっているものの，その比率についてはほぼ近似した雇用削減の効果を報告している．

藤原［1989］は，石田［1984］による日本国内における雇用減少についての推計結果を紹介し，その問題点を指摘している．問題点は3つある．第1は，直接投資によって輸出が減少する場合，いわゆる「輸出転換率」をどう仮定するかによって推定結果が大きく変化することである．上述した石田［1984］の数値は輸出転換率を100％として推定した結果である．第2に，雇用減少が所得減少をもたらし，さらに波及的に雇用を減少させる影響が軽視されている．第3に，海外直接投資は単純に雇用喪失とは結びつかない．

残業の減少，臨時・パートタイマーなどの非正規雇用者の削減，配転・出向などによる雇用調整が実際の雇用喪失以上に行われる可能性がある．しかし，藤原［1989］によれば，結論的には「海外直接投資は長期的には輸出転換効果を高め，全体として貿易収支に対してはマイナスに作用することは明らか」(286ページ)であるとして，「海外進出によって，職場を失う労働者の雇用保障」(288ページ)が問題になるという[8]．

小島［1989］も，石田［1984］をはじめとしてほぼ同じ推計結果を引用するが，立論は大きく異なる．小島［1989］によれば，海外直接投資の受入国における比較優位構造が貿易を拡大する方向に変化するならば，理論的に産業の空洞化は起こらない，と主張する．比較優位にもとづいた国際貿易が，貿易を行う国々の経済厚生を増加させることは貿易論の基礎であるが，海外直接投資によって比較優位が増幅されるならば，新たな貿易の機会もまた創出されると主張するのである．

小島［1989］の立論は，直接投資が国内雇用に与える影響を一国国内レベルでの産業連関効果から捉える論調と比較すれば，国際貿易理論を背景としている点で質的に異なっている．たしかに，比較優位構造の変化が短期間で達成されるとするならば，産業連関表に示された投入係数は直接投資の開始とともに変化し，直接投資によって代替された輸出の雇用削減効果に影響を与えるかもしれない．しかし，小島［1989］に対する批判もある．

藤原［1989］は，小島の立論に対し，2国間において比較優位の類似した産業で外国直接投資が発生すると，理論上当該2国間で貿易が減少すること，また，日本の対アメリカ直接投資が現実にそのような傾向を有していることを指摘する．さらに，為替レートの変動しだいで比較優位構造が変化することを指摘している．海外直接投資が貿易を拡大する方向に比較優位構造を変化させるとは確言できない以上，小島の立論は仮定にすぎないことになる．

松村・藤川［1998］は，非競争輸入型の産業連関表を用いた「国産化比率」を計測することによって日本国内の産業構造の変化を欧米諸国と比較し

---

8) 遠藤［1988］は，輸出関連中小企業の業績悪化と，海外直接投資の増加に伴う雇用削減効果の混在した状態を「空洞化」として問題視している．そして，遠藤［1988］が，後者を議論する場合に用いているデータも，また，先行する研究による「推計」であって独自の研究結果ではない．

ている．周知のとおり，産業連関表には競争輸入型と非競争輸入型の2つの種類がある．しかし，上述のサーベイで紹介した諸研究をはじめとして，従来，日本の産業空洞化による雇用削減を推計する際には競争輸入型の産業連関表が使われていた．外国への直接投資が輸出を代替しつつ日本国内の産業構造を変化させていく，その実態を分析するうえで，論理的には非競争輸入型の産業連関表が適合的であるといえる．

松村・藤川 [1998] による推計は，

(4-5) $X = A^d X + F^d$

(4-6) $M = A^m X + F^m$

の二式にもとづく（方程式番号は，松村・藤川 [1998] による）．ここで，X は国産生産物，M は輸入のベクトル，A^d と A^m は，それぞれ国産品と輸入品についての投入係数行列，F^d と F^m は国産品と輸入品の最終需要ベクトルである．(4-5) 式を X について解けば，

(4-7) $X = (I - A^d)^{-1} F^d$

となる．この (4-7) 式でもとめられた X を (4-6) 式に代入して国内最終需要 F^d を単位ベクトルに基準化すれば，ある産業の生産物が一単位増加したときの輸入誘発額ベクトルを得ることができる．その列和をとったものを「輸入比率」と定義すれば，「国産化比率」は（1-「輸入比率」）として算出可能になる．

松村・藤川 [1998] の実証結果によれば，1970 年，80 年，90 年，95 年の4時点について比較した場合，日本の加工組立型産業の国産化率は高まっているか，あるいは極めて安定的であって，低下していない．その一方，アメリカについて 1972 年，82 年，90 年を比較すると，コンピューター産業では 94.9% から 82.2%，自動車では 91.9% から 83.3% に低下している．

日本の場合について，その数値をやや詳しく紹介すれば，自動車の場合であれば 1970 年から 95 年にかけて 91.3% から 93.2% へと若干上昇している．また，コンピューター産業の場合には 90.6% で変化していない．金属製品，一般機械でも，90% 強から 93～94% 程度に増加している．こうした実証結果は，バブル崩壊後の 1995 年を含めており，たとえば関 [1997] が空洞化の進む地域として問題視した大田区・墨田区への実態調査を行った時点より

も後の結果であることに注意が必要である．松村・藤川［1998］の実証結果は，特定地域の視点を離れると，日本全体では国産化比率が高まっていることを示したことになる．

活発な海外直接投資を行ってきた日本の製造業が「国産化比率」を高めてきた，という事実の原因を解明する作業は残されている．それは，産業連関表による分析が，レオンチェフ・パラドックス以来，新たに提示する「国産化比率のパラドックス」と呼ぶことができるかもしれない．

産業研究

1990年代前半において大規模な海外直接投資を行い，同時に日本国内での雇用調整が問題視された産業の代表は電機電子産業であった．自動車産業については1992年に日産座間工場の閉鎖が決定されていたとはいえ，全体としては工場閉鎖の波が押し寄せているという状況にはなかった．以下では，日本の電機電子産業に関する産業空洞化の研究をサーベイする．

伊沢・國則・中北・深尾［1994］は日本の電機機械器具産業のデータから，知識集約的な日本企業ほど開発途上国向け直接投資による海外生産比率は低く，逆に，先進国向け直接投資を通じた海外生産比率が高いという事実を発見した．それは，日本の多国籍企業が開発途上国により安価な労働力を求めて進出し，先進国には保護主義的な貿易障壁を回避するために進出する，という企業行動を反映した実証結果として解釈されている．

伊沢・國則・中北・深尾［1994］は，次のような「政策上の含意」を述べている．すなわち，「今後，円高が進行し途上国に比べ国内の賃金がますます割高になった場合には途上国での生産が日本の地方での生産に代替すると思われる．この結果，日本の地方圏に立地する技術知識非集約的な企業の子会社が撤退し，地方で雇用問題が発生する可能性がある.」(155ページ)

上記の立論は，知識集約度と海外生産比率との関係から推論されたものであるが，研究開発と海外生産については次のような事実も報告されている．

鈴木他［1997］は，電気機械，輸送機械を含む10産業について，為替レートと研究開発費比率が海外生産比率をどの程度説明するか，非バランス・パネルデータを作成して分析している．為替レートが海外生産比率と高い相

関を示すのに対して，研究開発費比率は説明力に乏しいことを報告している．その理由としては，研究開発費比率と為替レートとの間に高い相関がみられ，係数推定にあたって多重共線性を起こしていることを指摘している．

深尾［1995］は，アメリカにおいて過半数所有現地法人の生産を増加させた日本の電機メーカーが，純輸出（輸出―現地法人からの輸入）および輸出の双方を減少させてきたことを根拠に，今後，企業の国際的展開によって「雇用問題が生じる可能性は否定できない」(9ページ) と述べている．同時に，国内における電機産業の雇用創出が鈍化するとともに，海外において急激に雇用が創出されているという事実を指摘し，「国内での電機産業の雇用創出の低下は，85年のプラザ合意後の円高をはじめとして，国内景気の変動，労働供給，生産技術の変化等，他のさまざまな要因に起因していると考えられる」(9ページ) と述べている．すなわち，深尾［1995］は，1980年から86年に至る期間，電機産業における国内従業員が52万7,000人増加していたが，1986年から92年については6万人の増加にすぎなかったこと，その同じ期間に，日本の電機メーカーが海外で創出した雇用が，それぞれ，5万8,000人と14万5,000人であったという事実を述べている．この計測期間中，電機産業における雇用は，国内においても，海外においても減少していないなかで，上記引用における推論が行われていることに注意が必要であろう．

深尾［1996］の研究は，通商産業省環境立地局『工業立地動向調査結果集計表』によって，日本の繊維，一般・精密機械，電機，輸送機の4産業について，1978年から92年にかけて日本国内の46都道府県と海外35ヵ国についての立地件数を被説明変数として，産業集積や労働コストを表す代理変数を説明変数としたコンディショナル・ロジット・モデルによる推定を行った[9]．採用された説明変数は，ほぼすべて統計的に有意となっている[10]．深

---

9) アメリカ国内における外国企業の立地選択を扱った論文として，フリードマン＝ゲロウスキー＝シルバーマン (Friedman, Gerlowski, and Silberman [1992]) がある．
10) 深尾［1996］は，産業空洞化に関する個別産業研究として，統計的実証分析の水準を飛躍的に高めたと言える．しかしながら，次のような問題も残している．第一は，『工業立地動向調査結果集計表』の示すデータは，グロスでの増加分だけであり，ある県での立地が，別の県での工場閉鎖を伴っている場合を捕捉していない．したがって，立地増加要因の研究とはなっているが，国内工場閉鎖のデータを利用した研究とはなっていない．第二に，同じく，ま

尾［1996］は，東京都・大阪府における立地件数が少なかったことと，同地域が工業再配置促進法の移転促進地域に指定されており，政策的な抑制策がとられていたことから，「東京・大阪ダミー」を加えて推定を行っている．そして，「東京・大阪ダミー」は負で統計的に有意であったことを報告しているが，その結果が意味するのは，東京・大阪という大都市における工業立地選択が行われなくなったことであり，それは，伊沢・國則・中北・深尾［1994］研究の予想した「地方で雇用問題が発生する可能性がある」という立論とは，逆の傾向を示唆している．

三輪［1995］は，東京23区における金属加工業，一般機械，電気機器，輸送用機器，精密機器の5産業について事業所数と従業者数の推移を跡づけているが，1960年代後半から一貫して低下傾向にあったことを示している．また，大田区については1991年の金属加工業において，事業所数・従業員数が1972年の70％強程度にまで減少してきたことを指摘する．その一方で，任意にサンプリングされた岩手，宮城，福島，栃木，埼玉の各県では，栃木県を除く各県で製造業の事業所数・従業員数が増加してきたことを示している．

関［1997］は，東京都大田区・墨田区，北海道室蘭，長野県諏訪・岡谷，といった地域の視点から，技術の切削・金型技術などの機械加工部門における新規創業件数の低下を懸念する．分析の視点は，国内の特定地域であり，企業の生産要素が東京23区から他の地域に移動して生産が続けられている可能性は，議論されていない．

ボールドウィン（Baldwin［1994］）の文献サーベイによれば，国際貿易ないし海外直接投資がアメリカの賃金水準に影響を与えてきたか否かを研究する論文が多かった．しかし，日本における産業空洞化をめぐる議論は，雇用量を問題とするものが多く，賃金水準に対する影響を実証的に研究したものは希であったといってよいであろう．伊沢［1996］による研究は，例外的に賃金水準を問題としている．

た，より重要な論点であるが，日本国内の工場が雇用する従業員数の増減について全く触れていない．したがって，海外投資が日本国内で雇用の減少をもたらすのか否かは，事業所数の増減を通じた間接的な類推でしかない．なお，深尾［1997］，岳・深尾［1997］，天野・深尾［1998］，深尾・細谷［1999］による一連の実証研究も注目に値する．

伊沢［1996］は，有価証券報告書の利用可能な107社，15年分のデータをプールして，説明変数である「海外労働投入比率」が高まるにつれて各社の「平均給与」が高まるという仮説を検討している．仮説の根拠は，海外直接投資の進展により労働集約的な生産部門は海外に移転されるが，知識集約的な管理部門ないし研究開発部門の国内でのウェイトが高まるであろう，というものである．1978年から1992年に至る期間，107社すべての企業のデータをプールした回帰分析の結果，「海外労働投入比率」は「平均給与」に対して統計的に有意な影響を与えていないことが明らかになった．しかし，海外生産を行っている企業のみをサンプルとしてプールしたデータでは，「海外投入比率」が高い企業ほど平均給与が高まる傾向があることが明らかになった．

　伊沢［1996］は，海外子会社の従業員数合計を日本側親企業の国内従業員数で除した値で「海外労働投入比率」としている．「平均給与」のデータは，「東洋経済新報社『会社四季報』や有価証券報告書に記載されている『従業員平均給与』のデータを用いて，これを『消費者物価指数』でデフレートして分析に用いた」（67ページ）というが，有価証券報告書には，事務技術職，技能職，男女の別の記載がある企業と，男女別平均のみが記載されている企業があり，後者の総平均を用いたとすれば次のような問題を解釈不可能にする．すなわち，「海外労働投入比率」が高まった企業について，その会社全体でみた「平均賃金」が高まったとしても，それが本社事務部門よりも賃金水準の低い地方工場の閉鎖によって高まったのか，本社事務部門と地方工場の双方における賃金支給額が増加したことによって高まったのか不明であるとしか言いようがないのである．

　伊沢［1996］の問題意識は，伊沢・國則・中北・深尾［1994］の共同研究を承けたものであり，「日本の産業空洞化が地方から進行するとの予測」（伊沢［1996］, 64ページ）が引き続き提示されている．すでに紹介した深尾［1996］では，その共同研究における予測に反する実証結果，すなわち東京都・大阪府において製造業4産業の立地が少なかったことが示されているが，しかし，日本の地方についての予測は，いまだ実証に至っていないと言わざるを得ない[11]．東京都・大阪府よりも著しい雇用の減少が地方において記録

---

11) 特定の地域に集中したいわゆる「産地」における国際競争力の低下は，地方からの空洞化

されているかもしれない.

海外直接投資を活発に行っている産業において,雇用の喪失が日本国内のどの地域で観察されるのか.それは,多国籍企業としての大手電機メーカーの立地戦略に依存しているのか.すでに紹介した産業連関表による分析も,いまだ地域産業連関表を用いた分析に至っていない.いわんや,アメリカにおける製造業立地の動向についての研究では,日本国内の工場立地について,実証的に何事かを語ることはできない.以下,本章において検討するのは,上に紹介した数多くの優れた実証研究が,未解決な論点である.

2. モデル分析

本節では,海外に投資を行う企業の国内投資水準が必ずしも低下しないのは何故かを理論的に説明したい.静学的モデルにおいて一定量の設備と雇用を2ヵ国に配分するならば,外国への設備移転(比較静学的な意味における一回限りの投資)は本国における設備の量を減少させ,それに伴って本国の雇用量をも減少させるであろう.ジャーナリスティックに喧伝されるところの「海外投資の活発化にともなう国内産業の空洞化」もまた,同様の文脈から類推されているのかもしれない.以下に示す動学的モデルは,しかし,外国への投資が,国内投資資金制約の増加関数であり,また,その逆も成り立っていることを示すものである.すなわち,動学的モデルでは,国内と海外への投資は,同方向に変化することが示される[12].

竹中・千田・渡邊・平岡 [1989] によって提示されたモデルに依拠して,2ヵ国で生産を行う多国籍企業について,外国での投資と国内投資の関係を確認しておきたい[13].竹中・千田・渡邊・平岡 [1989] のモデルでは,企業

を示す事例となりうるであろう.しかし,伊沢・國則・中北・深尾 [1994] および本章のように,電機産業に特定化した場合に,地方からの空洞化が観察されるか否かは,別の問題である.また,「産地」の衰退は,輸出競争力の喪失と関連が深く,海外直接投資とは因果関係を持つことなく発生している可能性も高いかもしれない.なお,大貝 [1997],野北 [2000],松下 [2000] をも参照されたい.

12) 洞口 [2001a] では,以下の分析を平明に解説している.
13) 静学的なモデルの例としては,鈴木他 [1997] がある.動学的なモデルによって直接投資と国内投資との代替的な関係を導くのは,スティーブンス=リプシー (Stevens and Lipsey [1992]) である.また,研究開発費支出の累積効果を扱ったモデル分析としては,関口 [1995]

は，生産物，生産要素市場においてプライス・テーカーであり，国内と海外では同一の技術を利用し，また，多国籍企業の行う全投資額には外生的に与えられた制約が存在する．外国での生産を自国通貨で評価し，投資減税率について内外格差がないものと仮定する．多国籍企業の目的関数は，

$$V(t) = \int_0^\infty e^{-rt}\{(1-\tau_t)[P_t \cdot F(K_t, L_t) - w_t L_t] \\ + E_t(1-\tau_t^*)[P_t^* \cdot F(K_t^*, L_t^*) - w_t^* L_t^*] \\ - (1-k_t)P_{it}[C(I_a - I^*) + C^*(I^*)]\}dt \quad (1)$$

であり，ここで制約条件は，

$$K_t \leq I_a - I^* - \delta K_t \quad (2)$$
$$K_t^* \leq I^* - \delta K_t^* \quad (3)$$

である．ここで，r は割引率，τ_t, τ^*_t は法人税率，P_t, P^*_t は生産物価格，E_t は為替レート，K_t, K^*_t は資本ストック，δ は資本の減価償却率，L_t, L_t^* は労働者数，w_t, w_t^* は賃金，k_t は投資減税率，I_a は投資資金制約，I^* は海外直接投資，P_{it} は投資財価格であり，添字の * は海外変数，t は時間に依存する変数であることを表す．以上のモデルの一階の条件はポントリャーギンの最大値原理によって求めることができる．ハミルトニアン（H_t）をつくると，

$$H_t = e^{-rt}\{(1-\tau_t)[P_t \cdot F(K_t, L_t) - w_t L_t] \\ + E(1-\tau_t^*)[P_t^* \cdot F(K_t^*, L_t^*) - w_t^* L_t^*] \\ - (1-k_t)P_{it}[C(I_a - I^*) + C^*(I^*)]\} \\ + \lambda(I_a - I^* - \delta K) + \lambda(I^* - \delta K^*) \quad (4)$$

となり，一階の条件は，

$$\frac{\partial H_t}{\partial L_t} = P_t \cdot F_L - w_t = 0 \quad (5)$$

$$\frac{\partial H_t}{\partial L^*_t} = P_t^* \cdot F_L^* - w_t^* = 0 \quad (6)$$

$$\frac{\partial H_t}{\partial I^*_t} = -(1-k_t)P_{it}[-C'(I_a - I^*) + C^{*\prime}(I^*)]\}e^{-rt}$$

がある．なお，直接投資が資金の分割ではなく，公共財的な経営資源の移転として国ごとに独立して決定されるケースを論じた例としては，洞口［1992a］第2章を参照されたい．

第4章 日本の産業空洞化

$$-\lambda_t + \lambda_t^* = 0 \tag{7}$$

である．第(7)式を変形すると，

$$-C'(I_a - I^*) + C^{*\prime}(I^*) = \frac{e^{-rt}\lambda_t^*}{(1-k_t)P_{it}} - \frac{e^{-rt}\lambda_t}{(1-k_t)P_{it}} \tag{8}$$

が得られるが，右辺第1項は海外投資の限界 q であり，第2項は国内投資の限界 q である．以下，それぞれ M_q^*，および M_q と書く．調整費用関数について，通例となっている2次関数を想定すると，

$$C_t = \alpha_1 I_t + \alpha_2 I_t^2 \tag{9}$$

$$C_t^* = \alpha_1^* I_t^* + \alpha_2^* I_t^{*2} \tag{10}$$

であり，ここで投資の係数はすべてプラスである．一階の条件から，

$$-\alpha_1 - 2\alpha_2(I_a - I_t^*) + \alpha_1^* + 2\alpha_2^* I_t^* = M_q^* - M_q \tag{11}$$

が得られる．これを式変形すると，

$$I_t^* = \beta_1(\alpha_1 - \alpha_1^*) + \beta_1(M_q^* - M_q) + 2\beta_1\alpha_2 I_a \tag{12}$$

であり，ここで，$\beta_1 = 1/(2\alpha_2^* + 2\alpha_2)$ である．ここから，海外投資 I_t^* が $(M_q^* - M_q)$ の増加関数であり，また，投資資金制約 I_a の増加関数となっていることを導いたのが，竹中・千田・渡邊・平岡［1989］のモデルである．

ここで，投資資金制約 I_a が国内への投資可能金額の上限を与えていると考えると，本章のテーマである国内工場の設立ないし閉鎖を上記モデルの視野に含めることができる．上式を I_a について解くと，

$$I_a = \beta_2(\alpha_1^* - \alpha_1) - \beta_2(M_q^* - M_q)$$
$$+ (1 + 2\beta_2\alpha_2^*)I_t^* \tag{13}$$

を導くことができる．ここで，β_2 は $1/2\alpha_2$ である．

国内投資可能な資金制約は外生的に与えられるが，竹中・千田・渡邊・平岡［1989］が述べているように，海外投資関数の説明変数としてその導関数の符号を考察することができる．今，その逆関数が成り立つと仮定すると，第(13)式から，国内投資資金制約 I_a について，やや奇妙な結論を得ることになる．すなわち，$\partial I_a / \partial (M_q^* - M_q) = -\beta_2 < 0$ となり，国内投資資金制約が海外投資の限界 q と国内投資の限界 q との格差 $(M_q^* - M_q)$ の減少関数になる．これは当然としても，$\partial I_a / \partial I_t^* = (1 + 2\beta_2\alpha_2^*) > 0$ より I_a が海外投資 I_t^* の増加関数となっている．すなわち，海外投資 I_t^* が増加しているときには，

同時に国内投資資金制約 I_a も増加していることになる[14]。

この点は,静学的に一定の資金を海外と国内とで分割して利用することによって両者間にトレード・オフが観察される状態とは基本的に異なる動学的性質である。投資資金制約のもとで,国内投資額と海外投資額の双方が,毎期毎期,時間に応じて配分されていくのであり,その結果を事後的に観察するならば,海外投資と国内投資が同方向に変化していることになる。

以上のモデル分析から,次のような結論が導かれる。第1に,すでに導いた労働投入に関する一階の条件と,生産関数の形状を一階の微分についてプラス,二階の微分についてマイナスと想定することによって,労働賃金の上昇に伴って労働投入量は減少すると言える。第2に,土地価格の上昇は,海外直接投資を行う企業の担保能力を高めるために,投資資金制約の上限を高めることになる。したがって,海外直接投資は,地価上昇が企業の資金調達能力を高める限りにおいて増加することになる[15]。しかし,第3に,国内投資にまわされる資金は海外直接投資の増加関数であり,海外投資の増加が国内投資を減少させると言うことはできない。

以下では,上に導かれた結論と,先行研究において議論されてきた論点を念頭に置きつつ,日本国内の電機製造業について若干の分析を行いたい。

3. データ収集の方法

産業空洞化に関するデータは,複数のデータを重ね合わせることによるデータベースの作成によって収集した。その手順は,以下のとおりである。

(a) 有価証券報告書「設備の状況」から工場設備についてのデータベースを作成する(第4-1図参照)。

---

[14] こうした結論が導かれた理由は,モデルの第(2)式を $K_t \leq I_a - I^* - \delta K_t$ と特定化したことに求められる。資本ストック K_t とその減価償却分 δK_t は,状態変数であって企業のコントロールする変数ではない。ここで $K_t + I^* + \delta K_t \leq I_a$ と書き改めると明らかであるが,企業が毎期毎期 I^* を制御変数として支出するときに,その上限としての投資資金制約 I_a が高ければ,I^* の上限も高くなる。それを事後的に観察したとすると,海外投資額 I^* の上限が高くなっているときに,投資資金制約 I_a の上限も高くなっているはずである。

[15] この結論は,フルート=ステイン(Froot and Stein [1991])と同じである。

第4-1図 スプレッド・シートのイメージ

親会社名	生産部門/その他部門	事業所名	所在地(都道府県)	所在地(市区町村)	業務内容	土地面積	投下資本合計額	従業員数
松下電器	生産部門	門真工場	大阪府	門真市	VTR	260	26,517	7,886
松下電器	⋮	⋮	⋮	⋮	⋮	⋮	⋮	⋮

①利用データは1987年と1993年である．

②サンプルとしては，日立・三菱・NEC・富士通・松下・シャープ・ソニーの電気機器メーカー7社をとりあげる．なお，133ページに示す第4-1表を除き，東芝については，有価証券報告書によって工場従業員数が特定できないケースが多かったためにデータに含めなかった．

(b) 入力完了後，部門，所在地の県・市区町村でソートをかけ，一覧表を作成する．そして，所在地によって別表を作成する．

(c) 『工業統計表』を参照し，bに記載された地域の工場数，規模分布，従業員数を入力する．(1987年，1993年)

利用データの初期時点を1987年としたのには，2つの理由がある．第1に，直接投資の急増した1980年代後半を初期時点に設定したかったこと，第2に，工場の所在地を市町村レベルで掲載した有価証券報告書としては1987年が最も古く，それ以前の有価証券報告書ではデータが入手できなかったためである．また，比較年次を1993年としたのは，以下に記すように，利用可能な『工業統計表』の年次と同一年次のデータを利用するためである．

4. 事実の発見と研究課題

電機産業・大手電機メーカーの成長

日本全国の集計値を第4-2図でみると，電機産業についての国内雇用量は，1987年に184万4,011名であったが，91年に198万2,887名のピークに達し，その後93年には184万4,725名に減少している．この事実は，マクロ・レベルで雇用者数の変化を把握する場合，重要な事実である．日本全体

第 4-2 図　工業統計表における電機産業の従業員数（1978 年から 94 年）

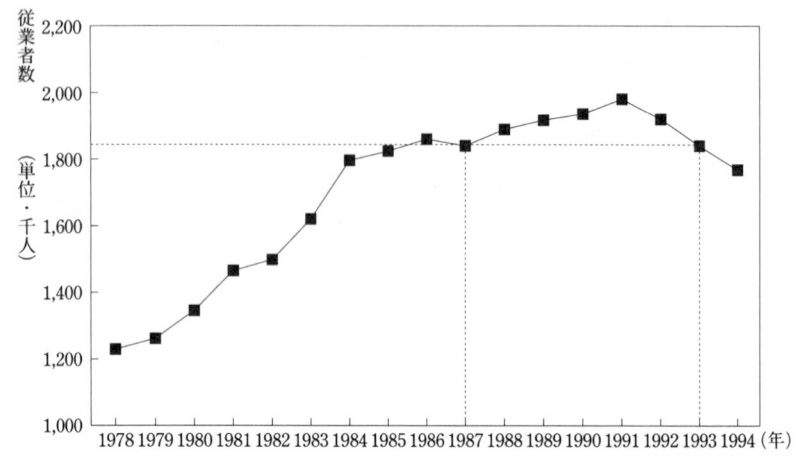

（出所）『工業統計表』各年版．

でみれば，1987 年と 93 年における電機産業の雇用者数は，ほぼ同レベルであった．日本の電機産業は，日本国内で雇用調整を行い，海外において活発な設備投資を行ってきたといえる．

　第 4-1 表によって，大手電機メーカー 8 社の工場数合計をみよう．東芝を含む 8 社の合計で，日本国内での工場数は 1987 年の 123 社から 93 年の 125 社へと 2 社増加している．すでに述べたように東芝の工場所在地の特定が困難であったため，以下のデータでは東芝を除く 7 社についてのデータがまとめられているが，第 4-1 表から，7 社合計での工場数は 1987 年に 101 工場，93 年に 104 工場と 3 工場の増加であったことがわかる．

　また，第 4-2 表には，大手電機メーカー 7 社が日本国内の工場で雇用していた従業員数を示している．1987 年には約 22 万 6,000 名であったが，1993 年に 24 万 1,000 名になり，この間約 1 万 5,000 名の増加を示している．従業員数の最も多かったのは日立製作所であり，1987 年に 6 万 2,000 名強，93 年にも 6 万 3,000 名を上回る雇用を記録している．雇用の伸び率が最も高かったのはソニーであり，1987 年の 1 万 5,000 名強から，93 年には 2 万 2,000 名強へと約 1.5 倍に従業員規模を拡大している．従業員数を減少させ

第4章 日本の産業空洞化

第4-1表 大手電機メーカー8社の日本国内工場立地

(1987年, 1993年)

工場立地	富士通 87	富士通 93	日立製作所 87	日立製作所 93	松下電器 87	松下電器 93	三菱電機 87	三菱電機 93	日本電気 87	日本電気 93	シャープ 87	シャープ 93	ソニー 87	ソニー 93	東芝 87	東芝 93	8社工場数 87	8社工場数 93	合計増減
岩手	1	1															1	1	0
宮城					1	1										1	1	2	1
山形					1	1											1	1	0
福島	2	2			1	1	1	1									4	4	0
茨城			10	8													10	8	−2
栃木	2	2	1	1	1	1					1	1			2	1	7	6	−1
群馬	1	1	1				1	1									3	3	0
埼玉	1	1													1	1	2	2	0
千葉			2	2					1	1				1			3	4	1
東京	1	1	3	2					2	2			3	4	3	3	12	12	0
神奈川	1	1	5	7	1	1	3	3	3	3			1	1	9	8	23	24	1
新潟			1	1													1	1	0
石川					1	1											1	1	0
山梨					1	1											1	1	0
長野	2	2															2	2	0
岐阜			1				1	1									2	1	−1
静岡	1	1	1	1	1	1	1	1							1	1	5	5	0
愛知			2	1			2	2							1	1	5	4	−1
三重	1	1													1	2	2	3	1
滋賀					2	2											2	2	0
京都							1	1									1	1	0
大阪					6	6					3	3			1	1	10	10	0
兵庫	1	1				2	7	7							1	1	9	11	2
奈良											3	3					3	3	0
和歌山							1	1									1	1	0
岡山					2	2											2	2	0
広島							1	1			2	2					3	3	0
山口			1	1													1	1	0
香川							1	1									1	1	0
福岡							1	1							1	1	2	2	0
長崎							1	1									1	1	0
熊本								1									0	1	1
大分															1	1	1	1	0
合計	14	14	28	24	18	21	22	23	6	6	9	9	4	7	22	21	123	125	2

(注) 北海道, 青森県, 秋田県, 富山県, 鳥取県, 島根県, 徳島県, 愛媛県, 高知県, 佐賀県, 宮崎県, 鹿児島県, 沖縄県については, 各社の工場立地がなかったため, 省略してある。
(出所) 各社の有価証券報告書より作成。

第4-2表　大手電機メーカー7社

	富士通		日立製作所		松下電器		三菱電機	
	87	93	87	93	87	93	87	93
岩手	2,771	2,520						
宮城					591	704		
山形					670	771		
福島	3,760	3,661			802	830	547	484
茨城			27,064	21,189				
栃木	4,617	4,813	3,115	5,097	1,645	1,673		
群馬	1,528	1,448	2,657	0	0	192	1,032	910
埼玉	507	677						
千葉			5,756	5,650				
東京	1,986	2,063	6,074	7,265				
神奈川	10,257	11,750	11,097	18,176	1,301	1,350	5,661	5,171
新潟			903	991				
石川					163	618		
山梨					433	998		
長野	5,539	5,307						
岐阜			1,614	0			1,330	1,258
静岡	2,547	2,428	1,196	1,260	351	407	1,996	1,967
愛知			1,661	2,612			4,910	4,684
三重	978	1,357						
滋賀					2,412	3,082		
京都							2,940	2,866
大阪					16,112	16,048		
兵庫	2,446	2,188			0	914	16,156	15,487
奈良								
和歌山							631	572
岡山					2,586	2,563		
広島							1,732	1,669
山口			1,055	1,450				
香川							603	567
福岡							1,520	1,532
長崎							2,130	1,891
熊本							0	1,151
合計	36,936	38,212	62,192	63,690	27,066	30,150	41,188	40,209

（注）　北海道，青森県，秋田県，富山県，鳥取県，島根県，徳島県，愛媛県，高知県，る。
（出所）　各社の有価証券報告書より作成。

の日本国内工場における従業員数

(1987年, 1993年)

| 日本電気 || シャープ || ソニー || 7社合計 || 合計 |
87	93	87	93	87	93	87	93	増減
						2,771	2,520	−251
				0	1,722	591	2,426	1,835
						670	771	101
						5,109	4,975	−134
						27,064	21,189	−5,875
		2,920	2,623			12,297	14,206	1,909
						5,217	2,550	−2,667
						507	677	170
2,950	2,356			0	706	8,706	8,712	6
8,882	10,523			9,965	12,576	26,907	32,427	5,520
17,384	15,839			5,191	7,221	50,891	59,507	8,616
						903	991	88
						163	618	455
						433	998	565
						5,539	5,307	−232
						2,944	1,258	−1,686
						6,090	6,062	−28
						6,571	7,296	725
						978	1,357	379
						2,412	3,082	670
						2,940	2,866	−74
		3,672	2,885			1,9784	18,933	−851
						18,602	18,589	−13
		5,920	9,400			5,920	9,400	3,480
						631	572	−59
						2,586	2,563	−23
		1,830	2,837			3,562	4,506	944
						1,055	1,450	395
						603	567	−36
						1,520	1,532	12
						2,130	1,891	−239
						0	1,151	1,151
29,216	28,718	14,342	17,745	15,156	22,225	226,096	240,949	14,853

佐賀県, 宮崎県, 鹿児島県, 沖縄県については, 各社の工場立地がなかったため, 省略してあ

第4-3表　日本の大手電機メーカー7社の海外拠点

(1987年，1993年)

海外拠点数	富士通 87	富士通 93	日立製作所 87	日立製作所 93	松下電器 87	松下電器 93	三菱電機 87	三菱電機 93	日本電気 87	日本電気 93	シャープ 87	シャープ 93	ソニー 87	ソニー 93	7社合計 87	7社合計 93	増減
アジア																	
韓国	2	2	1	0	0	0	2	1	0	0	1	1	0	1	6	5	−1
中国	1	3	1	6	1	11	1	0	0	4	0	1	0	1	4	26	22
台湾	1	2	5	3	3	6	4	5	3	3	2	4	1	1	19	24	5
香港	2	2	3	2	1	2	5	3	2	3	1	1	2	2	16	15	−1
ベトナム	0	0	0	0	0	0	0	0	0	0	0	0	0	0	0	0	0
タイ	0	2	1	4	3	5	6	9	2	6	1	2	1	4	14	32	18
シンガポール	2	2	4	4	5	9	5	4	2	3	2	2	3	5	23	29	6
マレーシア	1	4	2	4	7	15	2	3	3	4	4	5	2	6	21	41	20
フィリピン	1	1	1	1	2	2	1	1	0	1	1	1	0	0	6	7	1
インドネシア	0	0	0	1	2	6	0	1	0	1	0	0	0	1	2	10	8
インド	0	1	2	0	3	4	1	0	0	0	0	1	0	0	6	6	0
アジア合計	10	19	20	25	27	60	27	27	12	25	12	18	9	21	117	195	78
北米																	
カナダ	1	2	1	1	2	2	2	2	1	2	1	1	1	1	9	11	2
アメリカ	9	14	9	12	7	33	9	13	7	12	2	3	8	9	51	96	45
メキシコ	0	0	1	1	2	2	4	1	1	2	0	0	1	1	9	7	−2
北米合計	10	16	11	14	11	37	15	16	9	16	3	4	10	11	69	114	45
ヨーロッパ																	
イギリス	2	7	3	2	3	18	1	3	5	6	1	4	2	1	17	41	24
オランダ	1	1	1	1	0	1	1	1	1	1	1	2	2	5	7	12	5
フランス	0	1	0	1	1	2	1	2	1	1	0	2	1	1	4	10	6
ドイツ	2	2	3	3	7	15	1	2	3	3	1	1	3	3	20	29	9
スペイン	1	1	0	1	1	2	1	0	1	1	1	1	1	1	5	8	3
イタリア	2	2	0	0	0	1	0	0	2	2	0	1	1	1	5	7	2
ヨーロッパ合計	10	16	7	8	14	49	6	9	13	17	7	14	16	19	73	132	59
中南米 合計	3	3	2	2	11	13	10	5	7	9	1	0	7	6	41	38	−3
アフリカ 合計	0	0	0	0	3	2	1	0	1	1	0	0	0	0	5	3	−2
オセアニア 合計	2	6	1	1	2	2	3	3	5	4	1	2	2	3	16	21	5
中近東 合計	0	0	0	0	1	1	5	4	1	1	0	0	0	0	7	6	−1
総合計	35	60	41	50	69	164	67	64	48	73	24	38	44	60	328	509	181

(注)　各地域の合計には，表に記載されていない国々への投資件数を含む。
(出所)　東洋経済新報社編『海外進出企業総覧(国別編)』各年版より作成。

たのは三菱電機と日本電気であり，それぞれ1,000名，500名ほどの減少を記録している．

三菱電機の雇用削減は，各工場立地地域においてきわめて緩やかに行われたことに特徴がある．1987年から93年までの間に，福島県で63名の雇用が削減されており，同じく，群馬県122名，神奈川県490名，岐阜県72名，静岡県29名，愛知県226名，京都府74名，兵庫県669名，和歌山県59名，広島県63名，香川県36名，および長崎県で239名の雇用が減少しており，一方，福岡県では12名の増加，熊本県では1,151名の増加を記録している．雇用削減の幅は，期首年次である1987年の各県別雇用者総数の10%を上回らない範囲でほぼ均等に行われており，生産拠点を閉鎖・集約するという工場立地戦略は採用されていなかった．三菱電機の雇用調整には平等主義的発想が貫かれているような印象を与える．

第4-3表では，電機メーカー7社が，同期間に操業していた海外拠点数を示している．その合計は1987年に328件，93年に509件であり，181件の急増を示している．企業別にみると，最も多くの海外拠点を有していたのは松下電器であり，1993年には164件の海外投資が記録されている．松下の1987年時点での海外拠点数は69件であったから，6年間で95件の新規海外投資が実行されたことになる．こうした海外拠点数の増加には，日本側本社の組織体制が影響している可能性がある．たとえば，日本側本社が細分化された事業部制を採用している場合，海外投資の意思決定が事業部レベルで多数行われる可能性がある．

第4-4表によって海外拠点の雇用者数を確認すると，1993年時点で松下電器が雇用していた海外従業員数は10万名を超え，7社合計の半数弱に達している．松下電器の在外拠点数の多さは他企業と比較して群を抜いている．第4-4表からわかるように，アジア諸国における現地従業員数は他の地域に比較して多いが，とりわけマレーシアにおける雇用者数の多さが目立つ．国別にみて最も雇用者数が多いのはアメリカであり，1993年においてマレーシアの3万7,000名を大きく引き離す6万3,000名の雇用を創出している．日本国内で雇用を減少させていた日本電気と三菱電機についても，海外での従業員数は増加している．とりわけ，三菱電機は3,688名から2万4,511名

第4-4表　日本の大手電機メーカー

従業員数	富士通 1987	富士通 1993	日立製作所 1987	日立製作所 1993	松下電器 1987	松下電器 1993	三菱電機 1987	三菱電機 1993
アジア								
韓国	265	0	35	0	0	0	0	515
中国	0	0	1,000	3,999	1,400	4,401	0	0
台湾	0	0	4,461	3,340	6,031	6,331	0	4,259
香港	0	0	593	632	150	393	0	1,558
ベトナム	0	0	0	0	0	0	0	0
タイ	0	3,745	530	2,380	1,850	4,016	1,725	6,670
シンガポール	339	0	2,755	3,743	5,480	9,339	0	1,537
マレーシア	158	0	2,640	6,811	5,200	19,938	0	1,144
フィリピン	0	0	0	76	850	4,056	0	21
インドネシア	0	0	0	0	2,110	5,368	0	0
インド	0	0	1,730	0	2,000	2,525	0	0
小合計	762	3,745	13,744	20,981	25,071	56,367	1,725	15,704
北米・メキシコ								
カナダ	2	0	100	65	693	884	0	899
アメリカ	2,255	1,940	1,226	6,185	6,259	29,120	44	4,260
メキシコ	0	0	400	110	2,316	582	0	690
小合計	2,257	1,940	1,726	6,360	9,268	30,586	44	5,849
ヨーロッパ								
イギリス	73	0	1,120	1,350	1,260	4,389	0	909
オランダ	19	0	0	0	0	0	0	2
フランス	0	0	0	0	0	297	259	137
ドイツ	151	0	820	849	1,433	9,282	0	624
スペイン	89	0	0	20	500	890	0	66
イタリア	7	0	0	0	0	255	0	0
小合計	2,584	1,993	3,927	4,212	5,492	18,068	2,246	3,731
中南米								
小合計	165	0	630	412	6,036	3,279	1,607	289
アフリカ								
小合計	0	0	0	0	690	498	0	0
オセアニア								
小合計	496	0	30	23	515	543	0	537
中近東								
小合計	0	0	0	0	350	381	53	394
総合計	4,277	5,685	18,070	29,995	45,435	107,729	3,688	24,511

(注)　各地域の合計には，表に記載されていない国々への投資件数を含む．
(出所)　東洋経済新報社編『海外進出企業総覧（国別編）』各年版より作成．

7社の海外拠点における従業員数 　　　　　　　　　　　(1987年，1993年)

| 日本電気 || シャープ || ソニー || 7社合計 || 増　減 |
1987	1993	1987	1993	1987	1993	1987	1993	
0	0	686	779	0	0	986	1,294	308
0	780	0	192	0	0	2,400	9,372	6,972
2,260	1,372	6,114	890	100	100	18,966	16,292	−2,674
114	367	190	346	0	0	1,047	3,296	2,249
0	0	0	0	0	0	0	0	0
43	1,437	19	2,898	300	712	4,467	21,858	17,391
660	966	70	188	100	165	9,404	15,938	6,534
1,464	1,793	4,227	7,187	0	615	13,689	37,488	23,799
0	349	302	1,378	0	0	1,152	5,880	4,728
0	89	0	0	0	0	2,110	5,457	3,347
0	0	0	533	0	0	3,730	3,058	−672
4,541	7,153	11,608	14,391	500	1,592	57,951	119,933	61,982
47	105	174	192	0	0	1,016	2,145	1,129
5,865	6,716	2,007	2,593	0	12,250	17,656	63,064	45,408
245	639	0	0	0	100	2,961	2,121	−840
6,157	7,460	2,181	2,785	0	12,350	21,633	67,330	45,697
765	1,843	1,005	1,412	0	0	4,223	9,903	5,680
0	0	0	137	0	0	19	139	120
64	124	0	292	0	0	323	850	527
343	785	418	536	0	0	3,165	12,076	8,911
0	45	194	414	0	0	783	1,435	652
18	64	0	41	0	0	25	360	335
3,455	5,263	3,817	5,010	0	0	23,508	40,270	16,762
4,255	5,366	1,822	0	200	0	14,715	9,346	−5,369
8	12	0	0	0	0	698	510	−188
1,785	1,352	357	413	0	0	3,183	2,868	−315
11	7	0	0	0	0	414	782	368
18,225	24,620	17,798	20,606	700	13,942	108,193	227,088	118,895

へと2万名以上の従業員を増加させている．

こうしたデータをみると，クルーグマン (Krugman [1991b]) のいう産業集積の移動は，日本からアメリカに行われている，と考えることができるのかもしれない．しかし，本研究では，それがアメリカのどこかの地域に集中しているか否かを検討することはできなかった．以下で示すように日本のどの地域から産業集積の移転が観察されるか，を問題としたのみであった[16]．

以上の集計値からわかるのは，日本の電機メーカーは海外に積極的に進出する一方で，日本国内においても工場数を維持してきた[17]ことである．この事実は，本章第2節のモデル分析における結論に一致する．仮に，日本国内において工場数が純減する場合には，海外拠点の閉鎖・縮小が同時に行われるであろう，ということがモデル分析の含意である．

国内雇用の変化パターン

1987年から93年までの間についてみると，日本の大手電機メーカーは，日本国内の工場で約1万5,000名程度の雇用を創出していた．第4-4表にみるように，大手電機メーカーの国別雇用者数をみると，1993年時点にアメリカ，マレーシアにおける雇用者数が多かったことは前述のとおりであるが，ついで，タイで約2万2,000名，台湾で約1万6,000名，シンガポールで1万6,000名弱，ドイツ（旧，西ドイツ）で約1万2,000名であり，こうした国々での雇用水準と，日本国内における6年間での雇用創出規模とが等しいことになる．

もちろん，日本国内で工場数が増加している一方で，ここで分析対象となっている日本の多国籍電機メーカーが日本における特定の地方で工場を閉鎖・縮小しているかもしれない．また，電機産業全体でみたとき，ある特定

---

16) 日本の対米直接投資にみる立地選択の問題は，1990年代における海外直接投資研究の主要テーマであったが，たとえば，ヘンナート=パーク (Hennart and Park [1994]) も，特定地域を問題とはしていない．
17) 国内の雇用水準を維持してきたことは事実であるが，雇用増加のスピードには，明らかな差異がある．アメリカ多国籍企業をデータとして，外国への立地と国内立地が逆方向の動きを示すことを実証的に明らかにしたのは，スティーブンス=リプシー (Stevens and Lipsey [1992]) であり，オランダについてはベルダーボス (Belderbos [1992]) が同様の結果を報告している．

第4章　日本の産業空洞化　　　　　　　　　　　　　　141

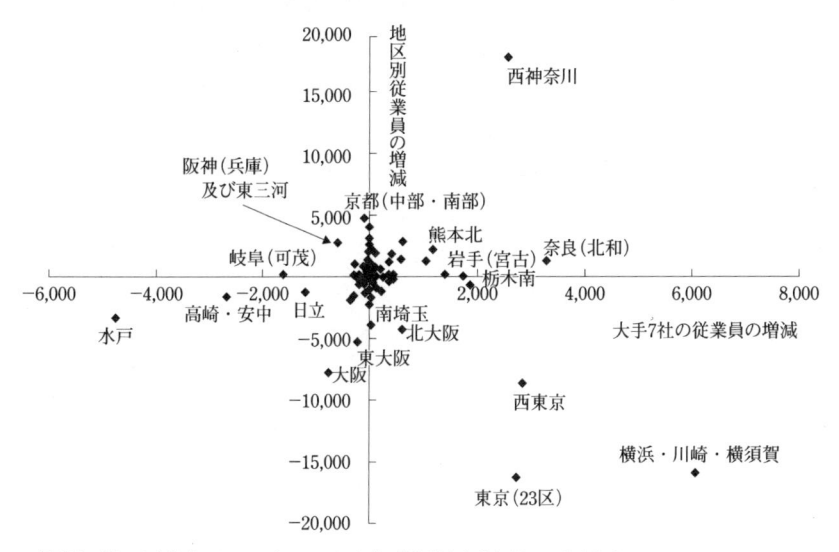

第4-3図　電機機械器具製造業における大手メーカー従業員数と
　　　　　工業統計表記載データの相関（1987年から93年の増減）

[図：横軸「大手7社の従業員の増減」（-6,000〜8,000）、縦軸「地区別従業員の増減」（-20,000〜20,000）の散布図。主なプロット点：西神奈川、阪神（兵庫）及び東三河、京都（中部・南部）、熊本北、奈良（北和）、岐阜（可茂）、岩手（宮古）、栃木南、水戸、高崎・安中、日立、南埼玉、北大阪、東大阪、大阪、西東京、横浜・川崎・横須賀、東京（23区）]

（出所）　第4-2表作成のためのデータおよび『工業統計表』各年版より筆者作成.

の地域に立地している工場での雇用者数が減少しているかもしれない．そうした特定の地域において外国投資を活発化している日本の多国籍電機メーカーが国内工場を閉鎖・縮小しているかどうかを検討する必要がある．

　第4-3図は，横軸に大手電機メーカー7社の地区別工場従業員数を掲げ，縦軸に，工業統計表による電機産業全体での地区別従業員数を掲げたものである．1987年データを記載した工業統計表の地区分類数は253であり，93年のそれは254であった．2時点間のデータを接続して比較可能なものにするために概当地域を統合した．すでに述べたとおり，大手電機メーカーの有価証券報告書に記載された工場所在地とその従業員数から，工業統計表の地区分類に該当する場所を特定化し，集計したのちに2時点間の増減を計算した値が第4-3図の横軸にそった値である．

　以下に，第4-3図から読みとることのできる傾向をまとめた．

東京都市圏と大阪近郊

　地域別集計値のレベルにおいて，電機産業の雇用者数が1987年から93年の間に最も減少した地域は，「東京23区」「横浜・川崎・横須賀」「西東京」である．しかし，これら地域においては主要電機企業の雇用者数は逆に大きく増加していた[18]．

　また，工業統計表の分類における「大阪」「東大阪」「北大阪」の地域についてみると，主要電機企業の雇用者数はほぼ横ばいであったものの，工業統計表にみる雇用者数合計は減少している．これら大都市近郊において雇用は減少しており，その意味において産業は空洞化している．しかし，主要な電機企業の外国直接投資を主因とした産業空洞化と結論づけることはできない．大手電機メーカーは，工場従業員数を増加させているのであり，狭義の産業空洞化には該当しない．

　大都市圏は，個別データ収集の対象とはしなかった中堅・中小電機メーカーが雇用を削減した地域と考えられるが，それは，巨大電機メーカーが雇用者数を増加させてきたことと顕著な対照を示している．すでに紹介した伊沢[1996]の言う「日本の産業空洞化が地方から進行するとの予測」(64ページ)は，この時期の電機産業においては当てはまらない．多国籍企業が，労働集約的な生産工程を担う地方の工場を閉鎖して雇用を減少させるよりも，中堅・中小メーカーが大都市圏を離れていくことによる雇用の減少のほうが大きな効果を持っている．高付加価値・技術集約的部門において大手7社が都市部に投資を行い，その一方で労働集約的な生産部門が地方への生産拠点の移転を余儀なくされたとみることもできる．

　大都市圏における中堅・中小電機メーカーの雇用削減は，大企業という巨木が青葉を茂らせて成長すると同時に，その幹に「うろ」ができていくという，ある意味で深刻な産業空洞化が進展していると言うこともできる．すなわち，「産業」の定義をより細分化すれば，電機産業のなかの中堅・中小企業によって支えられているセグメントが空洞化していると見ることができ，企業間ネットワークによる分業構造が地域的に変化していることを示すもの

---

18) 誤解のないように述べておきたいが，電機メーカー7社のデータには本社事務部門，営業拠点などの雇用者数は含めていない．

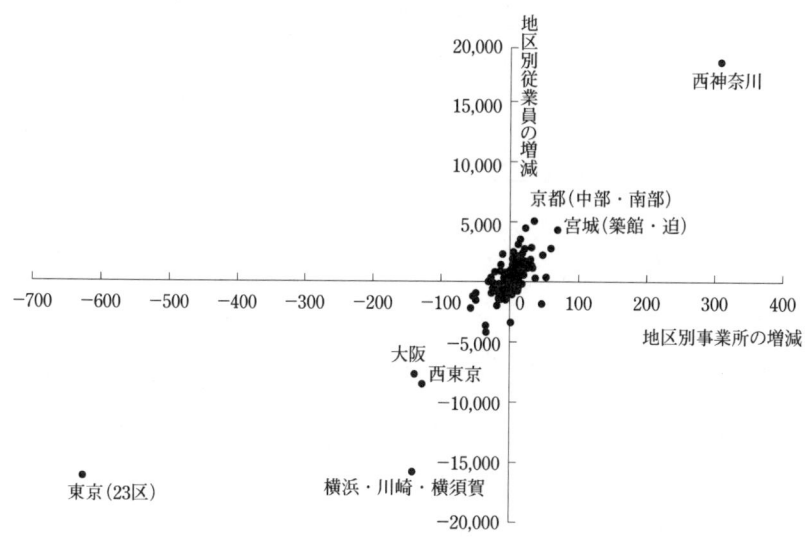

第 4 章　日本の産業空洞化　　　143

第 4-4 図　工業統計表の電機機械器具製造業における地区別従業員数の増減と地区別事業所数の増減（1987 年から 93 年）

(出所)　第 4-3 図に同じ.

かもしれない．

「東京（23 区）」は，1987 年に 5 万 4,000 名強の電機産業従業員を要していたが，93 年には 3 万 8,000 名弱にまで約 1 万 6,000 名従業員を減少させている．その同じ時期に，大手 7 社の工場では「東京（23 区）」に約 2,700 人の従業員を増加させているので，中堅・中小メーカーは約 1 万 9,000 名強の従業員を減少させているはずである．同じ時期，「東京（23 区）」において 621 の事業所が減少しており，雇用の減少は中堅・中小メーカーの転・廃業ないし移転によって引き起こされたと考えられる[19]．

第 4-4 図には，地区別従業員数と地区別事業所数の相関を示したが，両者の間には強い正の相関がある．「東京（23 区）」と「横浜・川崎・横須賀」地区における事業所数が減少し，替わって「西神奈川」で事業所数と従業員数が増加していることがわかる．産業レベルでみた場合，中堅・中小事業所数の変化が，雇用の変化に結びついている．

19) 第 4-3 図作成のためのデータにもとづく．詳細は，洞口［1997c］［1998a］を参照されたい．

第4-5表 日本の大手電機メーカーにみるリストラ

訪問日	工場立地	主要生産品目	従業員数 1989年	従業員数 1999年	平均年齢
① 1998年 7月29日	茨城県 日立市	タービン, 発電機	6,621名	5,761名	43-44歳
② 1998年 9月2日	茨城県 ひたちなか市	CD-ROM, DVD, ビデオカメラ	3,638名	1,000名	40歳
③ 1998年 8月31日	茨城県 大平町	エアコン, 冷蔵庫	2,798名	972名	43歳
④ 1998年 7月30日	茨城県 日立市	洗濯機, 掃除機, プリンター	2,593名	1,675名	N.A.
⑤ 1998年 8月21日	神奈川県 横浜市	プロジェクション・テレビ, 大型ディスプレー	2,418名	2,011名	N.A.
⑥ 1998年 8月4日	茨城県 日立市	変圧器, ブレーカー, リレー	1,930名	1,876名	40歳代
⑦ 1998年 9月4日	岐阜県 美濃加茂市	テレビ, 液晶画面, PCディスプレー	500名	280名	N.A.

(出所) 有価証券報告書および筆者のインタビュー調査にもとづく.

依然として多くの留保が必要であるが,その原因について,次のような推測が可能である.

(1) 大都市圏においてはバブル経済後の不況の余波が大きく,株式・土地などに投機を行った製造業企業のなかに,投機の失敗を補塡するための転・廃業が起こった.

(2) 地価の上昇によって,工場敷地を賃貸していた中堅・中小企業が外国ないし国内に移転した.工場敷地を所有していた中堅・中小企業については,地価上昇に伴う固定資産税額の上昇によって工場用地の転用が起こった.東京から外国に移転し国際化した企業と,東京から西神奈川などに移転して「ドーナッツ化現象」を引き起こした企業の双方があったと想像される.

(3) 人件費の上昇あるいは高学歴化の進展によって,大都市圏においては中堅・中小電機企業による採用増加が困難になった.

(4) 機械産業など,電機産業以外の関連産業が大都市圏で衰退したために,そうした産業分野を内製化している大手電機企業以外は操業が困難にな

クチャリング・プロセス——日立製作所のケース

従業員削減の方法	生産数量	海外事業活動
出向・配置転換, 定年退職	1994-95年の70%	カナダ, 中国, インド
子会社設立, 社内下請け, 出向・配置転換	1991年の30%水準	⑤に同じ
社内下請け, 出向・配置転換	1990年の150%水準	マレーシア, タイ, 中国, 台湾
N.A.	1995年の80%	タイ, シンガポール, 中国
茨城県への生産ライン移転 N.A., デザインセンターへの特化		アメリカ, 台湾, 中国, シンガポール, マレーシア, インドネシア, イギリス
社内下請け, 定年退職・残業減	1997年の85%	インド, インドネシア, アメリカ, 中国
社内下請け, 8年間新規採用停止	1993年の300%(3倍)	⑤に同じ

った．
(5) 交通輸送手段，情報ネットワークの進展に伴い，大都市圏に中小企業が密集して生産を行う集積のメリットが薄れ，離れた地域において操業しても企業間分業が円滑に行えるようになった．

日立製作所の工場立地地域

「水戸」「高崎・安中」「可茂」および「日立」の4地域では，工業統計表によっても，また，主要電機メーカー7社の集計データによっても雇用が減少している[20]．これは，日立製作所が4ヵ所の工場を有価証券報告書に記載しなくなったことに一致している．この時期，活発な海外展開をはかる日立製作所が，かつて工場立地を行っていた地域で雇用を減少させている．本章において定義した狭義の産業空洞化に最もふさわしい事例が摘出されたことになろう．

---
20) 茨城県北部の企業間分業については，堀［1993］によるヒヤリング調査がある．地域を離れて受注先を開拓しようとする意欲にあふれた企業が乏しいことが発見されている．

大手電機メーカー7社の工場立地地区において従業員数の減少幅が大きかった地区としては,「水戸」で4,740名,「高崎・安中」で2,657名,「可茂」で1,614名,「日立」で1,198名の雇用を減少させており,合計10,209名に達する.すでに第4-3表および第4-4表に示したように,同じ時期,日立は海外拠点数を41から50に増加させており,海外現地従業員数は18,070名から29,995名に増加させている[21].

　第4-1表にみたように,日立の日本国内における工場数は28から24へ減少しているが,地区別により詳しくみると,茨城で2工場,群馬,東京,岐阜,愛知で各1工場を減少させ,神奈川で2工場を増加させている.産業レベルでデータをまとめるならば,「地方からの空洞化」(伊沢[1996])が発生しておらず,むしろ「大都市圏からの空洞化」が生まれていることは,すでに述べた.しかし,日立の工場立地の変遷は,茨城,群馬,岐阜を地方と認める限りにおいて「地方からの空洞化」という仮説に最も近い現象と言える.

　ふたたび第4-2表に戻って日立の従業員数の変化を確認すれば,茨城県で約6,000名の雇用者数減があり,その一方で神奈川県において約7,000名の雇用者数の増加が記録されている.工場の閉鎖にかかわらず,東京都,愛知県では従業員数は増加しており,その一方で,茨城県,群馬県,千葉県,岐阜県において雇用者数は減少している.そのほか日立の雇用が増加している地域として栃木県,新潟県,静岡県,山口県がある.

　1998年に日立製作所の各工場を訪問した結果を第4-5表に掲げた.訪問した工場は,茨城県,神奈川県,栃木県,群馬県,岐阜県など,日立製作所の工場のごく一部にすぎないが,ほとんどの工場が1990年代に入って人員削減を経験している.その方法としては,定年退職者の不補充,関連会社への出向,別工場への配置転換,日立の工場内部に別会社を設立し,その子会

---

21) 本章第2節で提示したモデルとは,逆の結論である.モデルで仮定した投資の限界 $q(M_q, M_q^*)$ は時間に依存せず一定であったが,投資の限界 q が異時点間ないし国内と海外とで大きく異なるならば,日立製作所のケースが起こりうることは容易に理解されよう.この点については,洞口[1999b]をも参照されたい.なお,2001年には大手電機メーカー各社が人員削減計画を発表しており,その合計は8万名に達する.ただし「半数は国内」であり,海外工場の閉鎖・売却をも含めた数値である(『日本経済新聞』2001年9月1日朝刊).

社に向けての出向をするいわゆる分社化(あるいは企業内下請け)である.

第4-5表で明らかになった範囲で,各工場における雇用者数の減員を計算してみると,1989年ないし91年から1998年までの間に,日立製作所の7工場だけで6,923名の従業員が減っていることがわかる.10年間に2万498名から1万3,575名へと従業員規模を3分の2に減少させたことになる.日本国内における電機電子産業の空洞化が進みつつあるとすれば,個別企業の競争力が失われつつあることが背景にあると見ることができる.

日本経済がマクロ経済的にみて停滞していたことは,日立の雇用削減の理由としては不十分である.なぜなら,たとえば,同じ時期にソニーは高い収益性を確保し,国際的な競争力を増していたからである.個別企業戦略としてみたとき,家庭用電気機器,発電設備などの重電といった分野において,アジア,欧米企業からの輸入競争圧力が高まっていたことは重要である.その一方,ソニーのようにゲーム機器やそのソフトウェア・コンテンツにシフトしてきた企業には,新規事業の開拓によるメリットがあったと言うことができる.大規模組織のなかで官僚的な手続きが必要な場合,新規事業開発は困難である.日本の大手電機メーカーが抱える課題は,新規事業を発見する目と,それを支える経営管理者の手腕にあるといえるかもしれない.

雇用の増加した地域

工業統計表によっても,また,主要電機メーカーのデータによっても,雇用が増加している地域がある.「西神奈川」「熊本北」「北和(奈良)」の各地域である.これら地域については,電機企業の工場誘致ないし既存工場の採用増加が進み,同時に,中堅・中小企業のレベルでも雇用が増加していた地域である.産業の空洞化が,起こっていなかった地域である.

「西神奈川」「京都,中部・南部」には大手7社の工場があるが,3,000名から4,000名の雇用増加を記録した「松本・諏訪」「築館・迫」「大分」「北九州」「大村・諫早」の各地域には,本章でとりあげた大手電機メーカー7社の工場は立地していない.電機産業における雇用増加は,これらの地方都市にも観察される.

大手電機メーカー7社が雇用を増加させた地域ではあるが,その大手メー

カーが雇用を増加させたほどには，地域の雇用が増加していなかった地域としては，「北和（奈良）」「宮古（岩手）」「名古屋」がある．「電機産業」の空洞化は，起こっていない地域であるが，中堅・中小電機メーカーの雇用は，減少していると考えてよいであろう．

阪神・淡路大震災の影響が懸念される地域

第4-3図に明らかであるが，主要電機メーカー7社の工場における雇用は減少しているが，その他中堅・中小企業の雇用増加によって工業統計表のうえで雇用を増加させていた地域がある．「東三河」と「阪神（兵庫）」である．

「阪神（兵庫）」では，大手電機メーカー7社の雇用は，1987年から93年までの間に577人減少していたが，工業統計表には，1987年の約2万9,000人から93年の約3万6,000人へと，約7,000人の電機産業従業員数の増加が示されていた．阪神・淡路大震災の発生は1995年1月であったから，本章の計測期間ののちに，中堅・中小企業が大きな打撃を被った可能性がある．電機大企業の雇用動向に影響されず，自律的に雇用を増加させていた地域であっただけに震災の影響が懸念される．

第4-6表 回帰分析の結果：1987年データ

被説明変数	1987年電機産業 従業員数	1987年電機産業 事業所数
1987年7社合計 県別従業員数	−0.928380 (−0.730)	−0.048854 (−1.783)*
1987年7社合計 県別工場数	11150.67 (2.738)***	277.7126 (3.167)***
1988年工業地 県別平均価格	−0.004726 (−0.096)	0.003475 (3.284)***
1987年製造業 県別賃金	−0.067887 (−0.681)	−0.002419 (−1.127)
1987年パート従業員 県別平均年齢	3407.366 (1.314)	91.4015 (1.638)
定数	−109496.8 (−1.075)	−3109.287 (−1.418)
データ数	47	47
自由度修正済み 決定係数	0.5911	0.6442

(注) 括弧内はt値であり，*は両側検定10%水準で統計的に有意，***は1%水準で統計的に有意であることを示す．
(出所) 筆者作成．

『工業統計表』によって電機産業全体でみた事業所数は1993年で3万2,000弱であった．また，本章の対象となった大手7社では125工場であった．兵庫県では，1987年から93年までの期間に111の事業所が増加しており，愛知県，神奈川県についで第3位の増加を記録していた．

地域別従業員数・事業所数の決定要因

電機産業全体でみた従業員数と事業所数とが，どのような要因によって影響を受けているかをみるために，通常の最小二乗法（OLS）によって若干の回帰分析を行った．

第4-6表では，1987年時点での県別従業員数と事業所数を87年ないし88年のデータによって回帰した．また，第4-7表では1993年時点について93年データによる回帰分析を行った．また，第4-8表では，1987年から93年までの県別従業員数のシェアの変化率と，県別事業所数のシェアの変化率を説明する2時点間の変化を示す変数によって回帰分析を行った．

第4-6表の被説明変数は，1987年の日本における県別・電機産業従業員数と県別・事業所数である．説明変数としては1987年の大手電機メーカー7社の県別従業員数，同じく7社の県別工場数，1988年の工業地・県別平均

第4-7表 回帰分析の結果：1993年データ

被説明変数	1993年電機産業従業員数	1993年電機産業事業所数
1993年7社合計県別従業員数	−0.604231 (−0.568)	−0.029155 (−1.319)
1993年7社合計県別工場数	9276.086 (2.649)***	199.4715 (2.740)***
1993年工業地県別平均価格	−0.015887 (−0.311)	0.002925 (2.756)***
1993年製造業県別賃金	−0.033272 (−0.320)	−0.001143 (−0.529)
1993年パート従業員県別平均年齢	2931.432 (1.155)	67.2966 (1.275)
定数	−102464.7 (−0.998)	−2510.686 (−1.177)
データ数	47	47
自由度修正済み決定係数	0.5442	0.6058

（注） 括弧内はt値であり，***は1％水準で統計的に有意であることを示す．
（出所） 筆者作成．

第 4-8 表　回帰分析の結果：1987-93 年データ

被説明変数	1987-93 年電機産業 従業員数シェア変化率	1987-93 年電機産業 事業所数シェア変化率
1987-93 年 7 社合計 県別従業員数 シェア変化率	−0.292685 (−1.862)*	−0.606573 (−2.444)**
1993 年 7 社合計 県別工場数 シェア変化率	0.151529 (1.509)	0.374979 (2.365)**
1993 年工業地 県別平均価格 変化率	0.022053 (0.249)	0.023192 (0.196)
1993 年製造業 県別賃金変化率	−0.271497 (−0.881)	−0.523000 (−1.075)
1993 年パート従業員 県別平均年齢変化率	−0.13590 (−0.343)	0.05170 (0.083)
定数	0.023877 (1.430)	0.026230 (0.995)
データ数	47	47
自由度修正済み決定係数	−0.0057	0.0704

(注)　括弧内は t 値であり，* は両側検定 10％水準で統計的に有意，** は 5％水準で統計的に有意であることを示す．
(出所)　筆者作成．

価格，1987 年の製造業県別賃金，同年のパート従業員の県別平均年齢である[22]．

　第 4-6 表に示されたように，大手電機メーカー 7 社の県別工場数は，電機産業全体でみた従業員数と，事業所数とに正の相関を有している．大手電機メーカーがより多くの工場を立地している都道府県において，電機産業の従業員数は多く，また，事業所数も多い．また，電機産業全体での事業所数は，工業地の県別平均価格が高い地域ほど，多いことがわかる．工場敷地を新規に獲得しようとする場合，地価の安い立地場所が選択されるはずである．しかし，その逆に，正の外部経済が働いて集積のメリットが働くならば，地価水準が高くとも工場立地は集中すると考えられる．正の外部経済の具体例としては，大企業と中小企業との垂直的分業関係や，研究開発プロセスにおける共同作業の容易さ，また近接地での大きな需要の存在などが考えられる．
　第 4-7 表は 1993 年データについて同様の回帰分析を行ったが，得られた結

---

22)　データの詳細については，付表 4-1 を参照されたい．なお，工業地・県別平均価格が 1988 年データであるのは，それ以前のデータが入手不可能であったことによる．

果は第4-6表とほぼ同じであった.

　第4-8表では，1987年を基準として，1993年までの変化率を，同じ期間の変化率で回帰したものである．全国の電機産業における従業員数の県別シェアが1987年から93年の間にどのくらい変化したか，を被説明変数とした場合，5％水準を上回って統計的に有意であった説明変数はなかった．事業所数の県別シェアの変化率を被説明変数とした場合，大手電機メーカー7社の県別従業員数のシェア変化はマイナスで統計的に有意，大手7社の県別工場数シェアの変化はプラスで統計的に有意であった.

　第4-8表が示すように，大手電機メーカー7社の県別従業員数シェアが増加した地域においては，電機産業事業所数シェアが減少しており，すでに第4-3図でみたとおり，東京，横浜・川崎・横須賀における動向を反映しているといえる．また，大手7社の工場数シェアが増加した地域では，電機産業の事業所数シェアも増加しており，1987年から93年という期間における工場立地の変化も，正の外部性を伴った動きであったと言えるかもしれない.

5. 産業と都市の活性化

集中と集積

　産業集積の変化と，個別企業による工場立地の集中とを区別することは重要である．前者は外部経済によって説明され，後者は規模の経済性，範囲の経済性あるいはネットワークの経済性によって説明される[23].

　本章は，産業集積の崩壊と企業の立地集中の並存という「ねじれた」現実を提示した．電機産業の集積についてみると，従業員数の減少が最も大規模に進行していたのは東京23区を中心とした大都市圏であった．首都機能移転がなくとも，中小電機製造業は東京を逃げ出している[24]．横浜・川崎・横

---

23) 外部経済と外部不経済については洞口 [1997b]，ネットワークの経済性については今井 [1983]，宮澤 [1988]，今井・金子 [1988]，また，情報システムと企業組織については，ワイズマン (Wiseman [1988])，井上 [1998]，宮川編 [1999] を参照されたい.

24) 本章脚注3)において指摘したとおり東京首都圏への一極集中排除と，産業の空洞化への対応は1996年に表明された政府の政策課題となっている．そして，東京への一極集中排除は首都機能移転によって，また，空洞化に対しては新規産業分野の創出によって対応することが表

須賀,大阪,東大阪,北大阪といった地域においても電機製造業の雇用者数が減少している.これは,また,都市圏における産業構造の転換を示している.その一方,東京23区および横浜・川崎・横須賀の地域において,大手電機メーカー7社の雇用者数は増加している.それら大手企業は首都圏の工場内に研究開発組織や高不可価値生産部門を配置している可能性がある.

しかしながら,見逃してはならない論点として,愛知県,神奈川県,兵庫県では事業所数が増加していたことが挙げられる.東京都,大阪府から逃げ出した電機メーカーのうちの何割かは,新たな立地場所を比較的インフラストラクチャーの整った大都市近郊に移転させてきた可能性がある.そうであるとすれば,産業空洞化の問題とは,従業員の雇用の継続性とそれによる技術水準の維持,および,都道府県レベルでの法人税収であろう.

工場立地に伴う法人税,工場従業員の所得に対する住民税などは,都道府県レベルにおける税収の格差をもたらす.たとえば,本章でみたように,茨城県で雇用が削減されて,栃木県で雇用が創出されるならば,同一の企業収入であっても住民税納税先の移転が発生することになる.それは,県レベルでの公共部門の支出能力に影響を与えるであろう[25].

狭義の産業空洞化対策

日立,高崎・安中,水戸といった地域については,狭義の産業空洞化が発生していることが観察される.外国直接投資を活発化する日立製作所の国内工場分離の影響である.こうした特定の地域について,政府の言明するような「新規産業分野の創出」による空洞化対策が有効であるとは言えない.そ

明されている(『日本経済新聞』1996年11月29日夕刊,橋本龍太郎首相の所信表明演説).東京都市部23区の雇用増加が大企業によって支えられているとすれば,新規産業の創出もまた大企業と新規企業との連携を重視すべきであろう.東京・大阪で大規模工場や大学の新増設を規制している工業等制限法と工場等制限法は,2002年1月の国会で廃止される方針であることが報道されている(『日本経済新聞』2001年11月25日朝刊).

25) 企業のリストラクチャリングが進むのに比較して,地方政府の歳出削減は進んでいないのではないだろうか.日本国内をいくつかの「道州」に分割して地方行政を効率化させるとする発想があるが,同様に,東京23区を7つ程度の新しい行政区に区分して地方公務員の数を削減し,住民税を減税するという提案は,真剣に考えられるべき課題かもしれない.中小電機製造業が東京23区から逃げ出していることは,再度強調されてよい.所得税減税に比較して住民税減税が叫ばれることが少ない理由を問う必要はある.

の根拠は，2つ挙げられる．第1に，日本全体でみたときに電機産業雇用者数の伸びが見られる地域が多数存在する．また第2に，大手電機メーカーについて言えば，国内以上に，海外での生産拠点拡張がめざましい．すなわち，仮に「新規産業分野の創出」が電機産業の範疇で達成されたとしても，その生産拠点が，工場立地の閉鎖された日立，高崎・安中，水戸といった地域に選定されるという保証は何もない．

地域特性に即した新規産業分野の創出を言うのはたやすいが，その産業分野が十分な雇用吸収力を持って，長期的に発展するかどうかを判定することは困難であろう．したがって，工場雇用の減少した日立，高崎・安中，水戸といった地域については，むしろ，摩擦的失業の回避を目標とした職業訓練施策や，求人・求職情報の整備といった古典的な労働政策が，まず，必要とされているように思われる．

対内直接投資の促進と都市観光開発

本章第4-5表で示した岐阜県美濃加茂市日立工場ではテレビの生産を続けていたが，筆者の訪問した1998年9月4日はアメリカの大手コンピューター会社からの訪問を受け入れていた．同工場が，そのコンピューター会社の委託生産を受け入れる前提として工場監査が行われている，とのことであった．日本企業がアメリカの各州レベルでの投資誘致を受けて対米進出を決定したように，日本もまた都道府県レベルでの外国企業誘致活動を活発化させる必要があろう．

産業空洞化の進む地域が東京23区と大阪府であることは，新たな産業の必要性を示唆している．しかし，それが「新規産業分野」のみであるとは限らない．世界の主要都市に比較して東京の都市観光開発は，立ち遅れている．海外からの観光客を増やすことは，ホテル，商業，アミューズメント・パークへの集客を増やすだけではなく，留学生やビジネス・チャンスを増やす波及的効果を持つであろう．都市観光開発のための基盤整備は，「新規産業分野」創出のためのインフラストラクチャー整備と多くの点で重複している[26]．

---

26) 都市観光開発のためのインフラストラクチャーとして，さしあたり2つの点での遅れが目立つ．第1は，国際線の空港である．シンガポール，香港の人口規模が各々約400万人，700

付表 4-1　第 4-6 表，第 4-7 表，第 4-8 表のデータ出所

1. 「7 社合計県別従業員数」および「7 社合計県別工場数」については本文参照．
2. 1988 年の「工業地県別平均価格」については国土庁土地局編『平成元年都道府県地価調査の実施状況及び地価の状況』1989 年 10 月，37 ページ，「都道府県別・用途別平均価格表」(1989 年) に 12 ページ，「昭和 63 年変動率」を乗じて 1988 年工業地平均価格を求めた．
3. 1993 年の「工業地県別平均価格」については国土庁土地局編『平成 5 年都道府県地価調査の実施状況及び地価の状況』1993 年 9 月，38 ページによる．
4. 1987 年の「製造業県別賃金」については，労働大臣官房政策調査部『第 40 回　労働統計年報』(財) 労働法令研究会，1988 年，128～129 ページ「78 表　都道府県及び産業別 1 人平均月間現金給与額 (規模 30 人以上)」における「現金給与総額」．
5. 1987 年の「パート従業員県別平均年齢」は，同上，190 ページ「89 表　女子パートタイム労働者の都道府県別 1 時間当たり所定内給与額 (製造業，卸売・小売業，飲食店)」における製造業の「平均年齢」．
6. 1993 年の「製造業県別賃金」は，労働大臣官房政策調査部『第 46 回　労働統計年報』(財) 労働法令研究会，1988 年，136～137 ページ「83 表　都道府県，産業別 1 人平均月間現金給与額 (規模 30 人以上)」における「現金給与総額」．
7. 1993 年の「パート従業員県別平均年齢」は，同上，190 ページ「94 表　都道府県別女子パートタイム労働者の 1 時間当たり所定内給与額 (製造業，卸売・小売業，飲食店)」における製造業の「平均年齢」．
8. 1987 年から 1993 年のシェア変化率については，各年次について各都道府県別データの全国合計に占めるシェアを求め，基準年を 1987 年として (1－(1993 年/1987 年)) によってシェアの変化率を求めた．
9. 1987 年から 1993 年の工業地価格変化率，賃金変化率，平均年齢変化率については，各年次について各都道府県別データの全国平均からの乖離を求め，基準年を 1987 年として (1－(1993 年/1987 年)) によって求めた．

万人であり，それに対して国際空港が 1 つあることを想起すれば，東京都には 2 つから 3 つ，千葉県，埼玉県，神奈川県の各県には 1 つずつ国際空港があってよい．たとえばロンドンにはヒースロー空港とガトウィック空港がある．東京の新空港は，米軍軍事基地の返還によるものか，あるいは，ドイツの空港にみられるように高速道路に隣接した地帯に新設されるべきものかは，経済政策運営者の判断と能力にかかっている．

第 2 に，東京都内の電車，地下鉄，バスにおける英語のアナウンスがないことは，「リピーター」としての外国人観光客を排除する効果を持つ．それが長期的に都市を衰退させる可能性は，認識されてよい．東京の地下鉄路線名は，Marunouchi-Line や Yurakucho-Line など英語表記したときに読みづらい．千代田線と南北線のグリーンを見れば明らかなように，色による識別も限界にきている．パリの地下鉄のように，1 番から始まる番号をつけることが，外国人観光客にとって便利であろう．

第5章　日系多国籍企業の国際分業体制とAFTA

1. 外国投資受入国の反作用

　日本企業が外国投資を活発化させたことによる国際経済的な「反作用」には，産業空洞化以外の経路がある．それは，日本企業の海外直接投資を長く受け入れてきた国々における過剰設備の顕在化と，その調整である．過剰設備の顕在化は，日本の多国籍企業が独自に感知するだけでなく，そこには，日本からの投資を受け入れた国々の経済的地域連携や，政治的地域主義の台頭という，やや迂回された経路を経た「反作用」が存在する．地域連携による域内貿易障壁の低下は，加盟国の国内市場向け輸入関税の引き下げによる輸入品価格の低下をもたらし，貿易の自由化された市場における生産拠点の統合という課題を多国籍企業に与える．多国籍企業の生産子会社は，自らが行った投資の帰結として国際的なリストラクチャリングの必要に迫られるというグローバリズムに固有な経営課題に直面する．それは，本書第1章でみたように，一旦は分権化された多国籍企業の意思決定が再度集権化されていくプロセスとなる．

　東南アジア諸国は日本企業の受け入れに長い歴史を持つ[1]が，日本企業は同時に，アメリカ，メキシコ，中国といった国々にも積極的に投資を拡大した．メキシコへの製造業投資は，マキラドーラにおける輸出加工区の利用や，NAFTAの形成によるアメリカ市場へのアクセスを背景としていた．

---

1) 東南アジア諸国における経済的地域連携の歴史と日本企業の海外直接投資との関係については多くの研究がある．たとえば，タン（Tan [1996]），青木・馬田 [1997] [1999]，洞口・下川（Horaguchi and Shimokawa [2002]）に収められた諸論文を参照されたい．本章は，洞口 [2000] および洞口（Horaguchi [2000]）に加筆・修正したものである．

ASEAN 諸国が AFTA（アセアン自由貿易地域, ASEAN Free Trade Area）の形成に合意したのは 1992 年 1 月であり，メキシコや中国における日本企業のプレゼンスとその生産能力に対抗するために，アセアン諸国の市場を外国企業にとって魅力的なものとする意図があったと観測されている．

「アジアの奇跡」と呼ばれた経済成長は 1996 年をピークとして停滞に転じ，1997 年 7 月にはアジア通貨危機が発生した．その後，各国ともに不良債権処理を行う必要にみまわれた．こうしたなかで，1998 年 12 月の第 6 回 ASEAN 首脳ハノイ会議は，AFTA（ASEAN Free Trade Area）の実現目標年を 2002 年 1 月 1 日とした．また，1999 年 4 月にはカンボジアが ASEAN に加盟し，いわゆる ASEAN10 が誕生した．シンガポール，インドネシア，マレーシア，フィリピン，タイ，ブルネイに加えて，ベトナム，ラオス，ミャンマー，カンボジアという国々が，東南アジアにおける自由貿易地域加盟国を形成した[2]．

AFTA には，3 つの政策的な支柱がある．

第 1 は，共通効果特恵関税（Common Effective Preferential Tariff, 略称 CEPT）である．定められた貿易品目について ASEAN 域内の関税率を引き下げる政策であり，インドネシア，マレーシア，フィリピン，シンガポール，タイ，ブルネイの 6 ヵ国は，2000 年までに対象品目総数の 85% の品目について関税率を 0〜5% に引き下げ，そののち 2002 年 1 月 1 日までに対象品目すべての関税率を引き下げる．ベトナムについては 2003 年までに，ラオス，ミャンマーは 2005 年までに関税率を引き下げる，というものである．CEPT の対象となる品目については ASEAN 加盟各国が独自に決定しているが，その適用を受けるためには，ASEAN 域内で生産されたことを示す，いわゆる「ASEAN コンテンツ」40% を満たす必要がある．

第 2 は，ASEAN 産業協力（ASEAN Industrial Cooperation, 略称 AICO）であり，域内での部品相互補完および一部完成品の相互輸出入につ

---

[2] カンボジアの ASEAN 加盟と域内経済協力の概説として清水 [1999] を参照されたい．ただし，清水は「地域経済協力」の下位概念として AFTA, AICO, AIA を並列的に論じており，AFTA の構成要素として CEPT, AICO, AIA があるとする殖田 [1999] の解説とは異なっている．本章，以下の叙述では後者の理解に依拠している．

いて関税を免除する計画(スキーム)である[3]．AICO スキームの適用を受けるためには，ASEAN 域内の複数国において相互補完できる部品ないし完成品があり，その製造をする企業の出資比率が 30% 以上現地資本でなければならない．なお，1997 年 7 月にはじまったアジア通貨危機以降，CEPT の前倒し実施が目標とされると同時に，AICO については 1999 年から 2000 年に申請した場合に 30% の現地資本参加義務が免除されている．

第 3 は，ASEAN 投資圏(ASEAN Investment Area, 略称 AIA)の構想である．AFTA が構想された当初，2010 年までに域内投資を自由化し，2020 年までに域外投資を自由化することが目標とされた．1998 年 12 月のハノイ会議では，域内投資家に対する AIA の適用を 2003 年に前倒しすることを決定している．さらに 1999 年 3 月には AIA 評議会が域外投資自由化の前倒しを決定しているが，その具体的時期については明らかではない．

こうした 3 つの政策的な柱を有する AFTA について，ただちにいくつかの疑問が浮かぶ．本章では，それらのなかから次の 2 つの問題を考察する．

(a) AFTA の経済合理性とは何か．自由貿易地域としての AFTA は，どの加盟国，あるいはどのような加盟国を利するか．

(b) AFTA が形成されていくなかで，多国籍企業はどのような国際分業体制を整えつつあるか．とりわけ，日本の大手電機電子産業についての実態はどのようなものか．また，自動車メーカーによる取り組みにはどのような例があるか．

以下，本章の第 2 節では，自由貿易地域の形成に関する理論的研究と，AFTA の形成が域内貿易に与える効果に関する実証研究をサーベイする．第 3 節においては，AFTA 域内で活動する日系多国籍企業がどのような対応をしてきたか，また，どのような将来計画を有しているかをインタビュー調査によって明らかにする．第 4 節において，こうした調査結果と今後の研究課題をまとめ，むすびとする．

---

3) アセアン事務局(ASEAN Secretariat [1998])を参照されたい．

2. 地域連携の経済理論モデル

地域連携の分類

　経済的な地域連携[4]には,関税同盟,自由貿易地域,経済統合など,いくつかの分類がある.関税同盟とは,加盟各国が域内関税率を低めると同時に,域外に対して共通した関税率を設定するものである.自由貿易地域とは,加盟各国が域内関税率を低めるときに,域外に対しては加盟各国が独自に関税率を設定することを許容するものである.経済統合とは,域内の共通関税を対外的・対内的に定めるとともに,資本・労働などの生産要素の自由な移動を認めるものである.

　地域連携は国際貿易論における伝統的テーマである.そして,現在も活発に研究が進展している領域である.その理由としては,EECの形成,EC市場統合,EUの成立といった契機のそれぞれにおいて理論的・実証的な研究が進められてきたこと,NAFTA(北米自由貿易協定)の発効とその影響,AFTAやMERCOSUR(南米共同市場)といった被植民地支配の経験のある諸国による地域連携が1990年代に活発になったこと,さらにはAPEC(アジア太平洋経済協力会議)における「オープン・リージョナリズム」の意味について様々な経済学的な議論が積み重ねられてきたことなどが挙げられる[5].本章では,そのなかから若干の研究をサーベイすることによって,主としてAFTAの経済合理性という観点から議論を整理したい.

古典的研究

　地域連携についての研究と同様に,そのサーベイ論文も多い.代表的なものとして,ヨトポロス=ヌジェント(Yotopoulos and Nugent [1976]),徳永 [1994],鈴木 [1995],清水 [1998] などがある.そのいずれもが,ヴァイナー(Viner [1950])を古典的研究として紹介している.

---

  [4] 「地域連携」という用語は,伊藤 [1996] 386ページに依拠している.自由貿易地域,関税同盟,単一市場および経済統合を包含する概念である.
  [5] たとえば,高地 [1987],江口 [1991],岡田 [1991],小宮 [1999],大庭 [2001] を参照されたい.

第5章　日系多国籍企業の国際分業体制とAFTA

第5-1表　貿易転換効果とカナダ症候群

(単位：ドル)

	A国	B国	C国
①国内価格・自由貿易価格	35	26	20
②A国が100%関税賦課	35	52	40
③A国が50%関税賦課	35	39	30
④A国が50%関税賦課後にB国と自由貿易地域結成	35	26	30

(出所)　リプシー (Lipsey [1960]) をもとに筆者作成.

　ヴァイナー (Viner [1950]) の部分均衡モデルは，世界価格と関税賦課後の国内輸入価格との間に，域内市場価格の水準が存在することを仮定している．そのため国内市場を世界からの輸入にさらせば，国内産業による供給は不可能になる．しかし，関税同盟のもとにおける域内市場での供給は，高率の関税によって保護された国内市場価格を下げる効果を持つ．その際，地域連携は貿易創出効果とともに，貿易転換効果を惹起する．

　リプシー (Lipsey [1960]) の数値例によって，その点を確認しよう (第5-1表参照)．いま，ある製品をドルで評価したときに，A国は35ドル，B国は26ドル，C国は20ドルで生産することができるとする．簡単化のために輸送費用は無視する．A国が国内市場を保護するために，100%の関税率を賦課するならば，A国国内の輸入市場においては，この製品はA国製35ドル，B国製52ドル，C国製40ドルとなり，A国製製品が最も低価格となる．

　また，たとえばA国が50%の関税率を賦課するならば，A国製35ドル，B国製39ドル，C国製30ドルとなり，C国製製品がA国国内輸入市場において最も低価格となる．ここでA国とB国とが地域連携を形成したとしよう．その場合，B国製品の関税率がゼロとなればA国製35ドル，B国製26ドル，C国製30ドルとなり，最も安い製品はB国製の製品となる．したがって，B国製製品に対するA国の輸入需要が「創出」されたことになる．A国はC国に対しては50%の関税率を維持しつづけるのでC国製製品は価格競争力を失い，A国とB国との地域連携によって，B国製製品へ輸入需要がC国から「転換」されることになる．

多国籍企業立地への含意

　ヴァイナー（Viner [1950]）やリプシー（Lipsey [1960]）が説明するように貿易転換効果が存在しうるとき，多国籍企業はどのような立地を選択するであろうか．A国には多国籍企業の製造する製品についての需要があると仮定する．多国籍企業の立地選択は，第5-1表の数値例から，次のようにまとめることができる．
　② A国が100％の関税で国内市場を保護するとき，A国．
　③ A国が50％の関税で国内市場を保護するとき，C国．
　④ A国とB国とが地域連携を形成するとき，B国．
　ここでA国とB国との地域連携が拡大し，C国が加わるとすれば，第5-1表における①自由貿易と同じ状態になり，
　① A国，B国，C国とが地域連携を形成するとき，C国．
というケースが加えられる．④から①にA国の政策が変更したとすれば，多国籍企業にとっての問題は，B国に新たな立地選択をしないであろうという点と，すでにB国に立地した子会社については苦しい操業を余儀なくされるであろう，という点である．具体例を本章第3節でみる．
　洞口 [2001b] は，地域連携の結果として，多国籍企業の立地選択が難しくなる地域が生まれることを指して「カナダ症候群」と呼んだ．NAFTAの形成後，日本の多国籍企業による製造業投資が，カナダに対しては大きく伸びていないことを一般化した呼称である．カナダはNAFTA加盟国ではあるが，日系企業の生産拠点として投資を誘致できなかった．それは，上記，B国の例に該当するかもしれない．
　ヴァイナー・モデルが部分均衡分析であること，および，その後の実証研究など1970年代中頃までの研究については，ヨトポロス＝ヌジェント（Yotopoulos and Nugent [1976]）に詳しい．また，2国間での資本自由化が厚生を増加させることについては，マクドゥガル（MacDougall [1960]）のモデルが著名である．2国間での資本の限界生産性が一致するまで資本が移動することによって，2ヵ国合計の生産数量は増加する．
　1980年代後半から1990年代を通じて，地域連携の経済分析は著しい進展

を遂げてきた．以下では，それらを応用一般均衡モデル，戦略的貿易政策のモデル，内生的成長モデルの3つの範疇に区分して紹介したい．

応用一般均衡モデル

計量経済モデルを組み立てることによって，世界経済における地域統合の影響を数量的に評価する研究が進展している．様々な呼び名があるが，「計算可能な応用一般均衡モデル（Computational General Equilibrium Model, 略称 CGE モデル）」と呼ばれる場合が多い．

経済企画庁経済研究所［1988］は，世界全体についての貿易モデルを構築したうえで，そのなかの部分的なケースとして様々なアジア諸国の貿易政策を仮定し，その効果を数量的に評価している．① ASEAN 加盟国（6ヵ国）に限定した自由貿易地域が形成されるケース，② APEC 加盟国に限定して輸入関税低下の効果を計測した，いわゆる「閉ざされた APEC」のケース，③ APEC 加盟国が輸入関税を低下させた場合に，APEC 非加盟国からの輸入にも低率関税を適用する「開かれた APEC」のケース，などいくつかのケースを計測したのち，次のような興味深い結論を導き出している．すなわち，マレーシアにとっては「① ASEAN 加盟国（6ヵ国）に限定した関税引き下げ」が有利であり，タイは「②閉ざされた APEC」が有利，インドネシア，フィリピンは「③開かれた APEC」が有利になるという結果を示している．シンガポールについては，すでに関税率はゼロに近いために大きな影響はない．

経済企画庁経済研究所［1988］は，計測結果の解釈について多くを語っていない．しかし，筆者は，その計測結果が極めて興味深いものであると考える．その理由をここで述べておきたい．池本［1996］は，NAFTA の成立が AFTA 形成を加速した，と主張する．NAFTA の成立によって，タイは対アメリカ向け輸出をメキシコと競う必要性に迫られた．アメリカ向け輸出の価格競争力を維持するためには，ASEAN 域内での部品調達コストを低下させる必要があった．ASEAN の域内関税を引き下げることは，タイ国内企業の利害とも一致した，と論ずる[6]．経済企画庁経済研究所［1988］に

---

6) こうした動向を一般化した「政策反応関数」については，洞口［2001b］を参照されたい．

よる「タイは閉ざされた APEC が有利」になるという結論は，ASEAN と北米市場とを視野に入れる池本［1996］の議論と符合する．池本［1996］の提示する 1990 年代前半のタイの輸出先をみると，アメリカが 20% 強であるのに対し，日本向けは 17% 前後となっている．また，マレーシアのマハティール首相による EAEG 構想は，東アジアに限定された地域経済圏の構想であった．「マレーシアは ASEAN 加盟国の限定が有利」という計量経済学的な結論が，政治家の直観と一致するようにも思われる．

バラード=チョン（Ballard and Cheong［1997］）は，主として APEC を念頭においた地域連携についての計量分析結果を報告する．彼らによれば，域内貿易関税が低下することによって，その参加国はすべて厚生が増加する．なお，重要な点として，計量モデルにおける APEC 参加国からアメリカ，日本といった主要国を除き，アジア諸国のみが自由貿易圏を形成したとしても，その参加国の厚生水準が上昇することが報告されている．この計測結果は，AFTA の政策効果を支持するものとなっている．

川崎・串馬・三藤［1997］は，1994 年の APEC「ボゴール宣言」が貿易投資の自由化を将来目標として掲げたことを受けて，CGE モデルによるシミュレーションを行っている．APEC 加盟国と AFTA 加盟国とでは，その構成は大きく異なるが，CGE モデルの特徴を明確に示す結果を提示しており興味深い．すなわち，CGE モデルによるシミュレーションを行うと，貿易の拡大効果は自由化措置が実施される国・地域・産業部門において最も大きくなる．輸入価格の低下が，生産要素の効率的な利用を可能にさせ，輸出拡大に寄与するのである．2020 年に予定された APEC 加盟発展途上国の貿易・投資自由化によって，貿易拡大効果が最も大きいと予測されるのは中国であり，以下，僅差でインドネシア・マレーシア・フィリピン・タイの順にASEAN 諸国が続く．

戦略的貿易政策のモデル

ガチオス=カープ（Gatsios and Karp［1991］）のモデルは，生産費用が同一（アイデンティカル）でない複数国による地域連携の形成を問題としている．地域連携参加国の生産費用に格差がある場合，域内での利害対立が起こ

りうる．複数存在する地域連携参加国と，地域連携に加盟しない「その他世界」との競争条件が異なる場合，たとえば，A 国は「その他世界」からの輸入に対して競争できるのに対して，B 国には競争する能力がないとすれば，どのような水準で域内関税を設定するべきかについて利害が衝突する．ガチオス=カープ・モデルの構造は，国家を経済主体として「その他世界」に対して競争する A 国と B 国という複占競争モデルに類似した設定に依拠している．A・B 両国による地域連携が成立するためには，①地域統合における代表権を委譲するか，②信頼のおけるコミットメントをするか，あるいは，③両国の地域統合に戦略的補完性があるか，いずれかの条件が必要である，と論じている．

クルーグマン（Krugman [1991a]）は，自らのモデル分析に対し，北米，ヨーロッパ，アジアへと三極化する貿易圏の生成を懸念する見解に一定の根拠を与えるものである，としている．一国の厚生水準について CES 型の効用関数を，

$$U = [N(1-B^{-1})(c^W)^\theta + NB^{-1}(c^D)^\theta]^{1/\theta}$$

と仮定する．

ここで，c^W とは，厚生関数 U を有する国に，自国の所属する貿易ブロック以外から輸入されてくる製品の消費水準であり，c^D とは自国の属する貿易ブロック内部で生産される製品の消費量である．これらの財の代替の弾力性は θ で示され，任意の 2 財の代替の弾力性は，$\sigma = 1/(1-\theta)$ となる．N は貿易を行う国の数であり，B は貿易ブロックの数である．各国は，それぞれ一つの財の生産を共通価格で一単位行うと仮定するので，世界全体の生産数量は N で表される．

たとえば，N を 120 ヵ国，B を 3 つの貿易ブロックとすれば，一つの貿易ブロックは $N/B=40$ ヵ国からなり，他の貿易ブロックに属する国の総数は $N(1-1/B)=N-N/B=80$ ヵ国となる．また，一つの貿易ブロックの生産数量も $N/B=40$ である．これらは，アイデンティカルな国々が存在するという仮定から，それぞれ c^W と c^D とに乗じられることになる．一つの貿易ブロックが占める世界の輸出額に対するシェア $s=m^W/y^W$ は，各貿易ブロックが同じ大きさであると仮定することによって，$s=m/y^W$ とも表され

る．ここで $m^W=m$ は各ブロックが他の貿易ブロックから輸入する数量である．たとえば，3つの貿易ブロックがある場合，1つの国は33.3%を自国が属するブロックで生産し，残る33.3%ずつを2つの貿易ブロックから輸入する．ある貿易ブロックに属する国の数は N/B であったから，s を N/B で除す $(s/(N/B))$ ことによって，一国あたりの輸入数量（この例では33.3%/40ヵ国＝c^W）が与えられる．

1つの貿易ブロックの生産数量 $y=N/B$，その貿易ブロック内部への輸入を m，国内消費を d とすると，$y=m+d$ である．いま，各国が1単位を生産するシンメトリーを仮定すると，$m/d=B-1$ が成り立つ．たとえば，66.6%/33.3%＝3-1＝2である．これは輸入数量に該当するので，関税率に代替の弾力性を乗じた分だけ消費量が減り，$m/d=(1+t)^{-\sigma}(B-1)$ が得られる[7]．これらの各式から，

$$m=\frac{N/B}{(1+t)^\sigma/(B-1)+1}$$

および

$$s=m/N(1-B^{-1})=[(1+t)^\sigma+(B-1)]^{-1}$$

を得る[8]．ここで

$$c^W=s/(N/B)=(B/N)/[(1+t)^\sigma+(B-1)]^{-1}$$
$$c^d=s/(N/B)(1+t)^\sigma$$
$$=[B(1+t)^\sigma/N]/[(1+t)^\sigma+(B-1)]^{-1}$$

を，それぞれ厚生関数に代入することによって，世界に存在する貿易ブロック数 B の関数として一国の厚生水準 U を導きだす．

クルーグマン（Krugman [1991a]）は，上記の手続きによって導いた厚生関数をシミュレーションした結果，$B=1$ の場合，すなわち世界全体の自由貿易が行われる状態が最も厚生水準が高く，世界が3つの貿易ブロックに分かれる $B=3$ の場合に最も厚生水準が低くなることを示した．

---

[7] ここで，$m+d=y$ を d で除して，$m/d+1=y/d$ を得たのち両辺に d/m を乗ずると $1+d/m=y/m$ を得る．また，$m/d=(1+t)^{-\sigma}(B-1)$ の逆数は $d/m=(1+t)^\sigma(B-1)^{-1}$ となるので，$1+(1+t)^\sigma/(B-1)=y/m$ を得る．

[8] 上に得た m を s の式に代入する．あるいは，$s=m/y^w=m/N(1-B^{-1})=m/yB(1-B^{-1})=m/y(B-1)=m/m[(1+t)^\sigma(B-1)^{-1}+1](B-1)=[(1+t)^\sigma+(B-1)]^{-1}$

イ (Yi [1996]) のモデルは，二次形式の効用関数とアイデンティカルな国々の存在を仮定して，仮に，そのうちのいくつかの国々が自発的に関税同盟を形成することが経済厚生を増すとすれば，全世界を統合した地域統合がナッシュ均衡になることを導いている．その論理は，次のようなものである．今，世界に n ヵ国が存在して，そのうちの m ヵ国 ($m \leq n$) が地域連携を形成する．さらに，こうした地域連携が世界のなかでいくつか形成されていくとする．こうした地域連携が経済厚生を増加するとすれば，異なる地域連携どうしがさらに大きな地域連携に併合していくことによって経済厚生は増加することになる．したがって，最終的には地域連携は全世界をカバーするときに最も経済厚生の高いものとなる．イは，APEC を念頭におきながら「オープン・リージョナリズム」，すなわち，拡大する可能性のある地域連携が経済厚生を増す可能性を示唆している．

内生的成長モデル

リベラ・バティス=ローマー (Rivera-Batiz and Romer [1991]) は，内生的成長理論によって経済統合のメリットを論じている．内生的成長モデルによって経済統合を分析する際の際だった特徴は，比較生産費説からの離脱にあると言ってよい．生産関数と生産要素価格が全く同一な 2 ヵ国を仮定するとき，リカードの例示のごとく「衣料」や「ワイン」に特化することによって貿易利益を得ることはできない．内生的成長理論が仮定するのは，人的資本の増加関数として技術ストックの変化率を捉え，経済統合によって技術進歩が加速される，という側面である．すなわち，リベラ・バティス=ローマー (Rivera-Batiz and Romer [1991]) は，

$$\dot{A} = \delta(H+H^*)A$$

を導くが，ここで H は自国の人的資本，H^* は外国の人的資本，A は技術ストック，$\dot{A}$ はその時間変化率，δ は技術ストックの減価率である．すなわち，上式より，

$$\ln|A| = \delta(H+H^*)t + c$$

が得られる[9]．ここで，c は積分定数である．両辺を指数関数になおして，

---
9) このことは次のようにして明らかである．すなわち，前掲，

A が常に正であるとすれば,

$$A = e^c \cdot e^{\delta(H+H^*)t} = Be^{\delta(H+H^*)t}$$

において, $t=0$ について $A(0)=B$ として初期値を確定すれば, 蓄積経路は,

$$A(t) = A(0) e^{\delta(H+H^*)t}$$

である. ここで, 地域統合の効果は, $H+H^*>H$ である限りにおいて, 蓄積の成長スピードの差となっていることがわかる. この微分方程式の解の軌道は, H のみの場合に較べて, H^* の分だけ急な勾配を示して増加していく.

すなわち, 経済統合が行われて資本移動が自由になると, その地域における技術進歩率は高まる. ただし, リベラ・バティス゠ローマー (Rivera-Batiz and Romer [1991]) においては, その技術進歩を「誰が」保有するかについては議論していない. 論理的なレベルで技術開発者に占有権を認めるとすれば, 複数の地域のなかで活動する最も先端的な企業が技術進歩の果実を独占すると考えられる.

同じく内生的成長を視野に収めたボールドウィン (Baldwin [1989]) のモデルを, 岩田 [1998] が手際よく紹介している. ボールドウィンは EU 統合市場を念頭において, 規模の経済が存在する場合, 経済統合の動態的効果によって成長率そのものが上方シフトすることを導いている. 今, 労働投入を無視して $Y_t = AK_t$ という「レベロ型生産関数」を定義し, 資本ストックの減耗分を d, 貯蓄率 s として,

$$K_{t+1} = (1-d)K_t + sY_t$$

を定義できる. 来期 ($t+1$ 期) の資本ストックは, 今期 (t 期) の資本ストック (K_t) から, その減耗分 (dK_t) をマイナスして, 産出高から投資のために貯蓄される分 (sY_t) を足した水準に等しくなる. ここで, 成長率 $(1+g)$ とは,

---

$\frac{dA}{dt} = \delta(H+H^*)A$ については,

$\frac{1}{A}\frac{dA}{dt} = \delta(H+H^*)$ と式変形したのち, t で直接に積分すると,

$\int \frac{1}{A}\frac{dA}{dt}dt = \int \delta(H+H^*)dt$ より,

$\ln|A| = \delta(H+H^*)t + c$

が得られる.

$$1+g=\frac{Y_{t+1}}{Y_t}=\frac{AK_{t+1}}{AK_t}=(1-d)+s(Y_t/K_t)$$

である．貿易自由化や域内単一市場の創設によって生産効率が向上すると，産出高に対する資本ストックの比率である，資本・産出高比率（Y_t/K_t）の増加が期待されるが，成長率（$1+g$）への効果はそれにとどまらない．そのとき，その資本・産出高比率の増加率に貯蓄率（s）をかけた分だけ成長が加速する．たとえば，資本・産出高比率（Y_t/K_t）が5％増加し，貯蓄率（s）が20％増加する場合，成長率は1％増加することになる．

岩田［1998］は，以上のモデルにもとづいて，AFTAにおける動態的な実質所得増加率を推計する．それによると，動態的効果が静態的な実質所得増加効果を上回るとしている．ただし，ここでいう静態的な実質所得増加効果とは，輸入品に対する関税引き下げによって域内貿易が拡大する効果と定義されている．

貿易理論からの結論

以上の文献サーベイから導かれる主要な結論は5点ある．第1に，地域連携が形成されて関税率が引き下げられるとき，貿易転換効果より，多国籍企業にとっての最適な立地選択先が移行する．第2に，地域連携による貿易創出効果を通じて経済厚生が増加することは応用一般均衡モデルの一致した結論である．第3に，地域連携を形成する参加国の利害対立は，地域連携のための政策運営を歪める可能性がある．それは，どのような地域連携を採用するかによって経済厚生の改善の度合いが違うという経済企画庁経済研究所［1988］のシミュレーション結果や，ガチオス=カープ（Gatsios and Karp［1991］）のモデルによっても示唆されている．第4に，クルーグマン（Krugman［1991a］）のモデル分析だけが，やや，異彩を放っている．すなわち，地域連携が経済厚生を低下させる可能性を示唆することによって，いわゆるブロック経済化への警鐘を鳴らしている．第5に，内生的成長モデルは地域内での生産の集約化を通じて技術進歩率を高める可能性を示唆する．

3. 多国籍企業の国際分業体制

多国籍企業と地域連携

　国家の利害は，企業の利害と一致するとは限らない．国家を単位とする貿易政策が，多国籍企業の国際分業体制を常に支援すると断言することもできない．経済分析には，多国籍企業の存在が暗黙のうちに仮定されている．内生的成長モデルにおける技術開発の成功といった要因は多国籍企業の存在を抜きにしては考えられない．その一方で，AFTAの政策は，現地資本出資比率規制やローカル・コンテンツ規制など，域内で生産活動を行う多国籍企業に一定の行動上の制約を加えるものとなっている．そうした経済政策が採用されるなかで，多国籍企業はどのような立地選択をするであろうか．グローバリズムの「作用」としての企業国際化，その「反作用」としての投資受入国における地域統合化，そして，さらにその「反作用」への対応を企業が模索することになる．

　本節では，多国籍企業という経済主体がAFTA形成に際して，どのように対応しているかをまとめる．AFTAの形成は，ASEANに立地して輸出・輸入をする日系多国籍企業にとって事業活動を有利にするものなのか，あるいは，不利に働くものであるのか．域内の部品・製品の相互補完体制は変化するのか．生産拠点の集約化は進められているのか．こうした問題について入手した資料と，日本の主要メーカーに対して行ったインタビュー調査の結果を以下にまとめる．

AICO申請の特徴と動向──タイ

　資料の入手できたタイを中心にして，AICO申請の特徴をまとめたい．
　2000年9月時点においてASEANにおけるAICO申請件数は89件であり，そのうちタイでは56件の申請があった．56件中48件が自動車・自動車部品産業であり，4件が電機産業，2件が食品産業，1件が農業機械産業，おなじく1件がプラスチック・ペレット産業（plastic pellet industry）に分

類されている[10]．

本章末付表5-1には，タイ工業省によるAICO申請・認可リストを掲げた[11]．1999年7月現在でのまとめであり総件数は36件となっているが，産業的特徴は読み取ることができる．36件中，26件は複数の認可を得ようとした企業8社からの申請である．すなわち，自動車産業においては8件の申請を行ったトヨタを筆頭として，日産自動車，日本電装，ホンダ，ボルボ各3件，いすゞ2件となっており，電機産業では松下電器と三菱電機とがそれぞれ2件となっている．

36件のうち，一件のみの申請を行った企業をみると，①サンデン=カヤマ，②ソニー，③タイ・スティール・ケーブル=アームストロング・サイクル・パーツ，④ヤンマー，⑤三菱自動車，⑥オート・アライアンス=フォード，⑦カヤバ，⑧ネスレ，⑨オート・アライアンス・タイランド=AMIMホールディング，⑩サミット・ショーワ・マニュファクチャリング=ショーワ・インドネシア・マニュファクチャリングの10社となっている．したがって，付表5-1のリストにおいてタイ工業省に対して申請を行っている企業ないし企業間提携の総数は18社となる．

食品産業のネスレ，電機産業に分類される松下電器，三菱電機，ソニー，「横形水冷ディーゼルエンジン」の相互補完を行っているヤンマー[12]を除き，自動車組立て，ないし部品産業に属すとみなされる企業が多い．なお，後述するように，三菱電機の申請は自動車部品の相互補完体制構築に関わるものである．また，ボルボやフォードなどの企業名はあるが，過半数を日系企業が占めるといえる．

タイとの取引相手国としては，マレーシア13件，フィリピン12件，インドネシア9件，シンガポール2件，合計36件となっている．ただし，27番目のボルボによる申請と29番目のカヤバによる申請については「マレーシアがタイからの部品輸入を却下」と注記されており，28番目のオート・ア

---

[10] 2000年9月8日，JETROバンコク・センターより資料提供を受けた．米谷博氏のご協力に記して感謝したい．
[11] 1999年10月14日，JETROバンコク・センターよりファックスにて資料提供を受けた．
[12] ヤンマーの事例については，国際貿易投資研究所・公正貿易センター［1999］第9章を参照されたい．

ライアンス・タイランド=フォード・モーター・カンパニー・フィリピンの申請について「タイは部分的に部品輸入を認可」と注記されている.

付表5-1において「共通受理日」および「決定日」の欄が空白になっている申請については，タイを含んだAICO申請について相手国からの正式認可がおりていないと推定される.そうした例はインドネシアで6件を占める.すなわち，タイとインドネシアに関連する9件の申請のうち，3件のみに認可がおりていると考えられる.認可されているのは日本電装，ホンダ，ヤンマーの3例である.

申請から認可決定までの月数を概算したのが，付表5-1の「月数」である.決定がなされているものについての平均は4.6ヵ月であるが，これは認可までの期間がその月数であることを意味しない.決定の行われていない案件について計算していないためである.一般に，輸出先となる国においては迅速な認可が行われ，輸入先となる国の認可には時間がかかると指摘する声は多い.以下，個別企業の事例を紹介したい.

日系多国籍企業のAICOに対する認識

自動車組立メーカーの事例

トヨタ　AICOスキームを積極的に利用して関税支出を削減している企業としてはトヨタがある.第5-1図(b)にあるように，タイ，フィリピン，マレーシア，インドネシアの各生産拠点から，部品の相互補完体制を構築している.キーとなる部品は，フィリピンで製造されるトランスミッション，インドネシアで製造されるアセアン・カー用のガソリン・エンジン，タイで製造される商用トラック向けディーゼル・エンジンである.トヨタによれば，AICOスキームを利用することによる関税の節税効果は，2000年時点で年間1,000万USドル（約10億円超）以上であると推計されている[13].

ここで注意を要するのは，第5-1図(a)に示されているBBC (Bland to Bland Complementation) スキームとの比較である.1990年時点で構築されていた部品相互補完体制がBBCであるが，主要な部品であるディーゼ

---

13) トヨタ自動車マネジメントサービス・シンガポール『AICOスキームの活用と課題』2000年4月4日.なお，当該資料はJETROバンコクを通じて入手した.

第 5 章　日系多国籍企業の国際分業体制と AFTA

第5-1図　トヨタの ASEAN 域内部品相互補完計画

(a) 1990 年，BBC (Bland to Bland Complementation) 当時の部品相互補完

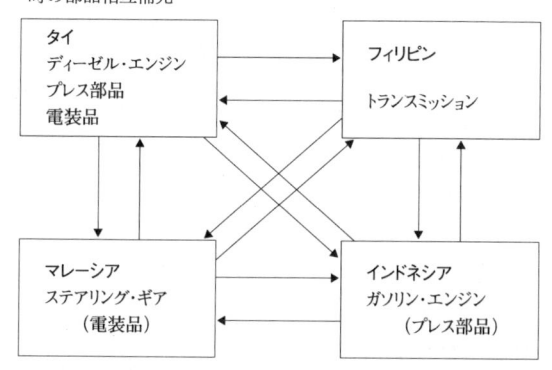

```
┌─────────────────┐      ┌─────────────────┐
│ タイ             │ ───→ │ フィリピン       │
│ ディーゼル・エンジン│ ←─── │                  │
│ プレス部品       │      │ トランスミッション │
│ 電装品           │      │                  │
└─────────────────┘      └─────────────────┘
        ↑↓      ╲  ╱        ↑↓
                 ╲╱
                 ╱╲
        ↓↑      ╱  ╲        ↓↑
┌─────────────────┐      ┌─────────────────┐
│ マレーシア       │ ───→ │ インドネシア     │
│ ステアリング・ギア│ ←─── │ ガソリン・エンジン│
│ （電装品）       │      │ （プレス部品）    │
└─────────────────┘      └─────────────────┘
```

(b) 2000 年 4 月現在，AICO スキームでの部品相互補完体制

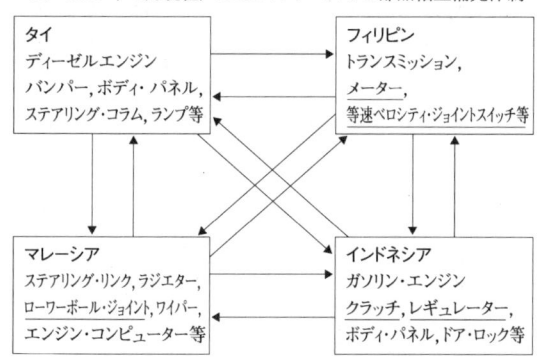

```
┌──────────────────────────┐      ┌──────────────────────────────┐
│ タイ                     │ ───→ │ フィリピン                    │
│ ディーゼルエンジン,      │ ←─── │ トランスミッション,           │
│ バンパー, ボディ・パネル, │      │ メーター,                     │
│ ステアリング・コラム, ランプ等│  │ 等速ベロシティ・ジョイントスイッチ等│
└──────────────────────────┘      └──────────────────────────────┘
        ↑↓      ╲  ╱              ↑↓
                 ╲╱
                 ╱╲
        ↓↑      ╱  ╲              ↓↑
┌──────────────────────────┐      ┌──────────────────────────────┐
│ マレーシア               │ ───→ │ インドネシア                  │
│ ステアリング・リンク, ラジエター,│ ←─── │ ガソリン・エンジン,      │
│ ローワーボール・ジョイント, ワイパー,│    │ クラッチ, レギュレーター,│
│ エンジン・コンピューター等│      │ ボディ・パネル, ドア・ロック等│
└──────────────────────────┘      └──────────────────────────────┘
```

(注)　下図のアンダーラインは，明確に増えたと考えられる部品名．なお，BBC スキームのもとでマレーシアの「(電装品)」にどのような部品が含められていたかは不明である．

(出所)　BBC スキームについては，トヨタ自動車㈱広報部 [1990]，AICO スキームについては，トヨタ自動車マネジメントサービス・シンガポール『AICO スキームの活用と課題』2000 年 4 月．

ル・エンジン，トランスミッション，ガソリン・エンジンは，この当時すでに相互供給の対象となっていたことがわかる[14]．AICO スキームの有無にか

---

14)　トヨタの BBC に関する紹介と評価については洞口 [1991a]，また部品供給体制については丸山編 [1997]，下川 [1998]，久保 [2001]，洞口・下川 (Horaguchi and Shimokawa [2002]) を参照されたい．

第 5-2 図　三菱自動車の ASEAN 域内部品相互補完計画

(a) 1988 年，BBC（Bland to Bland Complementation）当時の部品相互補完

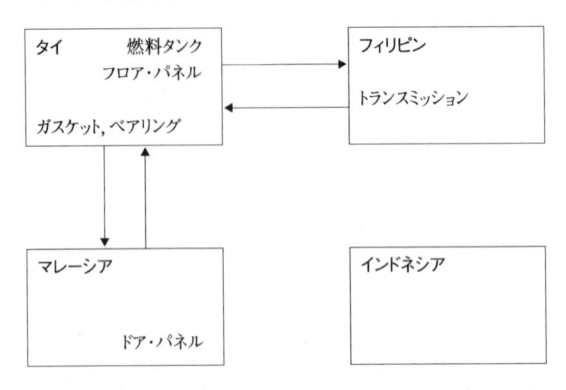

```
┌─────────────────────┐         ┌─────────────────────┐
│ タイ      燃料タンク │ ──────▶ │ フィリピン           │
│        フロア・パネル│ ◀────── │                     │
│                     │         │ トランスミッション   │
│ ガスケット，ベアリング│        │                     │
└─────────────────────┘         └─────────────────────┘
          ▲ │
          │ ▼
┌─────────────────────┐         ┌─────────────────────┐
│ マレーシア           │         │ インドネシア         │
│                     │         │                     │
│    ドア・パネル      │         │                     │
└─────────────────────┘         └─────────────────────┘
```

(b) 2000 年 4 月現在，AICO スキームでの部品相互補完体制

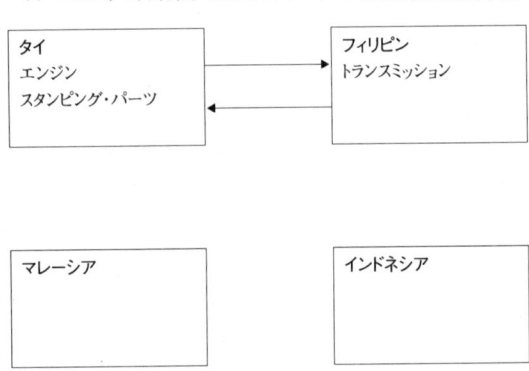

```
┌─────────────────────┐         ┌─────────────────────┐
│ タイ                │ ──────▶ │ フィリピン           │
│ エンジン            │ ◀────── │ トランスミッション   │
│ スタンピング・パーツ │         │                     │
└─────────────────────┘         └─────────────────────┘

┌─────────────────────┐         ┌─────────────────────┐
│ マレーシア           │         │ インドネシア         │
│                     │         │                     │
└─────────────────────┘         └─────────────────────┘
```

(注)　BBC ないし AICO の適用を受けない輸出品目は，三菱の子会社に存在しうる点に注意が必要である．
(出所)　BBC の計画については，中北 [1991]，15 ページによる．AICO の現状については，2000 年 9 月 8 日，MMC Sittipol Co., Ltd.における筆者のインタビューにもとづく．

かわらず，部品相互補完の基本的なあり方が 10 年間不変であったことは注目に値する．また，マレーシアのトヨタ現地法人であるアッセンブリー・サービス社に対する筆者のインタビューによれば，マレーシアから輸出されるエンジン・コンピューター，リレーボックス，ワイパー・アームなどはデンソーが製造しており，それをトヨタの AICO 対象品目として認可を受けて

いる，という[15]．BBCからAICOへの移行に際して，相互供給される部品点数が増加したのはトヨタの関連部品メーカーによる貢献といえる部分がある．

三菱自動車　第5-2図には，三菱自動車によるBBC計画とAICOの利用実態についてまとめた．三菱自動車の場合，1990年代初期のBBCにおいては，タイを中心としてフィリピンとマレーシアという3ヵ国での部品供給体制の構築が模索されていた[16]．しかし，2000年時点でAICOを適用されているのは，フィリピンとタイとの間の部品取引のみである．フィリピンからタイに輸入されるAICO適用部品はトランスミッションであるが，それによって節税された関税額は，年間4,000万バーツ程度（約1億2,000万円）と推計されている[17]．

三菱自動車の事例では，BBCからAICOへの移行によって，名目的には国際的な部品取引のネットワークが減少していることになる．しかし，タイの生産子会社を中心とした国際的な取引の規模が減少しているわけではない．タイの生産拠点からは完成車輸出が行われており，1999年の実績はタイ国内向け1万7,533台，海外輸出向け6万304台の組立が行われた．1996年のピーク時点にはタイ国内向け7万4,483台，輸出1万3,223台であったが，アジア通貨危機以降，輸出を増加させてタイ国内需要の低下に対応している[18]．

---

15) 2000年9月11日，アッセンブリー・サービスSdn. Bhd.にてインタビュー．なお，同社では1999年に1万4,242台を生産するにとどまっていた．組立ラインのタクト・タイムは18分と長く，また「ワン・ピッチ飛ばし」によって組立ライン作業者の作業者配置を1ヵ所おきに減らしていた．

16) 中北［1991］，清水［1998］を参照されたい．1994年10月現在のBBC適用については清水［1998］，122ページに記載がある．フィリピン，タイ，マレーシアの3ヵ国で構成されていた点は同じであるが，「バンパー，インレットマニホールド，ステアリングホイール，芯がね」が適用品目として記載されている．なお，当時のタイ，フィリピンにおける日系自動車メーカーの生産体制については，洞口［1991c］を参照されたい．

17) 金額は，2000年9月8日，MMCシティポル（MMC Sittipol Co., Ltd.）における筆者のインタビューによる．

18) 2000年9月8日，MMCシティポル（MMC Sittipol Co., Ltd.）における筆者のインタビューによる．

第 5-2 表　日本の主要電機メーカー各社の AICO への対応

訪問日時	会社名	対象国と製品・部品	申請の経緯
1999.10.8	松下	タイ・成形部品，換気扇 マレーシア・制御回路，モーター，リモコン インドネシア・特殊部品，ベビー扇 フィリピン・プレス部品，スタンド扇，ボックス扇	1996 年 11 月に各国に申請． タイ，インドネシア 1997 年 4 月承認． マレーシア，1998 年 1 月承認． フィリピン，1999 年 3 月承認． アセアン事務局，1999 年 10 月承認．
1999.10.9 および 1999.10.14	ソニー	タイ・カラーテレビ完成品 シンガポール・ブラウン管	タイ，1998 年 6 月申請，98 年 7 月認可． シンガポール，1998 年 7 月申請，認可． シンガポールのブラウン管にマレーシアでキーパーツを装着し，タイ，ベトナムに輸出する工程間分業は以前からある．
1999.10.9	日立	タイ・洗濯機，扇風機，カラーテレビ マレーシア・ＶＴＲ	1999 年 7〜8 月，現地のディーラー，日立の販社が申請．その後，タイ，マレーシア政府から反応がない．
1999.10.14	東芝	タイ・冷蔵庫 シンガポール・大型テレビ	1999 年 9 月に両国に申請書提出． AICO 申請の可能性は検討したが CEPT によって対応可能と判断．
1999.10.19	三菱	タイ・電装品 インドネシア・自動車電装品 フィリピン・自動車電装品	タイ，1999 年 2 月申請，6 月認可，および，1999 年 4 月申請，6 月認可． インドネシア，1997 年 11 月申請，1998 年 7 月認可． フィリピン，1998 年 11 月申請．
1999.10.21	NEC	申請を考えていない．	
1999.10.21	シャープ	タイで申請を準備したが，進んでいない．	

(注)　松下：松下電器産業株式会社，ソニー：ソニー株式会社，日立：株式会社日立製作所，東芝：株式会社東芝，三菱：三菱電機株式会社，NEC：日本電気株式会社，シャープ：シャープ株式会社．
(出所)　インタビュー調査にもとづいて筆者作成．

電機メーカーの事例

　第 5-2 表には，日本の主要電機メーカーに対するインタビュー調査の結果をまとめた．AICO の申請・認可を受けているのは松下電器，ソニーの 2 社であり，申請はしているが認可を受けていないのは日立，三菱電機，東芝，シャープの 4 社，申請していないのが NEC であった．なお富士通にもインタビュー調査を申し込んだが，AICO についての回答ができる担当者の選定に至らず，直接に話を伺うことはできなかった．
　結論を先取りして言えば，AICO は日系多国籍電機メーカーの生産体制に

大きな影響を与えていない．AICO申請から認可までの時間がかかること，AICO申請を行わなくても，輸出向け生産のための部品輸入関税が低いことが主たる理由である．また，投資先国内での部品調達体制が整いつつあることや，ASEAN域内市場向けの生産を行う自動車産業などとは異なって世界市場向けの生産を行っていることも理由として挙げられる．

松下電器[19]　松下が，アセアン事務局からAICOスキームの承認を受けたのは1999年10月であり，2000年1月に主要な電機製品の85％について関税引き下げを行うCEPTスキームの前倒し開始の3ヵ月前ということになる．国別にみると，タイ，インドネシアについては申請後，半年ほどで認可がおりたが，フィリピンについては認可までに2年4ヵ月程度の期間を要している．これは，いわゆる輸出入のインバランスをフィリピン政府が懸念したものと理解されている．

松下はAICOスキームを利用して，タイから成形部品，換気扇を輸出，マレーシアからは制御回路，モーター，リモコンを輸出，インドネシアからは特殊部品とベビー扇，フィリピンからはプレス部品，スタンド扇，ボックス扇を輸出する計画を立てた．ASEAN各国に「ミニ松下」と呼ばれる多品種生産の拠点を立地しており，それらの生産子会社のなかで相互に供給できる部品を探したことになる．「ミニ松下」には，現地企業からの出資が行われていたため，AICOスキームの当初から適格であったという要因もある．AICOによる関税の節税効果は数千万円であると試算されていたが，しかし，それは計画だけに終わった．CEPTの適用が始まったことにより，AICOの申請をして，その認可を待っただけのスキームとなった．松下の全額出資となるその他の在ASEAN子会社では，輸出志向の生産が行われており，CEPTの実施も控えて，今後AICOを申請する意志はない．

---

19)　1999年10月8日，松下電器産業の東京本社にてインタビュー．2000年9月4日，松下エレクトリック・フィリピンズ，2000年9月7日，松下テクノロジー・タイランド，2000年9月12日，松下エレクトリック・マレーシア，2000年9月14日，ナショナル・ゴーベル（インドネシア）にてインタビュー．各生産拠点では，AICO適用となったであろう部品がどれであるか明確に意識されておらず，「あるはず」ないし，「本社が知っているだろう」という回答がしばしばみられた．AICOスキームは，すでに松下本社において「過去の計画」となっていることは，2000年10月30日法政大学国際シンポジウムでの筆者の報告に対する五味紀男氏（松下電器産業株式会社国際担当副理事・肩書きは当時）によるコメントでも確認された．

ソニー[20]　ソニーでは，タイとシンガポールとの間で AICO を利用している．すなわちタイからカラーテレビの完成品をシンガポールに輸出し，シンガポールからタイにブラウン管を輸出している．タイでの申請は 1998 年 6 月であり認可までに 1ヵ月，シンガポールでは 1998 年 7 月に申請して同月に認可を受けている．

ソニーの場合，タイ国内向けに販売されるカラーテレビに内蔵されるブラウン管を，シンガポールから輸入する際に関税分を節税できることになる．2000 年 1 月に CEPT の前倒し実施が行われると，ソニーの製品はそれに該当するので AICO 申請の必要はなくなる．また，再輸出を前提とした部品の輸入には関税がかからないため，以前から AICO の重要性はさほど高くなかった．シンガポールのブラウン管にマレーシアで部品を装着して，タイ，ベトナムに輸出する工程間の国際分業は以前から存在している．

三菱電機[21]　タイ，インドネシア，フィリピンの生産拠点間で，スターター，オルタネーターといった自動車用電装品の相互補完体制を敷いている．インドネシアに対して 1997 年 11 月に申請し 98 年 7 月に認可，その後，タイには 99 年 2 月および 4 月に申請し，同年 6 月に認可を受けている．しかしフィリピンに 98 年 11 月に申請[22]したものの認可がおりていないほか，アセアン事務局からも認可がおりていない状態である．

エアコン，洗濯機，ジャー，冷蔵庫，扇風機などタイで生産されている家電については CEPT の適用品目となるので AICO の申請は考えていない．エレベーター，エスカレーターについては複数国で拠点があるものの，部品の相互補完体制をとることができない．また，マレーシア，シンガポールの生産拠点は輸出向け生産を行っているために，部品の輸入関税が免除される．したがって関税障壁の問題がない．

日立製作所[23]　日立では 1999 年 7 月から 8 月にかけて，タイとマレーシアにおける AICO の申請を行った．すなわち，タイから洗濯機，扇風機，

---

20) 1999 年 10 月 9 日，ソニーの東京本社にてインタビュー．また，10 月 14 日には JETRO バンコク・センターにて，ソニー関係者にインタビュー．
21) 1999 年 10 月 19 日，三菱電機の東京本社にてインタビュー．
22) 申請年月については，JETRO バンコク・センターによる．
23) 1999 年 10 月 9 日，日立製作所本社にてインタビュー．

カラーテレビをマレーシアに輸出し，マレーシアからタイに VTR を輸出する計画で，現地ディーラーと日立の販社が申請をした．その後，1999 年 10 月時点では，タイ，マレーシア政府から何の反応もない．この申請が可能になったのは，1999 年 2 月に産業協力に関する ASEAN ワーキング・グループがジャカルタで会合し，同一ブランドについての完成品の相互供給が AICO スキームに含まれたためである．

国際的な分業体制としては，マレーシアでエアコンのコンプレッサーを製造し，それをタイに輸出してエアコンの完成品を製造している．しかし，これらは CEPT の対象となっているために，AICO の申請は行っていない．

東芝[24]　1999 年 9 月にタイの冷蔵庫とシンガポールの大型テレビの完成品をバーターする形での申請を行った．これは 1998 年 12 月のハノイ会議で 1999 年・2000 年中の申請について，30% のローカル資本出資比率が申請の要件ではなくなったこと，また，1999 年 2 月から完成品について AICO 適用が認められるようになったことを受けたものである．1999 年 10 月現在で認可を受けておらず，CEPT への移行が進めばその対象となる．

そのほかには，タイの冷蔵庫，シンガポールのテレビ，インドネシアのブラウン管といった生産品目間で AICO の適用を検討したが，貿易バランスの点でタイの入超になるために断念した．これらは CEPT の対象品目となる予定である．また，マレーシアの半導体とシンガポールのテレビについても検討したが，東芝子会社の出資比率などの点で断念している．

シャープ[25]　1997 年にシンガポールの販売子会社が中心となって申請を行ったが，その後進捗がない．タイとマレーシアにおいての相互補完であった．シャープの子会社は，ほとんどが輸出拠点であり，その際部品輸入関税が免除されるため AICO 申請の緊急性は低かった．タイには国内向けカラーテレビの生産を行う生産拠点もあるが，輸出するための「体力」をつけている．

NEC[26]　AICO への申請は行っていない．その理由は，2 つある．まず

---

24) 1999 年 10 月 14 日，東芝本社にてインタビュー．
25) 1999 年 10 月 21 日，シャープ東京本社にてインタビュー．
26) 1999 年 10 月 21 日，NEC 本社にてインタビュー．

第1に，出資比率の点でローカル資本が30％になっている現地子会社がないことが挙げられる．NECのASEAN諸国における生産子会社は現地政府の規制に対応したものである．すなわち，NECの投資目的は，通信システムの敷設・設置であるが，競争入札によって事業を落札すると，それに伴って現地子会社設立を義務づけられる．落札した時点でその地域における通信システムの敷設権を独占的に確保することになる．敷設後のメンテナンスも経営課題となる．すなわち，複数のASEAN諸国で部品取引をすることはなく，純粋に各国の国内市場向けの投資が行われている．第2に，それらの生産子会社は日本を主要な部品調達先としている．したがって，ASEAN域内での相互補完体制を構築できない．部品の現地調達比率が概して低いために，CEPTに期待することもできない．

生産拠点の集約化

「カナダ症候群」はあるか

本章の調査対象である日系多国籍企業についてみると，1990年代後半に生産拠点の整理統合，あるいは，製造品目の「棲み分け」を行ってきた企業がある．しかし，この生産拠点の整理統合や集約化がAFTAの形成にのみ対応したものである，と結論づけることはむずかしい．AFTAの構想発表から実現に至る過程が長期にわたり，その間，生産における規模の経済性を求める企業行動は，AFTA政策とは独立して追求されてきた側面もある[27]．また以下にみるように，中国での生産がASEANに分散した投資を集約化させる方向に働いたことも重要であろう．

AFTAの構想は1992年1月の第4回ASEAN首脳会議によって合意されており，当初2008年までに域内の工業製品と農産物加工品の関税を0～5％に切り下げるというものであった．1992年の段階で15年先の関税引き下げのために生産拠点を集約した企業は少なかったとみるべきかもしれない．その後，1994年第6回経済閣僚会議では実施時期を5年短縮して2003年と

---

27) 三洋電機と豊田通商が三洋工業マレーシアの持ち株をペラ州の家電部品メーカー，タイピン・スーパー・コーポレーションに約30億円で売却したケースが，AFTAに対応して生産拠点を集約化した事例として報道されている（『日本経済新聞』1996年8月13日朝刊）．

すること，また，未加工農産物も対象とすることが決定された．そして，本章の冒頭で述べたように，1998年12月第6回首脳会議において，さらに1年短縮して2002年の実施が決められたほか，対象品目のうちの85％については2000年1月から関税の引き下げが行われた．生産拠点の集約化という論点について言えば，AFTA構想が実現しようとしまいと，多国籍企業が追求した戦略であったかもしれない．CEPTの前倒し実施に至る極めて長期についての企業行動を，AFTA対応という側面のみで説明することは困難である．こうした前置きをここで記すのは，以下に紹介する日系子会社の事例を調査した結果にもとづいている．

すべての調査対象企業から明確な回答ないし資料の提示を得たわけではないが，以下にその動向を摘記する．松下，日立，ソニー，三菱の動向である．

松下電器　筆者の現地調査による[28]と，松下が上記の第5-1表における②と④との間で固有の対応をしている．すなわち，松下は1960年代後半から1970年代にかけて，ASEAN諸国が高率の関税で国内市場を保護していた時期に，各国国内市場向け製造販売を目的として，「ミニ松下」と呼ばれる製造拠点を設立してきた．それは，インドネシアのナショナル・ゴーベルを典型とする現地との合弁事業であった．その結果として，フィリピン，タイ，インドネシアに，それぞれ多品種の家電製品を製造する拠点がある．

1980年代以降になると，ASEANを製造拠点として世界に向けて輸出を行う松下の子会社が設立された．マレーシアのエアコン，シンガポールの音響機器などがその代表である．1990年代になりAFTAが構想され，1997年のアジア通貨危機が起こるなかで，一部の「ミニ松下」は日本の事業部直轄の子会社として再編された．タイがその事例である．したがって，タイ国内のみでなく，中近東，南アフリカをはじめとして，ASEAN域内への輸出も行われている．また，掃除機生産を行うマレーシアのように，ミニ松下としての所有形態を残しながらも，輸出拠点として生産を増加している例もある．輸出拠点への脱皮をはかれない製造拠点は，国内市場における輸入価

---

28) 松下の東南アジア家電製品子会社へのインタビュー調査は，2000年9月5日マレーシア，同年9月7日タイ，同年9月12日マレーシア，同年9月14日インドネシアで行った．本章脚注19)を参照されたい．

格競争に直面することになるのかもしれない.

松下は1995年にフィリピンでの電子部品生産を中止,96年にはタイでのエアコン生産を中止,97年には台湾でのエア・コンプレッサーの内製を中止した.フィリピンでの電子部品生産については,マレーシアと中国の部品会社からの供給に切り替えたほか,タイ・台湾についてもマレーシアからの供給に切り替えている.これは,AFTAを控えた「生産品目の選択と集中」であると位置づけられている[29].

松下電器産業のマレーシア子会社であり,エアコンの製造,設計・開発を行っているマツシタ・エアコンディショニング・コーポレーションズ (Matsushita Air Conditioning Corporations Sdn. Bhd. (MAICO))でのインタビュー調査によると[30],同社は,部品の完成品を生産するMCM (1987年操業開始),エアコンの生産を行うMAICO (1990年設立),エアコン完成品の設計・開発・研究を行うMACRAD (1991年設立),室内と室外のスプリット型エアコンを生産するMACC (1993年設立),滋賀県草津の研究開発拠点と福井県竹郡のモーター製造を行う家電電装事業部の研究開発拠点から移転したMACOMRAD (1997年設立)と順次拡張しており,この5社は同一地点に立地している.この5つの生産拠点から世界120ヵ国以上に輸出をし,アメリカ,中国,ヨーロッパが主要な輸出市場である.

日立製作所　日立ではASEAN各国に多数の生産子会社があるが,たとえばカラーテレビの生産拠点は,インドネシアとタイで小型,シンガポールで大型,マレーシアで日本向けビデオ内蔵型テレビおよびアジア向けプロジェクション・テレビの生産を行っている.また,台湾と中国でもカラーテレビの生産を行っており,生産の棲み分けを行っている.今後,これらの生産

---

29)　国際貿易投資研究所・公正貿易センター [1999] 108ページ参照.松下電器産業国際事業関係者の筆になる記述である.
30)　1998年11月5日訪問.詳細は,洞口 [1999a] を参照されたい.1998年の従業員数は,正規従業員7,328名であり,その他パートタイマーもいた.1994年には累積生産台数1,000万台を突破した.生産工程には,プレス,プラスチックの射出成型,熱交換機の製造,PCBおよびリモート・コントローラーの製造がある.滋賀県草津とはリアルタイム・オンラインによって結ばれたCADを用いて設計・開発を行っている.現地部品調達の状況としては,日系が59社,ローカル企業が51社となっている.ほとんどの会社がシャーアラム,ラワンに集中しており,ペナン,イポ,ジョホールにはない.ローカル企業は,断熱材,印刷物,電源コードなどの技術水準の低い企業が多い,という.法人格を持たない社内部門であるMACTECでは金型生産を行っている.

拠点を集約化するという話がでるかもしれないが，1999年時点での動きはなかった．タイのエアコン生産はマレーシアに移管し，シンガポールの掃除機生産はタイに移管するという予定である[31]．

日立製作所のマレーシア子会社，ヒタチ・エア・コンディショニング・プロダクツ (Hitachi Air Conditioning Products (M) Sdn., Bhd (HAPM))[32] は1989年に設立され1990年11月2日に操業された．主たる市場は，香港，ヨーロッパ，オーストラリアであり，マレーシア国内向けは10%程度である．そのシェアはアジア向け24〜25%，ヨーロッパ向け15%，中東向け4%となっている．エアコンの需要は，ピーク時の8分の1にまで落ち込んでいた．エアコン製造のHAPM，テレビ部品製造のHEPM，テレビ製造のHCPMが近接して立地している[33]．

HAPMはマレーシア国内で部品の約7割を調達できる．多くは，日系部品メーカーからの調達である．日系100%の会社は74社，日本企業との合弁企業が54社，純粋にローカル企業と考えられるのは8社である．バンギ，シャーアラム，ペナンでは10社以上の部品調達先があるが，ジョホールには調達している企業はない．なお，日本の栃木工場では1998年9月に鋳物生産を廃止したため，マラッカにある Matsushita Foundry Industry (MFI) より鋳物を購入している．樹脂用金型のメンテナンスは，日系企業で行う．

---

31) 1999年10月9日，日本本社での訪問調査による．
32) 1998年11月4日，マレーシアでの訪問調査による．設立当初の資本金は6,831万6,000リンギ，当時の為替レート1リンギ＝35円換算で約24億円であった．エアコンの製造を行っているが，ルームエアコンについては1シフトで年間45万台体制，ロータリー式コンプレッサーは，3シフトないし2シフトであり，年間65万台，スクロール式コンプレッサーは10万台である．総従業員数1,024名中，マレー系92%，中国系3.6%，インド系3.3%であり，うち日本人従業員は13名，1.3%である．平均年齢は25.7歳であり，女子従業員の比率は23%である．1996年3月・1,725名，1997年3月・1,428名，1998年3月・1,100名と従業員数は減少しており，中国向け生産をシフトしたことと，景気変動の影響が大きい．新規採用はストップしており，1シフトで生産している．室内エアコンの生産実績では，1996年36万1,000台，売上高4億5,000万円，1997年26万5,000台，3億2,000万円，1998年23万1,000台，3億4,600万円（予想）となっている．日本への派遣実習は過去14回行っており，合計520人が日本に派遣された．
33) HAPMの一つのラインでは，18名のエアコン従業員のうち，6名がHFPM（テレビ部品）ないしHCPM（テレビ製造）に応援に行っていた．なお，18名中1名は年次有給休暇の取得中であった．また，別のラインでは，総数32名のうち9名がテレビ部品ないしテレビ製造に応援中であり，他の10名がエアコン工場内の他の部署への応援，また，産休を取得している者が1名であった．

HAPMの生産するコンプレッサーの販売先は台湾，中国が主であり，そこで活動する日系メーカーも顧客である．また，イタリアで生産する日系メーカーのOEMも行っている．1996年には40万台，1997年には33万台を生産した．冷蔵庫用レシプロ式のコンプレッサーはタイで製造している．エアコン用スクロール式コンプレッサーは日本の清水工場で製造しているが，清水工場ではすでにロータリー型の製造はしていない．栃木工場では，エアコン用ロータリー式コンプレッサーと，小さなタイプのスクロール式コンプレッサーを製造している．

　日立の製造子会社に関する運営上の特徴は，世界市場向けの輸出製造拠点として長期にわたって操業されてきたことにある．輸出・輸入のバランスを考える必要性はなく，また，現地企業および日系企業からの部品調達比率も高い．マレーシアにおいてはシャーアラム，バンギ，ペナンなどに産業集積の形成が見られる．これらの特徴は松下と一致する．

　ソニー　　ソニーは，国際的な生産拠点の見直しを行っており，特にAFTAを意識していない．AFTAに先行して工場の再編成を行っている．具体的には，1999年2月から3月にかけてマレーシア・ペナンの3工場を一つの会社組織にしている．人員削減を目的としたものではない．また，クアラルンプールではテレビとビデオを一つの工場で生産し，東南アジアの他の工場のマザー工場として設計者も送り込んでいる．インドネシアのテレビ工場は閉鎖し，国内マーケット中心のオーディオ工場に人を移した．シンガポールでは地域統轄本部（regional headquarters）の資格を返上している．税制上の恩典が得られなくなったためである．なお，タイには①テレビ，オーディオ工場，②カー・オーディオ（デッキ），③半導体の後工程，④ビデオ・テープの各工場があるが，今後，再編が課題となるかもしれない[34]．

　三菱電機　　三菱電機としては，タイにある3つの生産子会社の株式保有比率を変更する可能性がある．パートナーの保有している持ち株を三菱電機が引き受ける可能性もあるが，同時に，三菱電機の保有している持ち株を売却する可能性もある．これは，AFTAへの対応ではなく，むしろ日本の三菱電機本社にとってのリストラの一貫である．1999年10月8日付けに発表

---

34)　1999年10月9日，日本のソニー担当者への訪問調査による．

された方針によれば，三菱電機は売り上げ高約4兆円であるが，有利子負債を1兆4,000億円に減らすという目標が掲げられている．したがって，今後，新規投資はより一層困難となっていくであろう[35]．

4. 政策の有効性

AICO と CEPT

AICO スキームは，利用する企業の数が少ないこと，輸出国と輸入国との利害対立のために申請から認可までの時間が長いこと，などの理由によって，少なくとも電機・電子産業においては AFTA を象徴する政治的宣伝効果の役割を抜け出ていないように思われる．AICO の申請件数は2000年9月時点において，過去累計89件にすぎず，そのうち実効性を持つものはさらに少ないと考えられる．AICO には政治的なアドバルーンとしての役割はあろうが，貿易創出効果を高める経済政策であるとは言い難い．AICO の申請・認可を受けても，2000年1月から多数の製品について CEPT の適用が可能になるためである．

AFTA の諸政策のなかでは，CEPT スキームによる域内関税の引き下げが最も政策的効果の大きなものであると考えられる．しかし，CEPT スキームにも疑問はある．たとえば，ある製品について AFTA 域内関税が0％に引き下げられるなかで，域外からの輸入品には30％の関税率が維持されたとしよう．しかし，同時に，たとえば域外国の一つである中国からの輸入品が，30％の関税を支払ってもなお価格競争力を維持しているとしたら，域内関税の引き下げにはどのような意味があるだろうか．これは EU の市場統合に際して，日本や東南アジアからの輸出が果たした役割と同じ構図である．経済統合をしてもなお，域内産業を守ることはできず，多国籍企業は国際的な生産拠点の集約化をするかもしれない．

また，CEPT の対象となる産業において，すでに多国籍企業が過剰ともいえる投資を ASEAN 各国に行っており，現地国内市場向けの供給体制を

---

35) 1999年10月19日，三菱電機の日本本社への訪問調査による．

整えていたとみることもできる．その場合，域内・域外の差別的取り扱いには意味があるといえるだろうか．域外からの輸入に対して高率の関税を賦課するとしても，域内に過剰供給圧力が存在する可能性がある．ASEAN コンテンツ 40% を満たすことがなくても，外国向け輸出製品を製造する企業に対しては部品輸入段階での関税が免除される．したがって，CEPT は輸出支援策として機能するとは言えない．電機産業における日系多国籍企業の子会社は基本的に輸出志向であり，かつ輸出仕向け地として ASEAN 域内市場の占める比重は高くない．

　本章の調査は次の点を明らかにした．すなわち，日系多国籍企業は AFTA の形成を契機として，国際分業戦略に大きな変更を加えていない．AFTA は日系多国籍企業の国際分業体制に大きなインパクトを与えていない．

地域連携と WTO 体制——パレート優越的な貿易体制の構築

　地域連携と世界貿易機関（WTO）との関係をいかに理解するべきか．たとえば CEPT における 40% のローカル・コンテンツ規制は，WTO における貿易関連投資措置（TRIM）に違反するという指摘がある．以下では，AFTA に関する調査をもとに，世界貿易体制と地域連携について若干の含意を議論したい．

　1999 年 11 月には中国が世界貿易機関（WTO）に加盟することを決定した[36]が，1999 年 12 月 3 日アメリカ・シアトルで開かれた WTO 閣僚会議は，なんらの合意を見いだすことなく閉幕した[37]．また，同年 12 月 7 日には，日本政府がシンガポールとの自由貿易協定締結に向けての検討を開始したと報道された．これは，すでに公表されている日本と韓国，日本とメキシコとの間の自由貿易協定締結に向けての構想と軌を一にする[38]．

　日本は，GATT から WTO に至る過程において関税引き下げの恩恵に浴してきた国であるとみなされるが，そうしたなかで 2 国間の自由貿易協定と

---

36) 『日本経済新聞』1999 年 11 月 16 日朝刊．
37) 『日本経済新聞』1999 年 12 月 5 日朝刊．
38) 『読売新聞』1999 年 12 月 8 日朝刊．

いった地域連携に踏み出すことは，政策的に容認されるであろうか．本章では，この問題に十分な議論を展開する余裕はないが，以下の3点についての政策理念を提示できるように思われる．

第1に，「パレート優越的な貿易体制」(Pareto superior trade regime)が構築される限りにおいて，地域連携は各国政府から容認されうると考えるべきであろう．

パレート優越的（Pareto supeior）とは，2つの資源配分方式 τ と σ があったときに，τ が σ よりもパレート改善（Pareto improvement）されているときに，資源配分 τ は σ よりもパレート優越的である，という．周知のごとく，他者の経済状態を悪化させずに，一個人の経済状態が改善されることをパレート改善というが，本章の文脈に即して言えば，WTO加盟国の経済的利益を損なわずに，地域連携参加国の経済的利益を確保できるならば，その地域連携を内包するWTO体制はパレート優越的である．域内関税の引き下げを行いつつ，域外関税を引き上げないことは，パレート優越的な貿易体制の例であろう．その意味でAFTAの諸政策は貿易に関してはパレート優越的である．しかし，ローカル・コンテンツや現地資本出資比率規制を伴う点で，AFTA域内で活動する多国籍企業にとっては，差別的であると見ることもできる．

享楽的国際化の仮説

第2には，しかし，パレート改善の程度が著しく小さなパレート優越的貿易体制が，膨大な税金の無駄使いのうえに成立する可能性に注意するべきである．

地域連携の成立の前段階には，①単発的な国際会議，②恒常的な予算措置のある国際会議（フォーラム），③外国に対する政策的な拘束力を持たない首脳会議・蔵相会議，といったステップがあるように思われる．学者，官僚，政治家によるこうした「国際会議」が税金の支出を受けて頻繁に行われていながら，みるべき政策的成果を生み出さないことを，洞口［2001b］は「享楽的国際化」と呼んだ[39]．国際会議の開催自体が自己目的化された場合，そ

---

39) 日本の外務省における機密費流用事件の容疑者は，各国との首脳会談，APEC会合，

れが地域連携といった形で制度化されても，やはり政策効果は薄いであろう．たとえば AICO スキームは，そうした例の一つであるかもしれない．ただし，政策効果を経済学的に評価しようとすれば，自動車メーカーの関税節約効果が国内自動車価格低下・輸出競争力上昇に与えた影響と，AICO スキーム成立と維持のために費やされてきた政治家・官僚・企業担当者による行政手続きの費用・人件費・会議費・出張旅費などを比較考量する必要が生まれる．さらに，もしも自動車メーカーの関税節約効果が，国内自動車販売価格に反映されていないとすれば，AICO スキームによる国内消費者余剰の増加はなく，生産者余剰が増加しただけの経済政策であるといえるかもしれない．

すでに洞口［2001b］が論じたように，「享楽的国際化」が地域連携に内在するとすれば，国内産業の調整を避けて名目的に「協定」が増殖していくことが予想される．ここでいう名目的とは，たとえばシンガポールと日本との自由貿易協定にみられるように，すでに自由競争の状態にある分野の「自由化」をことさら強調したり，例外的産業分野を残した「自由貿易」協定であったり，あるいは，為替レート変動によって輸入関税による国内市場保護の役割がなくなっている市場や，本来的に民間企業が自由に活動してきた市場を「協定」の対象にする，といった政策のことに他ならない．

政策反応関数

第3に，2国間自由貿易協定が各国に模倣されていく可能性があることは重要である．洞口［2001b］は，世界各国が他の国を模倣しながら自国の貿易政策を決定していくことを「政策反応関数」と呼んだ．すなわち，単独の地域間協定をとりあげればパレート優越的でありながらも，それらが WTO の内部に多数並存し，WTO の運営を困難にするという「合成の誤謬」が発生する可能性が現実化しつつある．たとえば，日本とシンガポールとの地域間協定の成立を目撃したアメリカが中南米との自由貿易圏を構築し，それら異なるグループの意見対立が先鋭化することによって WTO での貿易交渉が困難になる可能性もある．

ASEM 首脳会合，ASEAN 会合に随行し，約5億6,000万円の公金を流用したと報道されている（『読売新聞』2001年1月26日朝刊）．

ある特定2国間の自由貿易協定は，同じ政策の採用による自国利益の防衛という，他の諸国での「政策反応」を呼び起こす可能性がある．そして，多数の2国間自由貿易協定が，多数国間の自由貿易協定に変化すると確言することはできない．むしろ，その逆に多数国間での自由貿易協定を目指すという理念そのものを侵食して，GATT＝WTO体制を20世紀に固有な過去の経済制度として葬ってしまう危険性すら否定できない．

付表 5-1　タイ工業省によ

件数	会　社　名
1	サンデン・インターナショナル (S) Pte. Ltd. カヤマ・エンジニアリング Co., Ltd.
2	マツシタ・エレクトリック・フィリピン Co. (MEPCO) マツシタ・セイコー Co., Ltd. (THAMS)
3	マツシタ・エレクトリック (M) Bhd. (MELCO) マツシタ・セイコー Co., Ltd. (THAMS)
4	デンソー (T) Co., Ltd. P.T. デンソー Ind. Co.
5	デンソー (T) Co., Ltd. デンソー (M) Co., Ltd. および ニッポン・ワイパー・ブレード (M) Sdn. Bhd.
6	デンソー (T) Co., Ltd. フィリピン・オート・コンポーネンツ Inc.
7	トヨタ・モーター・タイランド Co., Ltd. トヨタ・モーター・フィリピンズ Co., Ltd.
8	トヨタ・モーター・タイランド Co., Ltd. アッセンブリー・サービス Sdn. Bhd. (TOYOTA)
9	ホンダ・カーズ・マニュファクチャリング ホンダ・カーズ・フィリピンズ Inc.
10	ホンダ・カーズ・マニュファクチャリング オリエンタル・アッセンブラーズ Sdn. Bhd.
11	ホンダ・カーズ・マニュファクチャリング PT. プロスペクト・モーター (HONDA)
12	タイ・スィーディッシュ・アッセンブリー Co., Ltd. (ボルボ) スィーデッシュ・モーター・アッセンブリーズ Sdn. Bhd.
13	ソニー・シアム・インダストリーズ Co., Ltd. エレバン・プレシジョン・エンジニアリング ソニー・ディスプレー・デバイシズ (S) Pte. Ltd.
14	タイ・スティール・ケーブル (TSK) Co. Ltd. アームストロング・サイクル・パーツ Sdn. Bhd
15	イスズ・モーターズ (タイ) Co., Ltd. イスズ・フィリピンズ・コーポレーション
16	タイ・スィーディッシュ・アッセンブリー Co., Ltd. (ボルボ) スィーデッシュ・モーター・アッセンブリーズ Sdn. Bhd.
17	ヤンマー SP. Co., Ltd. PT. ヤンマー・インドネシア
18	トヨタ・モーター・タイランド Co., Ltd. トヨタ・モーター・フィリピンズ Co., Ltd.
19	トヨタ・モーター・タイランド Co., Ltd. アッセンブリー・サービス Sdn. Bhd. (TOYOTA)
20	トヨタ・モーター・タイランド Co., Ltd. PT. トヨタ・アストラ・モーター

るAICO申請・認可リスト

国　名	申請日	共通受理日	決定日	月数	備　考
シンガポール	1997.5.26	1997.5.26	1997.6.24	1	
タイ	1997.4.3	1997.5.26	1998.7.28	12	
フィリピン	1998.7.22	1998.7.22	1998.9.4	2	
タイ	1997.11.2	1998.7.22	1999.1.22	14	
マレーシア	1997.11.29	1998.7.22	1999.1.22	14	2件中2件
タイ	1997.11.2	1998.7.22	1999.1.22	14	
タイ	1998.7.10	1998.7.10	1998.11.17	4	3件中1件
インドネシア			1998.7.17	—	
タイ	1998.7.10	1998.7.10	1999.2.15	7	3件中2件
マレーシア	1998.7.1	1998.7.10	1999.2.15	7	
		エアコン	1998.12.10	5	
タイ	1998.5.22	1998.5.22	1998.5.22	0	3件中3件
フィリピン	1998.5.28	1998.5.28	1998.6.18	1	
タイ	1998.2.9	1998.2.9	1998.5.15	3	第一次申請
フィリピン	1997.8.13	1998.2.9	1998.5.14	5	8件中1件
タイ	1998.2.9	1998.2.9	1998.5.15	3	第一次申請
マレーシア	1998.1.14	1998.2.9	1998.3.3	1	8件中2件
タイ	1997.9.12	1997.9.12	1998.6.4	9	3件中1件
フィリピン	1997.7.11	1997.9.12	1998.6.11	11	
タイ	1997.9.12	1998.1.14	1998.6.4	9	3件中2件
マレーシア	1998.1.14	1998.1.14	1998.3.3	3	
タイ	1997.9.12	1997.9.18	1998.1.18	4	3件中3件
インドネシア	1997.9.18	1997.9.18	1997.10.27	1	
タイ	1997.9.17	1997.9.17	1998.1.13	4	第一次申請
マレーシア	1997.8.27	1997.9.17	1997.10.27	2	3件中1件
		再発行	1999.6.18		
タイ	1998.6.13	1998.7.17	1998.8.6	2	
シンガポール	1998.7.17	1998.7.17	1998.9.8	2	
タイ	1998.2.17	1998.2.17	1998.3.22	1	
マレーシア	1998.2.11	1998.2.17	1998.3.3	1	
タイ	1998.4.17	1998.8.4	1998.7.30	3	2件中1件
フィリピン	1998.8.4	1998.8.4	1998.11.24	3	
タイ	1998.3.11	1998.3.16	1998.5.19	2	第二次申請
マレーシア	1998.3.16	1998.3.16	1998.4.10	1	3件中2件
タイ	1998.1.26	1998.1.26	1999.2.15	13	
インドネシア	1997.12.8	1998.1.26	1998.9.18	10	
タイ	1998.10.20	1998.10.29	1999.3.8	5	第二次申請
フィリピン	1998.10.29	1998.10.29			8件中3件
タイ	1998.10.20	1998.10.29	1999.3.8	5	第二次申請
マレーシア	1998.10.29	1998.10.29	1998.12.10	2	8件中4件
タイ	1998.10.29		1999.3.8	5	第二次申請
インドネシア					8件中5件

件数	会社名
21	シャム・ニッサン・オートモービル Co., Ltd. PT. イスラミック・ニッサン・マニュファクチャリング
22	シャム・ニッサン・オートモービル Co., Ltd. タン・チョン・モーター・アッセンブリーズ Sdn. Bhd. (Nissan)
23	シャム・ニッサン・オートモービル Co., Ltd. ニッサン・モーター・フィリピンズ Inc.
24	ミツビシ・モーター・コーポレーション・シティポン Co., Ltd. ミツビシ・モーター・フィリピン Co., Ltd.
25	ミツビシ・エレクトリック・タイ・オートパーツ Co., Ltd. PT. リッポ・メルコ・オートパーツ（LMA）
26	ミツビシ・エレクトリック・タイ・オートパーツ Co., Ltd. ラグナ・オートパーツ・マニュファクチャリング Co., Ltd. (LA)
27	タイ・スィーディッシュ・アッセンブリー Co., Ltd.（ボルボ） スィーディッシュ・モーター・アッセンブリーズ Sdn. Bhd.
28	オート・アライアンス・タイランド フォード・モーター・カンパニー・フィリピン Inc.
29	シャム・カヤバ Co., Ltd. カヤバ・マレーシア・Sdn. Bhd.
30	ネスレ・フーズ（タイランド）Ltd. ゴーヤ・インコーポレーション
31	イスズ・モーターズ・タイ Co., Ltd. および イスズ・エンジン・マニュファクチャリング Co., Ltd. PT パンジャ・モーターおよび PT メシン・イスズ・インドネシアおよび PT トリ・ダーマ・ウィセア
32	オート・アライアンス・タイランド AMIM ホールディング Sdn. Bhd.
33	サミット・ショーワ・マニュファクチャリング Co., Ltd. PT ショーワ・インドネシア・ミニュファクチャリング Co., Ltd.
34	トヨタ・モーター・タイランド Co., Ltd. および シャム・トヨタ・マニュファクチャリング Co., Ltd. PT トヨタ・アストラ・モーター
35	トヨタ・モーター・タイランド Co., Ltd. アッセンブリー・サービス Sdn. Bhd.（トヨタ）
36	トヨタ・モーター・タイランド Co., Ltd. および シャム・トヨタ・マニュファクチャリング Co., Ltd. トヨタ・モーター・フィリピン

（注）　空白は，リストに未掲載．月数は筆者の注記による．
（出所）　JETRO バンコク・センターより資料提供を受け筆者和訳．

国　名	申請日	共通受理日	決定日	月数	備　考
タイ インドネシア	1998.11.23		1999.3.8	4	3件中1件
タイ マレーシア	1998.11.23		1999.3.8 1999.6.10	4 —	3件中2件
タイ フィリピン	1998.11.23	1999.5.21 1999.5.21	1999.3.8	4	3件中3件
タイ フィリピン	1999.4.2 1999.1.7		1999.6.25	2	
タイ インドネシア	1999.4.2		1999.6.25		2件中1件
タイ フィリピン	1999.2.19		1999.6.25	4	2件中2件
タイ マレーシア	1999.3.15		1999.4.5 1999.4.20	1	第三次申請
	マレーシアがタイからの部品輸入を却下				
タイ フィリピン	1999.5.15		1999.6.25	3	
	タイは部分的に部品輸入を認可				
タイ マレーシア			1999.4.5		
	マレーシアがタイからの部品輸入を一部却下				
タイ フィリピン	1999.5.13 1999.2.5		1999.6.25 1999.5.13	1 3	
タイ	1999.4.30		1999.6.25	2	2件中2件
インドネシア タイ マレーシア	1999.5.25				
タイ インドネシア	1999.6.1		1999.6.25		
タイ	1999.7.23				8件中6件
インドネシア タイ マレーシア	1999.7.23				8件中7件
タイ フィリピン	1999.7.23			平均 月数 4.56	8件中8件 第三次申請

第 IV 部

スピルオーバー

# 第6章　マレーシアのローカル電機メーカーにおける工場管理
──加工組立型産業における作業組織の観察──

1. マレーシアの家電メーカー

12日間の調査

　企業が起動したグローバリゼーションの「作用」が，日本国内の空洞化や，直接投資受入国の地域主義という「反作用」として現れる．さらに，日本企業にとっては直接的な関与のないところで，日本企業の影響が吸収されていくフェーズもあるかもしれない．それは，日本企業の競争優位を所与としたときに，アジア諸国からのキャッチ・アップ過程として認識される[1]．直接投資による技術移転は，そのキャッチ・アップの経路として知られているが，日本企業と資本や技術の提携といった関連を持たないローカル企業の経営管理にも，日本企業によるグローバル化の影響が刻印されているかもしれない．日本企業の国際化が引き起こすグローバリズムの諸相を相対的に理解するためには，ローカル企業の生産管理方式を観察する必要がある．

　本章では，マレーシアのローカル企業の事例を紹介する．日本企業との資本関係を有しない海外のローカル企業（100％現地資本）が，どの程度，日本企業の生産管理方式の影響を受けているのか．できるだけ純粋なアジアのローカルメーカーを観察することによって，発見できる事実は何か．また，それが国際的な生産管理方式のスピルオーバーを検討する機会につながるか．筆者は，こうした問題意識を多年にわたって抱き続けていたが，調査を受け入れてくれる企業を探すのは困難であった．偶然にも，観察を許されたのは

---

[1] 近年の工業化論については，絵所 [1991], 末廣 [2000] を参照されたい．

マレーシアの華僑系ローカルメーカーであり，観察作業を通じて，その意味を考えることになった[2]。

この会社を以下では「K工業」と呼ぶ。二人の華僑系マレーシア人兄弟によって経営されているK工業は，クアラルンプールから車で2時間ほど北に離れた場所に立地している。立地している町の人口は2万人であり，産業集積の効果はほとんどない。クアラルンプールからこの町に向かう途中の大半は，椰子の林であった。K工業の隣接地には陶器メーカーと魚の加工メーカーがあるのみで，町の郊外には米作の耕作田が広がっていた。すなわち，地理的には，シャーアラムなどに集中して立地している日本企業の影響を受けることが少ないのである[3]。

K工業の主たる製造品目は，扇風機，炊飯器など小物の家庭電化製品と自動車用アクセサリー部品，また，別会社では電気ケーブルを製造している。オーストラリア，イギリス，オランダ，イタリア，スウェーデン，中近東諸国，ミャンマーなどへの輸出実績があり，先進国向け15％程度，開発途上国向け85％程度の比率である。

K工業に対する調査日程は12日間であり，1999年7月19日から7月30日にかけてであった[4]。調査日程と内容は，第6-1表にまとめた。家庭電器組立部門は，調査の主目的であったために毎日なんらかの観察や作業者へのインタビューを行ったが，煩雑さを避けるために表からは省いている。調査日程については，初日の工場見学を終了した時点で決定した。日本国内から

---

2) 相手方マレーシア企業のマーケティング担当者が，日本貿易振興会（JETRO）開催による国際会議に出席していたことが筆者との出会いの契機となった。AFTAの形成には脅威を感じており，同業他社の動向を探るためタイへの調査旅行を企画している，という。

3) マレーシアにおける電機電子産業については，日本労働協会編 [1981]，日本労働研究機構編 [1991]，カンパネリ [1998]，マレーシア日本人商工会議所 [1998]，野田 [2000]，洞口 [2001a] を参照されたい。

4) 本書第1章第4節にサーベイしたとおり，企業経営の研究におけるフィールド調査が，多くの場合，半日程度の工場見学とインタビューにもとづいたものであり，実態観察による事実の把握は弱かったと想像される。企業経営の調査研究手法についての批判的サーベイについては塩次 [1996]，洞口 [2001c] を参照されたい。塩次 [1996] によれば，日本経営学会の学会誌『経営学論集』1984年から93年までの10年間に掲載された諸論文のうち，「直接・参与観察」は1本，「聞き取り調査」6本にすぎず，最も多かった分類は「文献研究」36本であった。なお，念のために述べておけば，調査目的に依存して調査方法が異なることは自明である。問題は，生産管理のあり方，生産システムの特徴など，本来，観察した結果を記述すべき調査目的をもつ研究においても，インタビュー調査が主であり，現場作業の観察が従であったという研究方法上の限界が存在した，という事実である。本書第1章脚注37）をも参照されたい。

第6章　マレーシアのローカル電機メーカーにおける工場管理　　　197

第6-1表　マレーシア，K工業における2週間の調査日程

(1999年7月)

日　程	調　査　内　容
7月19日 (月)	午前11：00，ホテルより移動．午後1時15分，K社到着． 工場ツアー（〜3：45）．お茶．副社長によるブリーフィング（5：15〜7：00）． (宿舎帰宅後，洞口が調査日程を設定．)
7月20日 (火)	午前8：00〜午後6：00，調査日程を生産技術部長に提出後，家庭電器組立部門の説明と観察． 午前11：00，家電部門ライン，作業速度計測，第一回目．
7月21日 (水)	午前8：00〜午後6：00，家庭電器組立部門，トランジット・エリア，倉庫の観察とインタビュー． 午後1：50，家電部門ライン，作業速度計測，第二回目．
7月22日 (木)	午前8：00〜午後6：00，電気アクセサリー組立部門での説明と観察． 午前11：00，電気アクセサリー部門ラインスピード計測，第一回目． 午後1：30，原材料管理部門ヒヤリング． 午後5：00，電気アクセサリー部門ラインスピード計測，第二回目．
7月23日 (金)	午後1：30〜午前0：00，プラスチック射出成形部門観察． 午後2：30〜4：00，射出成形部門エンジニアからMOQのヒヤリング． 午後4：00〜6：20，16台の成形機の説明．午後6：30〜9：00，夕食． 午後9：00〜12：00，プラスチック射出成形部門観察．
7月24日 (土)	午前0：00〜午前8：30，プラスチック射出成形部門観察（深夜勤）． 金型交換と色・材質調整にかかる時間を計測．
7月25日 (日)	午前11：20〜午後2：30，アメリカ系マレーシア法人，社外コンサルタントによる研修を聴講．研修は，午前8：30〜午後4：00頃まで． アシスタント・マネージャー・クラス以上が参加．使用言語，英語．
7月26日 (月)	午前8：00〜午後6：00，ケーブル製造部門でのインタビューと観察． 午前11：30，ケーブル製造部門作業速度計測，第一回目．
7月27日 (火)	午前7：55〜午後6：00，金型メンテナンス部門，インタビューと観察． 家庭電器製造部門，ケーブル製造部門を断続的に観察．
7月28日 (水)	午前7：30〜午後6：00，品質管理部門，製造計画部門，労務管理部門，電気アクセサリー部門，にて，インタビュー．家庭電器組立，倉庫などでワーカーにキャリアのインタビュー．
7月29日 (木)	午前7：30〜午後6：00，マーケティング部門，発送部門，会計・財務，研究開発部門にてインタビュー．家庭電器組立でワーカーにキャリアのインタビュー．ケーブル製造部門で，改善活動についてインタビュー．
7月30日 (金)	午前9：00〜午前11：00，調査結果報告のためのミーティング． 午前11：30，K社を離れる．

(出所)　筆者作成．

アポイントメントをとった段階では工場の生産プロセスの全容を理解できなかったためであり，たとえば，金属プレス工程がないことは，工場に到着してから初めて知った．電気コードを製造する別会社を同一工場内に設立していることも，初日に知ったのである．以下では，工場から徒歩で10分ほどの場所に宿舎を借りて，毎日「通勤」して観察した結果を紹介したい．

2. 組立ライン

レイアウト

　まず，組立ラインの観察をはじめよう．K工業において，最も華やかな「舞台」とも言える場所である．組立ラインの案内をしてくれたのは，チアさんである．チアさんは，生産課長（production executive）の肩書きを持つ40歳台の女性で，K工業には20年以上働いている．

　K工業には，3つの組立部門がある．ホーム・アプライアンス部門（以下，家庭電器部門）とエレクトリック・アクセサリー部門（以下，電気アクセサリー部門），別会社となっているケーブル部門である．K工業の家庭電器部門の組立ラインは，第6-1図のようなレイアウトになっている．組み立てをする従業員（オペレーター）は女性であり，圧搾空気によって動くドライバーと「はんだごて」を備えたステーションに座っている．

　家庭電器部門での従業員数は71名，スーパーバイザー1名，リーダー3名であり，これらの役職はオペレーター経験者の女性が昇進したものである．組立ラインの従業員は，ほとんどが女性であり，技術者（technician）の男性が不具合のある部品を手直しし，エンジニア（engineer）の男性がラインの設計を行う．

　家庭電器部門では7つのラインが稼働していた．多品種少量生産である．ただし，一ラインには1つの生産品目が流れ，一定のロットを生産したのち，次の生産品目にかわる．各ラインの生産品目は一日の間にも変更する．複数の生産品目が同一ラインを流れるが，それはロットごとに変更する．したがって，いわゆる混流ではない．

第6章 マレーシアのローカル電機メーカーにおける工場管理　　　199

第6-1図　K工業家庭電器部門の組立ライン（概念図）（1999年7月20日）

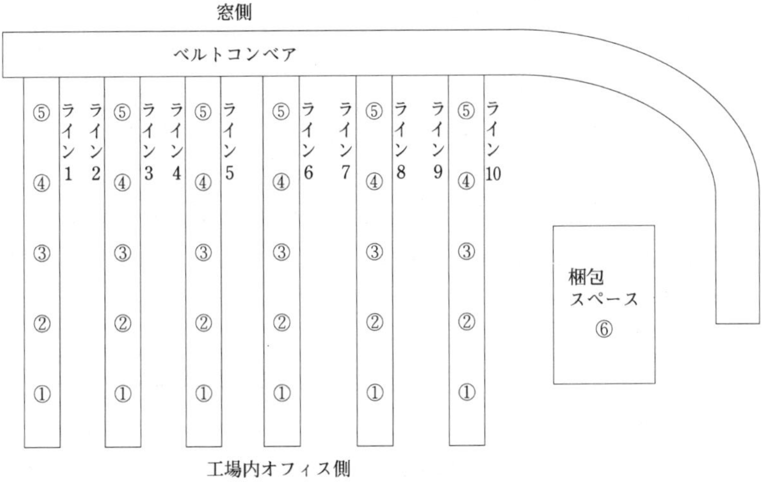

(出所) K工業での観察より筆者作成.

第6-2表　家庭電器部門組立ラインでの生産数量の例

(1999年7月27日)

ライン1	400	350	150	300	130	350	150	…
ライン3	300	200	100	30	184	250	250	100	…
ライン4	350	200	240	350	270	…

(出所) K工業における筆者の調査にもとづく.

　観察期間中，たとえば，ライン1は床置き扇風機（stand fun），ライン2は空いており，稼働させていない．ライン3は壁掛け扇風機（wall fun），ライン4では卓上扇風機，ライン5は空き，ライン6では電気釜，ライン7は電気ポット，ライン8は卓上扇風機，ライン9では電気やかん，ライン10ではドライヤーといった生産品目であった．また，たとえば，ライン6ではミキサーなども生産される．1ロットには，第6-2表に紹介するように大きな変動があるが，おおむね300個程度である．
　ライン7と8，ライン9と10では，2つのラインで1本のベルトコンベヤーを使用している．1つのラインには通常6つのステーションがある．5つのステーションで組み立てを行い，やや長いベルトコンベヤーを通って第6

のステーションで梱包を行う．第6のステーションでは，立って仕事が行われる．また，検査を行う第4ないし第5のステーションでも立って作業が行われる．ただし，椅子はあり，作業者は掛けることもできる．その他のステーションでは座って仕事が行われる．

各ライン末端の天井には生産目標と実績を示すボードが掲げられている．目標（Target），実績（Actual），差（Difference）の3つが「シフトごと」(Per Shift) と「時間ごと」(Per Hour) に分かれて掲示されている．これは，時間あたりの生産数量から計算され，コンピューター制御によって数値が示されるものである．

ライン・バランス

オペレーターの女性達は，ほとんどがトゥドン（tudun）と呼ばれるかぶりものをしている．イスラム教徒であることを示す衣装であるが，作業着はK社支給の青い作業着を着ている．一人につき3着支給される，という．街にはクリーニング店がないので，オペレーターは自分で洗濯をして，アイロンをかける，という．ラインに働くオペレーターは，忙しく仕事をしており，手を休めて遊んでいることはない．

ラインのなかの二人の作業者が野球帽をかぶっていれば，それは，その二人の作業者が持ち場を交替して新しい作業を習得している最中であることを意味する．多能工の育成を目的としている，とマネージャー層からの説明があった．この施策は，工場長役である副社長のチャン氏によって強調されていた．チャン氏は，台湾の大学で学位をとり，台湾の大手企業で勤務した経験がある．多能工化の施策が，台湾からマレーシアに移転してきたことを示唆している．

筆者が，家庭電器部門の組立ラインを観察して集めたデータを第6-3表に掲げた[5]．

第6-3表には，ライン1で生産を行う5人のオペレーターの作業時間を秒単位で示している．一人につき6回計測した結果であり，製品の製造過程に

---

5) 本章末付表6-1には，K工業の電気アクセサリー部門組立ラインにおける計測結果を示したが，第6-3表と同様の傾向が観察された．

第6章 マレーシアのローカル電機メーカーにおける工場管理

第6-3表 扇風機組立ラインにおける作業者の作業時間（1999年7月20日計測）

(単位・秒)

	1回目	2回目	3回目	4回目	5回目	6回目	平均	標準偏差
ステーション1	87	70	68	65	72	130	82.00	24.7305
ステーション2	63	65	93	81	185	80	94.50	45.7110
ステーション3	83	70	70	80	81	156	90.00	32.8207
ステーション4	76	76	193	78	97	78	99.67	46.4270
ステーション5	370	43	56	63	68	72	112.00	126.8054

(出所) K工業家庭電器部門における筆者の計測結果にもとづいて作成．

したがって連続して計測したものではない．秒数の記録に要する時間が必要であるために，ほぼ1回おきに記録した．第6-1図に示したとおり，梱包を行う第6のステーションには各ラインの製品が流れてくるため，計測の対象とはしなかった．K工業では，以下に述べるカイゼン・コンサルタンツの指導によって「タクト・タイム（K工業での表記はtakt time)」の概念が使用されており，それ以前は「スタンダード・タイム」の概念を使用していた．K工業の生産技術者は，双方同じ概念である，と認識していた[6]．

ライン1では扇風機の製造が行われていた．各ステーションにおける作業の順序としては，①モーターを扇風機のカバーに組み付ける，②カバーの配線をスタンド支柱内の配線部分とはんだづけする，③それをねじでとめる，④作動検査をする，⑤扇風機の羽根のカバーと仕様書をビニール袋に入れて，本体とともに梱包のラインに流す，⑥梱包，となっている．

第6-3表から3つの重要な傾向がわかる．

第1に，個々の作業者は，ダンボール箱に入った部品を取り出し，さらにそのダンボール箱のテープをナイフで切って片づけるために，1分以上の時間をかけていることである．ダンボールにつめられた部品の数にもよるが，おおよそ10個の部品を使い終わるたびに，新しいダンボールを開ける作業が必要になる．作業者がダンボールに囲まれて作業をしていることが，写真1からわかる．

第2に，純粋な作業時間のみをとってみても，個々の作業者の作業時間に

---

[6] 作業者の課業をストップ・ウォッチを持って計測することが，テイラー的発想であることは間違いない．テイラー（Tayler [1895] [1903] [1911]）および洞口 [1998c] を参照されたい．

写真 I　K工業の家庭電器組立ライン

(注)　作業者は，ダンボール箱をかたづけながら組立作業を行う．
(出所)　K工業の許可を得て筆者撮影．

は10％程度の作業時間のばらつきがある．

　第3に，ステーション間でみると，第3ステーションと第4ステーションの作業には70秒以上の時間がかかるのが普通であるが，第5ステーションでは70秒以下の作業時間のほうが多い．第3，第4ステーションにやや複雑な作業が割り当てられている，と考えられる．はんだづけ，ねじどめなどの作業は，ラインのなかのどこかのステーションで行われるわけであるが，その作業が複雑であれば，そこはタクト・タイムの長くなりがちなステーションとなる．

ラインリーダーの役割

　家庭電器部門には，3人のラインリーダーがいる．ラインリーダーは，1人で2つから3つのラインを担当する．ライン2, 4, 6を1人，ライン7, 8を1人，ライン9, 10を1人が担当している．

ラインリーダーにはいくつかの仕事がある．時間ごとの生産数量を，ラインの第1ステーションの隣に掲げられた生産実績表に記入し，生産数量あたりの労働投入量を電卓によって計算することが，重要な1つの仕事である．また，始業時間前に行われる朝の体操を指揮するのもリーダーの役割である．

先に記したライン・バランスの悪さのために，ラインでは，時として生産目標よりも遅れることがある．その遅れ方は，誰かがラインをストップさせてしまう，というものではない．誰もがラインに流れてくる製品の加工をこなしながら，しかし，全体の生産数量は目標値よりも遅れる．ベルトコンベヤーは，始業時間の開始とともに動きだし，終業時間まで動き続ける．何かの異常に対応してストップさせられる，ということはなかった．また，オペレーターがベルトコンベヤーを止めることのできるスイッチもなかった．オペレーターは，流れてくる半製品を手元に溜めることによって，生産スピードを遅くする．

ラインリーダーは，生産目標が遅れていると，ダンボール箱の片づけや，開封をして準備作業を行う．最初，ラインリーダーが誰であるのかを聞くまでは，生産の助手（アシスタント）作業をしている，という印象があった．

カイゼン・コンサルタンツ

壁には，スキル・ディスプレー・ボード（仕事表）が掲げられており，これは，日本人のコンサルティング会社，「カイゼン・インスティテュート・オブ・ジャパン」の指導によるものである，との説明を受けた．K工業では，彼らを「カイゼン・コンサルタンツ」と呼んでいるが，1999年5月に契約し，同年6月に第1回目のコンサルティングが行われたばかりである，という．カイゼン・コンサルタンツとの契約は，1年であり，月に1回の指導が行われる予定である．カイゼン・コンサルタンツの指導によってライン6では1つのステーションが減らされた．それは，第6-1図，③のステーションである．したがって，4つのステーションで作業が行われ，1人が作業のサポートに回っている（写真2，参照）．

スキル・ディスプレー・ボードには，オペレーター氏名，入社年月，共通スキル (common skill)，一般知識 (general knowledge)，製造スキル

写真2　カイゼン・コンサルタンツによる生産ライン

(注1)　③のステーションから作業者が減り，部品の配繕・運搬を担当している．
(注2)　野球帽をかぶっている作業者は，多能工化の訓練中である．
(出所)　K工業の許可を得て筆者撮影．

(production skill) の各項目がある．共通スキルの項目には，はんだづけ，組立技術，テスティングがあり，一般知識には，5S, SANNO, QC, ねじ止め，スーパーバイザー・トレーニングなどがある．

　5S運動は，1998年にカイゼン・コンサルタンツとは異なるコンサルタンツによって紹介され，工場において活動が行われた．整理，整頓，清掃，清潔，躾の5Sが，日本語をそのままローマ字表記にしてポスターにされていたり，あるいは，隣にマレーシア語での表記が行われていた．すなわちSeiri, Seiton, Seiso, Seiketsu, Shitsukeとローマ字表記された日本語に併記されて，マレーシア語でAsing, Susun, Bersih, Piawaian, Disiplinといった表記によるポスターが掲げられている．清掃は丁寧に行われていたが，工場の一部に掲示されていた写真の日付は1998年5月であり，コンサルタンツによる5S運動の紹介のあと，自主的な活動が行われてきた形跡はなかった．ただし，組立ラインでは終業時に丁寧な清掃が行われる．SANNOとは，

第6-4表　家庭電器部門組立ラインのボードに記載
されていた作業者の採用年次

年	人数
1987年	1
1988年	1
1989年	0
1990年	3
1991年	1
1992年	3
1993年	4
1994年	10
1995年	3
1996年	6
1997年	9
1998年	7
1999年	8
合　計	56

(出所)　K工業のスキル・ディスプレー・ボードにもとづき筆者作成．

日本の産能大学による通信教育であり，マレーシアで受講可能である，との説明を受けた．

　スキル・ディスプレー・ボードに掲示された入社年月からオペレーターの人数をまとめたのが第6-4表である．1997年以降の入社が多いのは一定の離職率と採用人数を前提とすると起こりうることであるが，1994年採用のオペレーターが多いのは，この時期に生産が拡張されたことを示唆しているように思われる．

　筆者の観察時点において，カイゼン・コンサルタンツの役割を過大評価することはできない．7つのラインのうちの1つにおいて，作業者を1人減らし部品をダンボールから出して作業者の横に運び込むという試みが始まったばかりであったからである．しかし，日本の生産管理方式がK工業に移植される経路としては重要であろう．

就業時間

　ここで，K工業の組立ラインにおける就業時間を示しておこう．
　第6-5表には家庭電器部門の勤務時間を掲げた．朝8時から夕刻6時まで

第 6-5 表　家庭電器部門での勤務時間

勤務時間と付随する特徴		観察の注記
7：30－7：45		出勤時間帯．徒歩，バイク，自家用車，通勤バス，まれに自転車． 食堂で食事をとる人が多い．
7：37 前後	通勤バス到着	
7：45－7：58	始業前の体操とミーティング	女子作業者の場合，体操には全員参加． 男子作業者の場合，体操終了時に全員が揃う．
8：00－9：40	勤務時間	
9：40－10：00	朝の休み時間	食堂で朝食をとる人が多い．
10：00－13：00	勤務時間	
13：00－13：40	昼休み	工場内は消灯されるが，作業場に残って作業する人がいる． 昼食は食堂でとる人が多いが，パンと飲み物を工場で食べる人も多い．
13：40－13：55		管理職層の食事時間が 13：00－13：55 であるため，管理職層不在の 15 分間は，なごやかに作業が行われる．
13：40－15：30	勤務時間	
15：30－15：45	午後の休み時間	作業台に突っ伏して休む人が多い．
15：45－18：00	勤務時間	
17：50－18：00	清掃	
18：08	通勤バス帰路出発	

(出所)　K 工業でのインタビューと観察により筆者作成．

　が勤務時間であり，その間昼食に 40 分，朝の休憩 20 分，午後の休憩が 15 分ある．従業員の多くは，朝 7 時 30 分過ぎには出社している．駐車場の一角にタイム・レコーダーがある．HA 部門のオペレーターは，7 時 45 分ごろより朝のミーティングをし，体操をする．日本のラジオ体操に似ているが音楽はない．K 工業の創業時から，朝の体操をする習慣はあったという．

　K 工業の通勤バスは 2 台あり，7 時 40 分前には会社に到着する．30 人乗りの小型バスと 50 人乗りの大型バスである．小型バスは近郊の T 市，大型バスは S 市を往復する．T 市までは約 15 分，S 市までは約 1 時間なので，朝 6 時 30 分ごろには K 工業に向けて出発しているはずである．

　男性・女性にかかわりなく，50cc のオートバイを利用する従業員は多い．ジャンパーのチャック部分を背中にまわして，腕を通し，風よけにしてバイクに乗る人が多い．前後ろを反対に着るのである．これは，トゥドンをした女性従業員にも見受けられる．車に乗せてもらって会社に送られてくる女性

従業員や，自分で車を運転してくる人もいる．会社に駐車場があるが，屋根付きの部分にはマネージャー層が使うことを許された社用の自家用車（トヨタ・カムリ）が数台ある．直射日光のあたる屋根のないところには，エンジニア層，オフィス・ワークをする女性の車などが停められる．

　会社の食堂（canteen）は，朝7時30分に開き，午後4時頃に閉まる．朝の始業前，午前の休み時間，お昼，午後の休み時間の4回利用される．料理はマレー料理が主であり，カフェテリア方式で自由にとる．2リンギ前後（60円）である．飲み物は，インスタント・コーヒー，ミロ，紅茶，コーラ，豆乳などであり60セント（18円）程度である．代金は，レジのないテーブルでお金を勘定する主人に払う．食券などはない．料理はその妻と思われる女性が食堂内で作っている．10歳前後の少年が下げ膳台で皿・スプーン・フォークなどを片づけている．9時40分から10時の休み時間には，朝食をとる人が多い[7]．食堂業者の選定は入札によって行った，との説明をK工業側より受けた．

　なお，マネージャー，エンジニア，オフィス・ワークをする従業員はお昼時間に会社の外に出て，街の中心部にある食堂に行くことが多い．彼らには，3時30分から3時45分の午後の休み時間がないために，お昼休みは1時から1時55分までとなっている．マネージャー，エンジニア，オフィス・ワークをする従業員は中国系が多く，共通語としてマンダリン（北京語）が話されている．彼らの昼食は，中華料理になる場合が多い．なお，中国人系従業員にとって北京語はあくまでも共通語であり，広東（カントン），潮州（チェジュ），客家（ハッカ），福建（フッケン）など，様々な中国語が母語となっている．

　オペレーターは昼食後，午後1時40分より作業を開始するが，1時55分までの15分間は監督者がいないために，なごやかに談笑しながら作業が行われる．工場内がにぎやかな話し声につつまれるのである．1時55分からは，ノルマ達成に向けた厳しい沈黙のなかでの作業に戻る．

　午後3時30分からの15分の休みには，作業台に突っ伏して休む人が多く見受けられる．また，休み時間に作業を続ける人がいるのは，この休み時間

---

7) しかし，昼食もほぼ同じメニューとなるために，少なくとも筆者の場合，朝食を食堂でとると昼食は食堂で買ったパンを食べる，ということになった．

に限らない．こうした従業員は入社したばかりで作業を覚える途中であったり，あるいは自分の川上に位置するオペレーターの作業スピードに追いつくためであったりする．

午後5時50分になると作業台・作業場の清掃が行われる．午後6時には終業となり残業する人はいない．残業はオペレーターのみでなく，エンジニア層にも稀であった．作業場は消灯され，午後6時8分頃には会社前に待機していた通勤バスが出発する．オートバイ，車による帰宅がいっせいに行われる[8]．

筆者が帰宅のために歩いていると，話をしたことのない男性従業員がオートバイを停めて乗せてくれたことがある．自転車に乗った女性従業員が手招きしてくれたこともある．こちらは，残念ながらジェスチャーでお断りした．要するに，マレーシア従業員の人はやさしく，徒歩による通勤は少数派なのである[9]．

3. 倉庫管理の課題

多品種少量生産に起因する倉庫のオーバーフロー

家庭電器部門の組立ラインでは生産目標が設定され，ライン・バランスが悪いとはいいながらも手際の良い女性作業者によって生産が進められている．組立部門のすぐ隣にある倉庫からトランジット・エリアに必要部品が集められ，そこから部品が供給される．トランジット・エリアには，段ボール詰めされた部品が集められ，組立作業者の隣に運ばれるために，組立作業者が段

---

[8] 筆者の宿舎には，洗濯機がなかった．ほとんどのマレー系従業員の家庭にも洗濯機はなく，華僑系マネージャー層の家でも洗濯機はほとんどないということであった．華僑系マネージャー層の自宅では，インドネシアから出稼ぎにきているメイドを雇っているケースが多く，メイドが手で洗濯をしているという．帰宅して食事をし，手で洗濯をするという作業が待っている以上，帰宅を急ぐのは当然とも言えた．筆者もそうであったが，家電製品のない自宅での家事は手間のかかるものなのである．

[9] 付け加えるならば，会社から筆者の宿舎までは10分程度の距離であったが，国道沿いで，暑かったために日本の10分よりも長く感じられた．早く歩けないのである．帰路，一度，イグアナと出会ったことがある．自転車のチューブかと思うと，イグアナと目が合った．その話をK工業の人に言うと，次のような答えが帰ってきた．「ここらへんには，たくさんいる．食えるよ，イグアナ．」

第6章　マレーシアのローカル電機メーカーにおける工場管理　　209

写真3　倉庫に積み上げられた射出成形部品

(注)　プラスチックの袋に5個ずつ入れられた扇風機の台座部分.
(出所)　K工業の許可を得て筆者撮影.

ボールを開ける作業をすることになる．なお，カイゼン・コンサルタンツの指導を受けているライン6のためには，段ボールから部品が出され，部品を部品箱に並べてから組立ラインに運ばれている．

　倉庫を観察して一目瞭然なのは，その空間が部品でいっぱいになっていることである[10]．また，本来通路として使われるべき場所にも，部品が積み上げられている．倉庫で働いている作業者は，部品の受け入れを行うたびごとに邪魔になる部品を動かさねばならず，忙しく働いている．倉庫には15人，トランジット・エリアには5人の男性作業者が働いている．

　倉庫に保管される部品は，4ヵ月ごとの4色のシールを貼ることによって受け入れ時期を示している．倉庫管理を担当するインド系マネージャーであ

---

10)　男性倉庫作業者が，定型的な作業として部品の袋詰めを行っていることも，一見して明らかであった．ビス，ナットなどの部品を大量に買い，それを生産ロットに必要な数ごとに重さを計って袋詰めにするのは，倉庫での男性作業者の役割であった．

るソコ氏にインタビューして明らかになった点だが，倉庫のなかで3分の2程度のスペースは，K工業の社内で製造される射出成形部門の部品である．扇風機の台座部分，羽根などが最もかさばる部品である（写真3，参照）．

倉庫をオーバーフローさせている原因は，K工業社内の射出成形部門にあるらしい．もちろん，1つの型式について300台程度の生産しか行わない多品種少量生産には多数の部品が必要である，という背景は無視できない．観察対象を射出成形部門に進めよう．

4. 射出成形部門

筆者は，1999年7月23日金曜日の夜から，7月24日土曜日の朝まで，モールディング部門の夜間シフトを観察した．まず，7月23日の午後2時頃出社し，総務部長のチャン氏に挨拶したあと午後2時30分頃よりモールディング部門のエンジニアであるビスリ氏から組織についての説明を受けた．

射出成形部門の観察は，筆者が長い間心待ちにしていた貴重な機会であった．金型の製造，金属プレス部門における金型交換時間の観察も行いたいと念願していたが，K工業にはそうした部門が存在しなかった．すでに本書第1章にまとめたように，日本における国際的な経営システムの研究は，組立ラインや機械加工の観察に著しく偏っている[11]．金型の交換時間についての実際を観察した社会科学的研究は少ない[12]．

組 織

射出成形部門は，①技術部門，②製造部門，③原材料管理部門の3部門からなっている．①技術部門では金型交換，金型メンテナンス，品質管理（QC），修繕（Tool Room）を行う．②製造部門では製造，配合と廃却，製造エンジニアリングを担当する．③原材料管理部門では，生産計画，購買，在庫管理，在庫調整を行う．

---

11) 筆者によるインドネシアのインキ製造メーカーの事例については洞口［1992a］を参照されたい．
12) 小池・中馬・太田［2001］は，その例外である．日本国内の自動車組立メーカーについて，射出成形部門を含めてインタビュー調査をしている．本書第1章脚注35)を参照されたい．

金型は，中国本土，台湾，マレーシアから購入されており，その購入を担当するのはK工業の工場3階にある会長直属の研究開発部門（R&D）である．K工業社内では金型の製造は行っていない．金型の不具合があった場合には，金型を購入しているマレーシアのH社に金型を送る．

品質管理（QC）の役割は，金型を交換して製造される部品の品質をチェックして，量産してもよいかどうかを判断することにある．金型交換が終了するのは，品質管理担当者がOKを出し，金型交換を行う「モールド・セッター」が射出成形機を離れ，若い作業者が機械の隣で成形される部品を受け取る作業に入ったときである．

最低注文量（MOQ）

射出成形部門での生産数量は，その生産計画を担当するエンジニアのビスリさんとアシスタントの女性によって決定される．1回の金型交換ののちに，最低8時間は射出成形機械を稼動させることが，そのルールである．したがって，射出成形機械のサイクルタイムが51秒であったとすれば，

$$最低注文量(MOQ) = 8時間 \times (3600秒/51秒・サイクルタイム)$$
$$= 564 ≒ 500$$

という式によってK工業社内の最低注文量が決定される．

この最低注文数量は，K工業社内でのルールに従った生産数量であるから，家庭電器組立ラインに流される部品数量とは関係がない．組立ラインには，K工業の顧客からの注文を基礎とした生産数量が流されるので，たとえば300台が組立部門に必要であるときにも，倉庫に部品在庫がなければ，500個の射出成形部品が製造される．200個は，次の生産オーダーがくるまで，倉庫に保管される．

ジャスト・イン・タイム生産方式を採用すれば，部品在庫を削減することは可能なはずである．すなわち，理論的には，組立ラインに流すために必要な数の部品を，それに先だって必要な分だけ射出成形部門で製造すればよい．言葉でそれを言うのは簡単だが，現実には克服するべき課題がある．金型交換に要する時間が短くなければ，多品種少量生産において，部品製造の時間よりも金型交換時間ばかりが総労働時間のなかで長くなってしまう．

第IV部　スピルオーバー

第6-6表　射出成形機械のトン数と生産状況

番号	トン数	成形部品	注文数	観察時点の生産量	サイクルタイム(秒)
1	450	原材料の問題で生産せず	3,000	500	57
2	360	扇風機の台座	600	475	90
3	360	扇風機の羽根	5,000	2,120	80
4	280	壁掛け扇風機の台	2,000	1,817	71
5	(欠番)				
6	110	ワイヤーを通す小物部品	5,000	3,037	24
7	140	扇風機の台カバー	4,500	3,394	36
8	140	延長コード用部品	500	93	36
9	180	ソケット	2,500	849	36
10	140	小物部品	2,000	1,780	n.a.
11	180	ケーブル・クリップ	17袋	11袋	36
12	100	換気扇部品	2,500	2,500	20
13	140	スイッチ・カバー	2,750	538	30
14	140	調光機のカバー	2,500	652	20
15	(欠番)				
16	180	救命ライトのボディ	2,000	1,914	73
17	180	扇風機のモーター・カバー	350	167	60
18	180	扇風機の羽根	4,000	3,602	57

(注)　1999年7月23日，午後3時ごろの生産状況．
(出所)　K工業でのインタビューと観察をもとに筆者作成．

以下は射出成形部門における金型交換時間の観察結果である．

午後シフト——午後4時35分から午前0時30分

　ビスリさんの説明によれば，金型交換のための作業時間はMOQとは別枠で見積もられている．K工業社内では360トン以上の機械を大型として，それらについては210分（3時間30分），280トン・クラスでは100分，180トン・クラスでは70分，180トン以下のクラスでは50分を，それぞれ金型交換時間として見積もっている．その交換時間には，金型の交換，原料となる樹脂の交換，樹脂の色変更，製品の調整，といった作業が含まれる．

　16台の射出成形機には，5番，15番を欠番として，1番から18番までの番号が付けられている．それらの機械のトン数と生産ロットおよびその進捗状況，サイクルタイムを記載したのが第6-6表である．射出成形機械は，日本製と台湾製が半々であった．

第6章 マレーシアのローカル電機メーカーにおける工場管理

第6-7表 射出成形部門での作業記録（その1）

7月23日金曜日

時　間	作　業　内　容
16：35	射出成形部門のスーパーバイザー，ライスさんに機械のトン数，サイクルタイムなどを聞く．（第6-6表にまとめたデータ）
16：55	説明が終わる．機械の横に座って「バリ取り」をする従業員が多い（写真4，参照）．
17：45	No.11の機械で金型交換はじまる（金型交換開始）．2人のテクニシャンによる．小型のクレーンを機械のそばに運ぶ．天井式ではない．
18：10	No.11，色の調整をする．
18：15	No.11，生産開始（金型交換終了）．
18：20	洞口，いったんオフィスに戻る．ビスリさん，ライスさんとともに，洞口も帰宅してから彼らと夕食をとることにする．
21：00	洞口，射出成形の仕事場に戻る．ビスリさん，ライスさんも仕事場に戻る．
21：15	No.14の金型について，インサート（マーク印字用の小型部品）を交換する．3人のテクニシャンが共同で交換する．濃紺のユニフォームを着た一人はシニア・テクニシャンで，ライト・ブルーの制服を着た2人はジュニア・テクニシャンである．現在の人数は，QC部門から1人，11名が作業員である．
21：50	No.14，インサートの交換終了．金型に1.5cm×5cmほどの金属片を取り付ける．
22：00	No.13の機械について，色だけを変更する．食品ミキサーの部品である．
22：15	No.13の色変更終了．原材料レジンの色を変更する．
22：27	No.17の機械の金型交換はじまる（金型交換開始）．2人のテクニシャンが作業する．
22：42	No.1の機械で前のロットの生産を片づけはじめる．金型に油を吹きかけて，掃除をする．
22：52	No.17では，一人のテクニシャンが金型を装着し，もう一人のテクニシャンが色の調節をしている．
22：58	No.1で，前のロットの生産を終了する（金型交換開始）．①段ボール箱を積み上げる．②油のスプレーを吹きかけて金型内をきれいにする．③専用クレーンを動かす．④オスの金型にねじを入れて，鎖をかけて持ち上げる．⑤金型をはずして，おろす．
23：04	No.1では，引き続き⑥メスの金型を持ち上げる準備をする．⑦オスの金型はメンテナンスの部署に運ばれる．
23：07	No.8の機械で，型のとりかえがはじまる，という．クレーンを運ぶ．
23：10	No.1，⑧メス型がはずれずに，待っている．⑨レジン原料を入れるバケツをきれいにする．
23：16	No.8では，まだ前の製品を打ち出している．
23：19	No.17の機械にレジン原料を入れる．
23：20	No.8金型をはずす作業にかかっていた（金型交換開始）．なお，作業は3人のテクニシャンではなく，オペレーターの一人が行う．本人の希望による，というビスリ氏の解説．
23：25	No.17の機械で色を試す．
23：25	No.8でクレーンの鎖をかける．
23：28	No.1の機械でまだメス型がはずれず，もう一人のテクニシャンが手伝いにくる．
23：30	午後シフトから深夜シフトへの交替の準備として床の掃除がはじまる．
23：30	No.8金型をはずしておろす．

時　間	作　業　内　容
23：33	No.8，次の金型をクレーンで上げる．
23：40	No.8の金型を入れ替え，手でレンチを占める．
23：44	No.1の機械でメス型がはずれ，下に置く．油のスプレーをして，ボール紙をかける．メンテナンスの部署に運ぶ．
23：45	No.8，金型を装着し終わる．
23：45	No.17のノズルの部分で原料が固まっていることがわかる．
23：50	床掃除が終わる．
23：50	No.8の金型にチューブをつける．
23：55	No.8の機械のパネル部分でセッティングをする．番号を押す．
23：55	No.1の機械で新しい金型の取り付け作業を始める．うまくいかない．
23：55	No.17のノズルをバーナーで溶かす．

7月24日土曜日

時　間	作　業　内　容
0：00	深夜シフト勤務の人たちが来る．深夜シフトのテクニシャン，アズミ氏，ノルサニ氏，リーダーのバハウディン氏と挨拶する．午後シフトの人たちとの仕事の引き継ぎが始まる．
0：00	No.8黒い色を試しに出している．ストローク・メーターのセッティング．
0：04	No.1の機械でチューブを金型に取り付ける．
0：05	No.17の回りで3人のテクニシャンが話し合っている．機械は動かない．
0：05	No.8製品が型のなかにつまって，外に出てこない．
0：15	No.1で新しい金型を付け終える．まだ，射出の試しはしていない．
0：18	金型の交換に入った3つの機械，No.1，No.8，No.17はどれも動いていない．
0：25	No.8で製品が3つ打ち出されていた．
0：30	午後シフトの人たちが机に集まって話をしている．

（出所）筆者作成．

　以下，時間を追って射出成形部門の一夜を追いかけよう．

　第6-7表には，射出成形部門での午後シフトの作業記録を掲げた．筆者が説明を聞き始めた7月23日金曜日の午後から，午後シフトの終わる翌日7月24日土曜日午前0時30分までの作業記録である．記述は，筆者のノート記録に基づいている[13]．

　射出成形部門のなかの②製造部門は3シフト24時間体制である．第1シフトは午前8時から午後4時30分，第2シフトは，午後2時から翌日深夜0時30分である．第3シフトは深夜0時から翌朝8時30分までである．な

---

13) ノートは見開きA3判となるA4判のものを使用した．数分ごとに，職場内での動きをメモした．同時に，スーパーバイザー，テクニシャン，作業者から説明を受けた内容をメモした．

第6章 マレーシアのローカル電機メーカーにおける工場管理　　215

写真4　バリ取り作業をする作業者

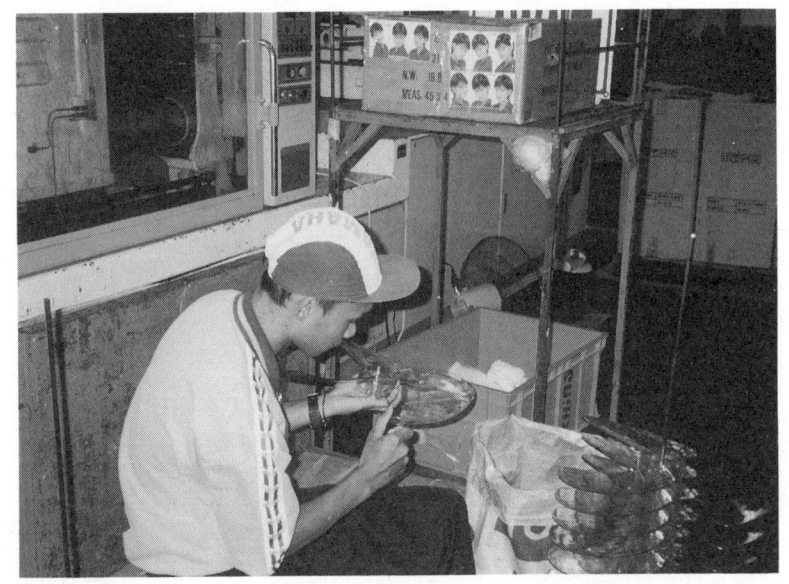

(注)　扇風機の羽根部分を成形したとき，はみ出した部分（バリ）をナイフで削る．約8時間，この作業は続く．
(出所)　K工業の許可を得て筆者撮影．

お，バングラデシュから9名の外国人労働者がおり，午前8時から午後8時30分，午後8時から翌朝8時30分までの2シフトで勤務している[14]．

　射出成形部門には，各シフトごとに14名ないし15名の従業員が働いている．リーダーが1名，シニア・テクニシャンが1名，ジュニア・テクニシャン2名，QC部門（製品検査）1名であり，その他9名ないし10名が作業者（オペレーター）である．なお，テクニシャンは，「モールド・セッター」とも呼ばれる．

　筆者は，作業観察の主眼が深夜シフトにあることをK工業に告げていた．それは，職場内でのトラブルが発生したとき，外部からの技術的サポートが得られない時間帯であり，純粋にK工業の技術水準を評価できる，と考え

---

14)　バングラデシュからの外国人労働者については，筆者がクアラルンプール周辺のマレーシア・ローカル華人系金型メーカーで1998年11月に行ったインタビュー調査でも，ほぼ同じ勤務形態を採用していた．

たためであった．K工業側（副社長チャンさん）は，作業場の解説をしてくれたビスリさんとライスさんに，筆者を夕食に連れていくことを命じていた．したがって，筆者は，ビスリさんとライスさんとともに夕食（マレーシア料理）を食べるために7月23日午後6時すぎから9時頃まで作業場を離れている．夕食での話題は最低注文数（MOQ）の意義，金型の精度が悪いために「バリ取り」をする従業員が必要になること，品質検査（QC）部門の男性従業員の役割，ライスさんがスキンチャンの街に生まれ育ったこと，K工業で10年以上勤めていること，結婚して子供ができたこと，などについてであった．ライスさんは，製造部門に3人いるリーダーの上に位置するスーパーバイザーである．

　ビスリさんは「トヨタでは金型の交換が10分で行われるというが本当か」という質問をしてきた．「それは，プレスの金型交換の場合です」と筆者は答えた．ビスリさんは知識として日本企業が金型交換を短時間に行いうることを知っていた．しかし，大学卒のビスリさんには，K工業のモールド・セッターによる金型交換のスキルを向上させる熟練はないように思われた．

　筆者は，午後9時頃から射出成形部門の作業記録をつけはじめた．工場内はエアコンが効いておらず暑い．ビスリさんも，ライスさんも深夜12時すぎまで作業場にいて，何が行われているのかの解説をしてくれた．午後9時15分頃からテクニシャンがNo.14の機械に集まっているが，それは金型内の「インサート」（マークの刻印）の交換であること，午後10時のNo.13の機械については色の交換であること，などである．プラスチックの成形部品には，会社のロゴマークが刻印されることがあるが，その部分を交換して異なる会社に同一部品を提供する必要があるとき，インサートの交換が行われる．

　午後シフトの最中には，No.11という180トンの射出成形機械の金型交換が30分で終わっている．午後5時45分から6時15分である．しかし，午後シフトの最中に金型の交換作業を開始して，深夜シフトの開始まで交換作業を終了していない機械が3つある．180トンのNo.17，140トンのNo.8，450トンのNo.1である．それぞれ，夜10時27分，11時17分，10時58分に金型の交換作業が「明確に」開始された．ここで，「明確に」というの

は，必ずしも金型交換開始の合図が行われないために，作業の開始を見極めづらいことがある．たとえば，チームリーダーを中心に金型交換の作業グループがあり，笛の合図によって全員が割り当てられた作業をする[15]，という作業形態にはなっていないのである．筆者は，金型交換前の製品ロットの打ち出しが終わり，テクニシャンの手がすいたときにクレーンを動かすところから金型交換が始まるものとして時間を計測した．

No.17，No.8，No.1の3つの機械について，金型交換の作業は深夜シフトのテクニシャンに引き継がれた．K工業では450トンの機械No.1が最も大きいが，メスの金型がうまくはずれず，金型をはずすためだけに11時10分から11時44分までかかっている．

深夜から朝5時

深夜0時になると深夜シフトの従業員がやってくる．深夜シフトリーダーのバハウディンさんとテクニシャンのアズミさん，ノルサニさんに挨拶をする（写真5，参照）．

第6-8表には深夜0時30分から早朝5時までの作業記録を掲げた．その間に，午後シフトのテクニシャンから引き継がれた金型の交換作業が終了している．No.8（140トン）が0時40分，No.17（180トン）が1時20分，No.1（450トン）が1時48分に製品を打ち出している．金型の交換にかかった時間は，それぞれ1時間23分，2時間53分，2時間44分であった．

金型重量の少ない小さな機械のほうが金型の交換に要する時間は短くてすむようである．しかし，No.17の機械の場合，射出をするノズルの先端が汚れており，レジンの色を交換したときに，他の色が混ざるという問題があった．また，No.1の機械でも同様にきれいな色を出せないという問題があった．

金型の交換をするのは2名のテクニシャンであり，それを1人の作業者が

---

[15] 2000年9月15日の訪問調査によるインドネシアにおけるトヨタ・アストラ・モーターのケースでは笛の合図が行われていた．すでに，10分台でプレス用金型の交換が行われており，10分を切ることが目標とされていた．それは，ゴルフのスコアーに準えて，「シングル段取り」と呼ばれていた．金型交換のための「段取り替え時間」の短縮については門田[1983]第6章，またトヨタ生産システムに埋め込まれた反骨精神については，大野[1978]をも参照されたい．

第6-8表　射出成形部門での作業記録（その2）

7月24日土曜日

時　間	作　業　内　容
0:30	深夜シフトの開始に合図はないが，皆作業を開始する．
0:40	No.8をテクニシャンのアズミさんがみる．動き出す（金型交換終了）．23時20分から0時40分まで，1時間20分かかった．No.1をテクニシャンのノルサニさんがみる．ノルサニさんは金型の内部の油を丁寧にふき取っている．外ではポンプとチューブで原料を入れる準備をしている．
0:45	No.17をアズミさんがみる．打ち出しをするが，本来，四角い製品がダイヤモンド型に隅の欠けた状態で出てくる．
0:47	No.17では，製品の一部が割れてつながらずに出てくる．6回目にうまく出る．
0:50	No.1の原料が袋から入れられる．
0:53	No.1の機械のパネル・ボタンをセットする．
0:55	No.17の機械の試し．グレーの製品に緑の色が着いている．型の中をきれいにする．
1:00	No.1の機械を動かしているが製品は打ち出していない．
1:05	No.17の機械のノズルに色が残っているので，きれいにする．棒でなかをこそぎ落とす．
1:08	No.1試し打ちに入る．
1:15	No.17では，まだグレーのなかに緑が入る．
1:20	No.17で製品がでる．QCの人からOKがでる（金型交換終了）．南京袋一袋にダメになった製品が入っている．なお，依然としてバリが出ている．22時27分から1時20分まで2時間53分かかった．
1:30	No.1で蛍光灯のカバーが打ち出されるが，色が混ざり汚い状態になっている．
1:33	No.17では，金型に製品が張り付いて，機械の下に落ちてこないので，手で1つずつ機械のなかから取り出している．
1:40	No.17ではQCの作業員がバリを取っている．500個生産予定．
1:42	No.1で製品が出ている．QCからOKが出る（金型交換終了）．午後10時58分から午前1時42分まで，2時間44分かかった．
1:58	No.6の機械のまわりに水がでている．
2:00	リーダーが生産指示書を配る．リーダーは，2階の事務所で生産計画を打ち出して配る役割がある．
2:05	洞口は2階事務所で休む．
2:07	インスタント・コーヒーとクリームパンを2個リーダーからもらう．下でもお茶の時間らしく，2～3人の作業員を残して休憩している．ステレオ・ミニ・コンポの音量が大きくなり，流れる歌に合わせて若い工員が歌っている．あるいは，洞口の存在が重荷だったか．リーダーが「ナシ・レマッ」をくれる．ご飯，たまごやき，小魚，まめ，マレーシア風カレーの入ったもので，辛かった．
2:53	一階に降りる．暑い．
2:55	No.1の機械の隣にはドラム缶大の容器が備えられ，レジンをホースとポンプで吸い上げている．
2:58	クレーンを動かしNo.2（360トン）の機械に持っていく（金型交換開始）．
3:03	クレーンから布のベルトをつるしNo.2の金型にかける．

第6章　マレーシアのローカル電機メーカーにおける工場管理

時　間	作　業　内　容
3：06	No.2の機械のチューブから出る水を受ける．さきほどはNo.1の機械で午後シフトのテクニシャンがそれをしなかったので，床に水が出ていた．
3：15	No.2の金型にチェーンをかけ，手でレンチを回す．
3：18	No.2のメス型をはずす．
3：21	No.2のオス型をはずす．チューブをはずす．油をスプレーする．
3：24	No.2の金型をメンテナンス室の前に運び，置く．
3：26	No.2の新しい型を持ち込む．
3：32	No.2の新しい型をクレーンでつるす．
3：36	No.2の金型を1メートルほどのレンチでとめる．
3：45	No.2の金型にチューブをつける．
3：55	No.2の機械からクレーンをどかす．クレーンの足が床の穴にはまり，クレーンが傾く．3人ほどで，それを動かす．
3：57	試しに色を出す準備をする．No.2の機械のまわりを片づける．金型の中をふく．
4：00	No.2の機械には，吸盤のついた取り出し機（ロボット・アーム）があるが，そのジグをはずす．
4：07	ロボット・アームのジグをなおしている．外に涼みに出ると，3人ほどのワーカーがたばこを吸っている．
4：16	色の調整をするが，レジンの色が混ざっている．
4：18	No.2の機械のなかにロボット・アームを取り付ける．吸盤をチューブでつなぐ．
4：25	No.2の機械にホースで原料を入れる．
4：33	No.2の機械のうえで調整を始める．ロボット・アーム取り出し機の調整．ライスさんが登場する．4時間睡眠のはず．
4：40	2階事務室に登って水を飲む．
4：50	上の事務室の窓から下を見ると，まだ，ノルサニさんがNo.2の機械の上に登っている．
4：55	下に降りて見ると，ノルサニさんが下におりてロボット・アームのデータをパッドから入力している．

（出所）　筆者作成．

手伝う．交換作業に伴う問題が大きい場合には，2人のテクニシャンが話し合うが，リーダーはそれを助けない．2名のテクニシャンらは，とりわけゆっくりと作業しているようには見えなかった．つまり，一生懸命作業して，上記の時間がかかっているように見えた．

　No.1の機械の金型交換が終わったのち，午前2時頃に私は2階の事務所に入った．そこは，生産計画をコンピューターからプリントアウトして，各射出成形機械に配布するための準備を行う部屋である．空調が効いており，窓からは1階の作業を見ることができた．筆者が2階に上がると，ステレオ・ミニ・コンポから流れる歌に合わせて作業員が歌いはじめた．あたかも，筆者が1階で作業を「監視」していたのを窮屈に思っていたようでもあっ

写真5 金型交換作業中のテクニシャン（モールド・セッター）

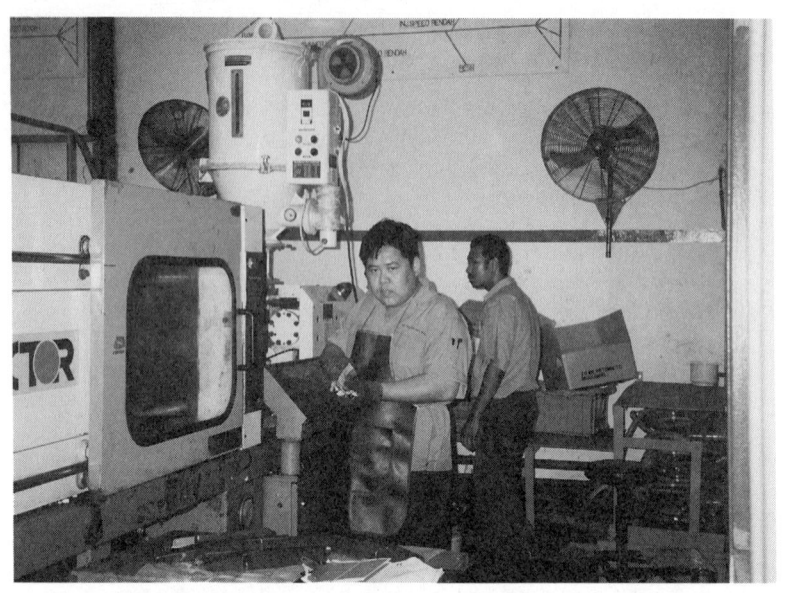

(注) 作業を行なっているのはノルサニさん．本文参照．
(出所) K工業の許可を得て筆者撮影．

た[16]．

　金型の交換に手間取っていた1時台にも，リーダーから何度か2階に上がって休まないか，と尋ねられた．それは，体調を気遣うやさしい配慮なのか，外国人の監視者を追い払ってのびのびと仕事をしたい，という意味なのか．どちらにもとれるが，実際に2時に上にあがると，コーヒー，クリームパン，夜食の「ナシ・レマッ」などを振る舞ってくれた．クリームパンは明らかにリーダーのバハウディンさんのバックから出ていたが，夜食の弁当「ナシ・レマッ」を買ってくれたのが誰なのか，筆者は確認しなかった．

　2時58分よりNo.2の金型交換が始まった．360トンの比較的大きな機械であるために，機械内部から製品を取り出すロボット・アームがついている．

---

16) 観察者がいることで生産性が高まることは，ホーソン実験からよく知られている．本章での組立ライン，射出成形部門でも，その効果がないとはいえない．ただし，生産性が高まった状態での観察であることは，本章における観察事実の意味を弱めない．ホーソン実験については，メイヨー（Mayo [1933]）を参照されたい．

第6章　マレーシアのローカル電機メーカーにおける工場管理

第6-9表　射出成形部門での作業記録（その3）

7月24日土曜日

時　間	作　業　内　容
5：00	No.2の機械に原料のコンパウンドを上から作業者が入れる．25kgの袋を7袋機械わきに積み上げている．
5：01	No.2から試しのレジンを出している．色は白．金型に出さないので，にゅるにゅると「うんち」状になって外に出る．
5：05	1個，試しの製品が出ている．緑色がついている．
5：07	No.2の機械の前に椅子に座って観察する．眠くなると「ピーピー」と音がうるさい．No.2の機械のエラーを知らせる音である．コンピューター画面のエラー・メッセージは「lubricate」（潤滑油塗布）となっている．
5：10	作業所横の「サンプル・ルーム」という部屋のなかに作業者3人とテクニシャンのアズミさんがいるのを見つける．アズミさんは寝起きの様子．姿を見なかった時間から推測して，1時間ほどは仮眠をとっていたか，と思われる．
5：15	No.2の機械にノルサニさんがつき，2個目の製品・換気扇の外枠を打ち出す．
5：20	No.2の機械で4個目の製品を打ち出す．外枠のまわりに油染みがついてしまう．
5：30	外枠のまわりに油染みがついてしまうので，機械の中の型をきれいにする．
5：40	エアーでNo.2のなかをきれいにする．誰もNo.2をみなくなる．
5：45	洞口，外に出る．「涼しい」．
5：53	No.2の機械のそばにはアズミさんがいるが，結果は同じ．換気扇の外枠に油染みがある．機械は大きな音でピーピーという．ロボットが上まで製品を持ち上げるが，うまく下ろせない．
6：00	作業者がNo.2の機械のそばに呼ばれる（金型交換終了）．換気扇の外枠は，シンナーで拭くと油染みがとれるので，その役になる．製品のロットは500個，サイクルタイムは72秒である．作業者が2人で拭いている．No.2の機械は，2時58分から金型の交換を開始し，6時00分に作業者のみが機械わきについている．3時間02分かけて金型を交換したことになる．
6：05	洞口，2階で休憩する．
6：50	洞口，1階に戻る．
6：52	作業者が床掃除をしている．No.2では作業者がシンナーで製品を拭き続けている．一つの製品が取り出されるたびに，必ずピーピーと音がする．
6：55	No.2，また，ピーピー言う．
7：00	テクニシャンが2人がかりでNo.2を見る．ワーカー2人がシンナーで製品を拭いている．
7：02	No.8にクレーンを持ち込む（金型交換開始）．No.1に原材料搬入．ドラム缶にホースを入れる．原材料5袋のうち2袋を入れる．
7：07	No.8で金型をはずし終わる．原材料を入れ物に入れる．No.2では，ワーカーが機械のなかから手で製品をはずしている．ロボットはピーピー言うので動かしていない．
7：12	No.8の使用済み金型を運ぶ．チェッカー（搬送用の手押し車）に乗せ，新しい金型を鎖で引き上げる．
7：15	No.8の機械内に金型をとりつける作業を開始する．
7：19	No.8の金型にパイプをとりつける．
7：24	No.8の機械を上からのぞき込むように調整している．

時　間	作　業　内　容
	No.16 の製品を箱に乗せる．必要生産量の達成が近いのか．あと32個とのこと．
7：35	外は完全に明るくなっている．従業員の1人が歩いている．
7：38	トラックが5台駐車場に止まっている．K社の社名と青い空に雲の塗装がある．社名と絵の塗装のないトラックが2台ある．そのうちの1台には社名のみがかかれている．
7：45	No.8では2人のテクニシャンがチューブをつなげている．作業者は黙々とバリ取りをしている．
7：50	No.8は，まだ動いていない．テクニシャンの1人がNo.2へ行き，吸盤ロボットを動かす．しかし，ピーピーと音がし続けている．朝番のワーカーたちが，外ですわっている．全員で16名．
7：55	朝の体操．洞口がいるので，皆，照れている．「本当に毎日まじめにやっているのだろうか．外国人に観察されて普段よりも熱心なのではないだろうか」，と感ずる．従業員の数は22名に増えていたが，体操の途中で28人，体操終了時点の7時58分には31人になっている．
7：59	体操終了．
8：04	No.2では，あいかわらず作業者がシンナーで製品を拭いている．しかし，もともとの製品の色が安っぽい．
8：07	掃除．No.2の機械を朝番のテクニシャンが見ている．
8：12	No.8のロボットが動きだす（金型交換終了）．台でうけとめる．
8：15	複数の人が報告書を書き始める．
8：22	不良品を粉砕する準備のために，不良品を袋に入れてミシンをかけている．
8：30	夜勤の作業者がみな帰る．テクニシャンは，日誌をつけて帰り支度をする．ロッカールームはあるが，汚い．

（出所）　筆者作成．

　この吸盤を取り替えたり，チューブをつなげたりする作業にかなりの時間が費やされた．約2時間経過した5時の段階で，まだ，製品は打ち出されていない．

　午前0時頃に自宅に帰ったライスさんが，明け方4時には登場した．筆者の存在が気になるのだろうか．主に2階から，勤務を見守っていた．

午前5時から午前8時30分まで

　午前5時頃には，360トン，No.2の金型は交換されたが，色の調整が続いている．白みがかったベージュ色の換気扇外枠を打ち出しているが，最初は緑色のよごれ，次には外枠のまわりに油染みがついてしまう．ロボット・アームが製品を取り出すが，うまく下ろすことができず，ピーピーというエラー・メッセージが鳴り続けている（第6-9表参照）．

第6章 マレーシアのローカル電機メーカーにおける工場管理 223

　6時に色の調整が終わり、作業者が機械のそばに呼ばれる。換気扇の外枠には油染みがついたままだが、シンナーで拭くとシミがとれるので、作業者が拭いている。ロボット・アームは使われず、一つの打ち出しが終了すると作業者が機械のドアを開けて換気扇の外枠を取り出している。一つの製品が取り出されるたびに、エラー・メッセージがピーピーと鳴っている。360トン、No.2の金型交換と色調整には、3時間02分かかったことになる。

　金型交換をしている機械がなくなり部品の打ち出しが行われるだけになったので、筆者は6時5分から6時50分まで2階で休憩をとった。7時2分には、140トン、No.8の機械のそばに金型交換用クレーンが移動された。7時7分には金型をはずし、7時19分には金型を機械内に装着して樹脂製のパイプをとりつけている。色の調整、品質管理によるチェックが終わり製品が打ち出され始めたのは、朝の体操が終わった8時12分であった。70分で交換作業を終えている。打ち出されていたのは、黒いリング状の小さな部品である。黒い部品の場合、色の調整が容易であることは言うまでもない。

　8時から8時30分までが、作業の引継ぎ時間であり、テクニシャンは日誌をつけて帰り支度をする。筆者も、彼らと握手をして、帰宅した。

交換時間とトン数

　1999年7月23日午後から24日の朝に及ぶ、射出成形部門での深夜勤務での観察事実をまとめておきたい。第6-10表には、金型交換を行った機械のトン数と交換所要時間を記載した。観察時間内に交換が行われたのは、5

第6-10表　金型機械のトン数と交換に要した時間

機械番号　（トン数）	交換開始時間―終了時間	所要時間
No. 8　（140t）	11：20 pm－0：40 am	1時間20分
No. 8　（140t）	7：02 am－8：12 am	1時間10分
No. 11　（180t）	5：45 pm－6：15 pm	30分
No. 17　（180t）	10：27 pm－1：20 am	2時間53分
No. 2　（360t）	2：58 am－6：00 am	3時間02分
No. 1　（450t）	10：58pm－1：48 am	2時間44分

（注）　観察日は、1999年7月23日〜24日の遅番と深夜勤務。
（出所）　筆者作成。

つの機械について6回であった．

　360トンを超える大型機械の場合，最低注文量の外枠で見積もられている金型交換時間・3時間30分よりも短い時間で交換作業が終了している．180トンの機械の場合には，70分で作業終了しなければ生産計画に遅れがでるが，30分で交換し終えた場合と2時間53分かかった場合とがあった．

　深夜勤務の観察によれば，180トン級を境として，射出成形用金型の交換に3時間前後を要していた．金型交換時間が長ければ，頻繁に製造品目を変更することができない．最低注文量を設定して部品の作りおきをすることが，合理的な行動となる．そして，これが倉庫のオーバーフローの原因にもなる．トヨタにおけるJIT生産方式の定着以前と同一の問題がマレーシアの家電メーカーにおいても発見されたことになる．

日系メーカーとの比較

　K工業の金型交換時間を，別の会社，別の工場でのデータと比較したい．しかし，残念ながら現在のところK工業と同じレベルでの長期の観察が許された工場はない．ただし，マレーシアの日系大手電機メーカー（以下，日系Q社と呼ぶ）では，2000年9月12日，1日の訪問調査中に第6-11表のようなデータを集めることができた．220トンおよび350トンの射出成形機の金型交換は，1時間10分から1時間42分で行われていた．このデータの範囲では，ほぼ同重量の射出成形機についてK工業よりも1時間ほど短い時間で金型を交換していることになる．

　日系Q社で観察した製造品目は掃除機であり，モデル・チェンジの周期が長い．したがって，金型交換を行うモールド・セッターは，同種の金型を何回も取り替えている可能性がある．こうした点に留意したうえで，K工業との比較で日系Q社における金型交換時間が比較的短い理由を指摘しておけば，以下のようになる．

① 材料樹脂の色がえは，自動的に供給されるようになっている．
② 機械のまわりを清潔に保っている．バキューム・クリーナーでの清掃を入念に行っている．

第6-11表 マレーシアの日系大手電機メーカーでの金型交換時間

番号	トン数	開始時間-終了時間	所要時間	製造品目と担当者
B7	220	15：50-17：30	1時間42分	掃除機コード巻取り部品 サムスルさん
B8	220	14：15-15：25	1時間10分	掃除機内部部品 ハリザさん
B2	350	11：45-12：57	1時間12分	掃除機アッパー・ボディ サムスルさん

(注) 観察日は，2000年9月12日．
(出所) 日系Q社での観察にもとづき筆者作成．

③ 金型のパイプの装着がすでに行われている場合がある．
④ ロボット・アームの設定がスムースに行われている．プログラミングができていること，取り出し口のみを交換すればよい状態であること，などの理由がある．
⑤ 金型の精度が高いために，バリがでないので，品質管理担当者のチェック時間も短くてすむ．
⑥ ほとんど日本製の射出成形機のみであるため，ノズルまわりのトラブルが少ない．
⑦ 日系Q社の親会社は多国籍企業であり，全世界の子会社を対象とした競技大会があり，金型交換技術が磨かれている．第6-11表のサムスルさんは2000年5月に入賞している．
⑧ 日系Q社の日本工場での研修がある．ハリザさんは，2000年4月，日本に1ヵ月の研修に出ている．また，日系Q社親会社電化グループの技能大会にも参加している．
⑨ クレーンが天井についているので，K工業のように移動する必要がない．
⑩ K工業では，クレーンの床移動の際，床が平らではない．

なお，データ数が少なく，また，日系Q社では昼間の時間に観察したことも，短い交換時間に寄与しているかもしれない．いずれにしても，更なる観察が必要であろう．

5. 経営者・従業員のキャリア

　K工業は，1998年8月にクアラルンプールの証券取引所に上場を果たしている．第6-12表にあるチェン兄弟と長兄の息子は大株主である（人物番号1, 2, 3番）．彼らがK工業に集めた従業員の経歴には，いくつかの明確な特徴がある．

　第1は，創業者であるチェン兄弟の子息（3番，5番）である．彼らは留学経験者であり，K工業の幹部として経営陣に加わっている．

　第2は，台湾企業での勤務経験を持つ生産技術者（4番，7番），日系企業だけでの経験を持つ生産管理者（5番，12番，32番），日系企業・アメリカ系企業双方での勤務経験があるR&D担当者（26番，47番）といった類型がある．これは生産システム波及の経路とも考えられる．

　第3に，若い大卒の技術者がいるが，勤続年数の長い現場作業者に対する影響力は低い（15番，16番，24番）．

　第4に，組立ラインの女性作業者の場合，小学校卒から高卒までの幅があるが，勤続年数によって昇進していること，転職経験のある者が多いこと，といった特徴がある（37〜41番，43番，44番，46番，49番，50番）．なお，既婚で子供を持つ女性作業者は多く，K工業内での社内結婚をしているものも少なくない，という．

　第5に，事務作業を行うものは，総じて高校卒以上の高学歴者である（8番，42番，45番，48番）．

　第6に，作業者のレベルでも日系企業での勤務経験を持つものがいる（34番，46番，50番）が，定型化された作業をしているので，生産システムへの影響としてみることには慎重な留保が必要である．こうしたインタビュー結果が生まれたのは，①筆者が日本人だとわかったので共通した話題として強調している，②過去の興味深い経験として語っている，③クアラルンプール周辺に雇用機会が多い，などの理由も考えられるからである．

第6-12表　K工業における経営者・従業員の特徴　　　（1999年7月）

面接日	主な初対面の経営者・従業員
7月19日(月)	1c. 会長，創業者，チェン氏，50代，製造，R&D担当． 2c. 社長，チェン氏（弟），50代，販売担当．ダトゥの称号を持つ． 3c. マーケティング部長，チェン氏（会長の息子），30代前半，MBA．アメリカ，中近東での展示会に出店．日本でも講演． 4c. 副社長，チャン氏，50代，台湾留学による台湾の大卒．シンガポールの台湾系企業3年，クアラルンプールの台湾系企業6年，台湾企業Lionに8年勤務．K工業の組立ラインの設計は氏が行う． 5c. 副社長付き，チェン氏（社長の息子），20代後半．イギリスの大卒．副社長，チャン氏のサポートをしている．日本ビクター（JVC）に1年，ソニーに半年の勤務経験を持つ．
7月20日(火)	6c. 家電部門製造課長，チアさん，女性，40代前半．K工業に20年勤務．高卒．20年前の従業員は6名．うち2年間は販売員． 7c. 家電部門生産技術者，ガン氏，20代．1992年マラヤ大学化学部卒．前職は台湾系ブラウン管製造メーカー中華映管のシャーアラム工場．3年2ヵ月勤務した．TV，コンピューター，ブラウン管の自動ラインで生産技術者として勤務．K工業には2年1ヵ月． 8c. 部品購買担当課長補佐，ロウさん，女性20代．マレーシア国民大卒．パソコンで組立ラインに必要な部品納入を確かめる．1994年「星洲日報」の求人記事をみて情報処理・システム管理者としてK工業に入社．最初の職．1995年から注文，97年注文と生産計画，98年から計画と購買を担当．ロウさんの下にはアシスタントの女性事務員がいる． 9c. 販売係長，アイピーさん，女性30代． 10c. 販売課長，タンさん，女性30代．販売代理店のうち成績優秀店を日本旅行に招待するプロモーション中．クアラルンプールで勤務．
7月21日(水)	11i. 倉庫担当係長，ソコ氏，男性，20代．Windows98，BAAN4 Distributionというソフトで部品在庫管理．同じくインド系の奥さんはR&D部門で働く．
7月22日(木)	12c. 電気アクセサリー部門課長，ディン氏，男性30代．1986年大学予科卒．1986年松下MAICO入社・倉庫管理，1989年松下MCM転籍・購買部品管理，1990.11月に1ヵ月の日本研修，1992年K工業に転職．1998年に前任者が離職したため射出成形部門の責任者になる．金型交換用クレーンの導入を99年10月に予定．10％交換時間削減を目標． 13c. 電気アクセサリー部門生産技術課長，ウン氏，男性30代． 14c. 部品管理課長補佐，ロウ氏，男性20代． 15c. 電気アクセサリー部門生産技術者，カム氏，男性20代．イギリスの大卒．
7月23日(金)	16m. 射出成形部門エンジニア，ビスリ氏，男性20代，マレーシア工科大学卒． 17m. 射出成形部門スーパーバイザー，ライス氏，男性30代．ラインリーダーから昇進．K工業に10年以上勤務． 18m. 射出成形部門リーダー，イサ氏，男性30代．この日2直担当．

面接日	主な初対面の経営者・従業員
7月24日 (土)	19m. 射出成形部門副リーダー，ハッサール氏，男性30代．この日3直担当． 20m. 射出成形部門副リーダー，ノール氏，男性30代．この日2直担当． 21m. 射出成形金型交換テクニシャン，アズミ氏，男性20代，この日3直担当． 22m. 射出成形部門リーダー，バハウディン氏，男性30代．この日3直担当．
7月25日 (日)	23m. K工業マネージャー研修，P&A社，社長，ハイ氏，男性40代．（K工業の社員ではない．）
7月26日 (月)	24c. ケーブル製造QCエンジニア，タン氏，男性20代．マレーシア工科大学卒． 25c. ケーブル製造管理部門係長，チェンさん，女性20代．
7月27日 (火)	26c. R&D部門課長，ガン氏，男性30代． 松下冷機Melcomのマレーシア子会社に5年半．米ワールプール社のシンガポール子会社採用となり，北京に1年，ニューデリーに1年勤務．1999年7月にK工業に転職．前の2つの会社とも現在の上司ライ氏とともに転職した．冷蔵庫生産に詳しい． 27c. 金型メンテナンス部門リーダー兼エンジニア，チャイ氏，30代男性．K工業勤続10年． 28c. 金型メンテ部門ワーカー，イェン氏，30代男性．勤続8年． 29m. 金型メンテ部門ワーカー，アズハリ氏，20代男性．勤続4年． 30c. 金型メンテ部門ワーカー，プア氏，20代男性．勤続2年． 31m. 金型メンテ部門ワーカー，アズハー氏，10代男性．勤続4ヵ月．
7月28日 (水)	32m. 品質保証部門課長，ロミディ氏，30代男性．マレーシア工科大卒． シャーアラムにあった日系テレビ部品メーカー「Hokuriku」の品質保証部門で1992から93年まで勤務．フォーカス・コントロール・ボックスをソニー，松下に供給．K工業では93～97年まで品質管理．98年から品質保証． 33m. 倉庫，ワーカー，ゾカピ氏，30代男性． シャーアラムにあった企業PVC Pipe（国籍不明）に2年間勤務．K工業のある町の政府の農業事務所に事務員として5年間勤務．1989年からK工業に勤務．出荷と返品処理担当． 34m. 倉庫，ワーカー，イスマル氏，20代男性．中卒． K工業勤続3年．4年間シャーアラムの松下エレクトリック・デバイセズに倉庫・生産計画担当として勤務． 35m. 倉庫，ワーカー，サムスル氏，20代男性．中卒． K工業勤続7年．7年間農業．刈り取りの機械を運転． 36b. 射出成形部門，ワーカー，アズマット氏，30代男性． バングラデシュからの出稼ぎ．K工業に3年間勤務． 37m. 家電組立部門，ワーカー，ロスリンダさん，30代女性．中卒． K工業勤続7年．隣接する陶磁器メーカーに12年． 38m. 家電組立部門，リーダー，ロハナさん，20代女性．小学校卒．勤続11年． 39m. 家電組立部門，リーダー，リナさん，20代女性．中卒． K工業勤続7年，リーダーとなって5ヵ月． 40m. 家電組立部門，ワーカー，スハイラさん，20代女性．中卒． 4ヵ月，インダというアイスクリーム会社で梱包をして働く．K工業勤続3年．

第6章 マレーシアのローカル電機メーカーにおける工場管理　　229

面接日	主な初対面の経営者・従業員
7月29日 (木)	41m. 家電組立部門，リーダー，ノラリザワティさん，20代女性．中卒． K工業勤続9年． 42c. 人事部門，事務員，ティーさん，20代女性．短大卒． 現在土曜日開講の人事関係ディプロマコースを取得するために週に一度，クアラルンプールに通う．短大卒業後1年半，クアラルンプール近郊の書籍ディストリビューターにコンピューター会計と財務として勤務．K工業に勤続3年 43m. アクセサリー部門組立ワーカー，スハイザさん，20代女性．高卒． 前職はなく，ただちにK工業勤務．勤続5年． 44m. アクセサリー部門組立ワーカー，マリアティさん，20代女性．高卒． 前職はなく，ただちにK工業勤務．勤続5年．家電部門のライン・リーダーであるマハディ氏が夫君． 45c. ケーブル製造事務員，リーさん，20代女性．大学予科卒． 1年半，小学校でマレー語と英語の代用教員．K工業では購買1年，生産計画2年．マイクロソフト，エクセルを使って生産計画のフォーマットを自分で作成した． 46m. 家電組立部門，梱包ワーカー，ヌラニタさん，20代女性． 勤続2年．1年間，シャーアラムのJVCでビデオの組立をしたことがある． 47c. R&D部門，技術課長，ライ氏，40代男性．ポリテクニク卒． 1986～93年，松下MELCOMで冷蔵庫生産技術部門，うち1988～91は松下冷機のマレーシア子会社に出向．1994～98年，ワールプール社勤務，シンガポールに2年，インド半年，中国半年．98年からK工業．現在，ホノルル大学のパートタイムMBAコースを履修中．2年コース． 48c. 財務管理，ゴーさん，40代女性． 高卒後，3年間会計専門学校，1年間地元の短大で会計を教える．8年間イギリス系遠心ポンプ会社NEI社，5年間ペタリンジャヤの木材・新聞印刷を扱うAZホールディング，2年間台湾系スポーツ用品Spops社勤務．K工業には勤続7年． 49m. 家電組立ライン，ワーカー，ジュナイナさん，20代女性． 中卒後2年間職業訓練校．1年間Avon，1年間Super CorpでK工業には入社3ヵ月．
7月30日 (金)	50m. 家電組立ライン，ワーカー，ジュナイダさん，10代女性．高卒． 1週間だけスランゴールの日系テレビ・ラジオ製造メーカーSenkyuの射出成形部門に勤務．K工業には勤続1年． 51c. 管理係長，配送，チン氏，30代男性．中卒． 4年間Korea Development Co.に勤務．3年間クアラルンプールでYoong Siew Wah Co.に勤務，会計補助． K工業には勤続9年．

(注1) Executiveを係長，Assistant Managerを課長補佐，Managerを課長と訳した．
(注2) 年齢は，学卒年に勤続年数を足して推定した．
(注3) 番号は人数を示す．cは華僑系，mはマレー系，iはインド系を示す．外見と使用言語からの推定．
(出所) 筆者のK工業調査にもとづく．

6. 生産システムの波及経路

　筆者が観察した時点でのK工業における生産システムの波及経路は，上に述べた第2の点が最も大きな影響を有し，それに対する外在的要因として「カイゼン・コンサルタンツ」による改変が加わろうとしていた時期であったとみることができる．ただし，単純に台湾・日本・アメリカの企業での経験がブレンドされている，とみることはできない．アメリカ家電企業ワールプール社での経験を持つ2人（26番，47番）は，1999年，つまり筆者の観察した年にK工業R&D部門に入社したのであり，それは冷蔵庫・洗濯機など今までK工業が製造してこなかった白モノ家電製品の生産ライン設計という戦略的意味合いが強い．

　現状での生産ラインは，台湾企業での勤務経験を持つ副社長チャン氏（4番）の影響を強く受けている．日系企業での経験者（5番，12番，32番）は，生産ラインの設計といった技術というよりも，射出成形や品質保証など，それをサポートする立場に回っている．もちろん，台湾企業自体が日本からの技術導入や資本提携をしてきた可能性も高く，日本企業もまたアメリカ企業からの影響を受けてきた歴史があるかもしれない．ここで言い得るのは，K工業に関しては，アメリカ企業からの影響は最も低いとみることができる，ということである．生産システムにみられるスピルオーバーの経路としては，台湾企業と日系企業からの影響が大きい[17]．

---

17) 以上の調査結果は，安保他［1991］［1994］，板垣他［1997］らによる，いわゆる「日本的生産システム」といった，国の名称を冠した水準での生産管理システムの把握方法に対する根本的な疑念を生みだすものである．ローカル企業での十分な現場観察を伴うことなく，生産システムの指標を設定することによっては，国の固有性について新たな発見をすることは不可能であろう．また，日本企業の採用してきた生産システムも，アメリカ，イギリス，ドイツ，フランスといった国々の影響を受けてきたのかもしれない．

付表6-1　電気アクセサリー組立ラインにおける作業者の作業時間
　　　　（1999年7月22日計測）

（単位・秒）

	1回目	2回目	3回目	4回目	5回目	平均	標準偏差
ステーション1	84	66	64	60	80	70.8	10.5451
ステーション2	55	92	60	62	144	82.6	37.2666
ステーション3	45	43	86	75	51	60.0	19.3390
ステーション4	111	61	98	90	120	96.0	22.7266
ステーション5	103	41	40	48	43	55.0	27.0092
ステーション6	61	56	30	33	71	50.2	17.9360

（出所）　筆者の計測結果にもとづいて作成.

終章 なぜグローバリズムが生まれるか

事実の要約とその解釈

　本書の各章から導かれるメッセージはいくつかあるが,各章を貫いて第1に指摘されるべき最も重要なポイントは,企業行動を支える人々の「意図 (intention)」や「心情」が果たす役割ではないか,と思われる.それは,一国経済システムの地理的拡延というグローバリゼーションに対する反作用の発生とスピルオーバーの存在を含めて,グローバリズムを生み出す動因をも説明するように思われる.

　日本企業の対アメリカ直接投資という意思決定は,企業の主観的意思に導かれたものであって,経済合理性に導かれた論理的帰結であるとみることは困難である.本書第2章に明らかにしたように,少なくともFSに関する手続きをみる限りにおいて,個々の企業が将来の期待収益を算定しえたとみることは困難である.たとえば,対アメリカ市場への進出をFSで探る際には,かならずしも厳密な立地条件の比較が行われていたわけではなかった.取引先・顧客の情報が企業に蓄積されていくにしたがって,投資をするという決定が先験的に与えられ,FSは,むしろ,その決定をサポートするものとして作成されている可能性が高い.それを企業家精神と呼び替えてみれば明らかであるが,投資決定とは主観的な「意図」が先行するものであり,FSによる現状認識は,それを後づけるように見える.

　アメリカ市場で操業が開始されると,それを支えるのは日本人の派遣従業員である.日本人の派遣従業員が減ることは撤退へのサインであって,アメリカ人従業員による経営現地化のサインとみることはできない.本書第3章

で浮かび上がってきたのは，一旦開始されたアメリカでの操業を，ときに収益性さえも度外視して日本人派遣従業員が支えてきた，という姿である．5年程度，収益性の悪い事業が継続されうることが，FSでの前提となっているともいえる．では，なぜ収益性すら度外視することができるのだろうか．将来における収益の改善が予想される，という答えもあるだろう．しかし，他方に，海外の日系企業を設立にまで導いたある種の「心情」が投資決定者にあり，その「心情」が日本人派遣従業員の数に現れている，とみることはできないだろうか．

投資決定は曖昧に始まり，操業は「心情」で支えられる．それが在アメリカ日系企業の姿である．それは，累損を支えきれなくなったときに撤退されるであろうが，そこに至る期間は5年以上の長期である．

眼を日本国内に転じてみよう．日本の多国籍企業は，国内での雇用調整について，日本全国の各工場で「平等」に雇用者数の削減をはかる場合が多かった．それが不可能になったときに，工場・事業部門を分社化して組織を変更する．本書第4章は，そうした事実を明らかにした．直接的に生産拠点を閉鎖するという動きは，いわば最後の手段としてのみ採用される．

東南アジアでは，どうであったか．生産拠点の集約化という戦略は，また，AFTAが成立することが明らかな東南アジア市場でも，明確には選択されていなかった．本書第5章での調査結果は，その点を明らかにしている．長い歴史を持つ東南アジアの生産拠点を支えてきた歴代の日本人派遣従業員は，ときに単身赴任で，また，ときには家族とともに外国生活での適応という課題を克服することを通じて関与してきた．この関与は，まさにコミットメントと呼びうるほどの組織への一体化であったかもしれない．こうした主観的要素の存在を仮定してみれば，東南アジア諸国の関税が引き下げられるという一要因をもって多数の日本人派遣従業員の努力を無にする決定をすることは，多国籍企業内での動機づけにマイナスの影響を与えるであろう．AFTAの形成後も，各生産拠点で生産性を高めて輸出競争力を高める戦略が選択されていたことは当然の成り行きとも言える[1]．

---

1) 官僚機構が生み出すものであるか，議員による立法によるものであるかは，国によって，また，法案によって異なるであろうが，経済政策の効果は，企業の競争優位と同じように，事後

不確実性を避けることができない将来の期待収益よりは，むしろ確実に存在しつづける企業内の人間関係が重視される．日本企業には生産拠点の統廃合を計画していく組織的意欲が生まれにくいように思われる[2]．

以上が，本書第2章から第5章で明らかにした事実を，首尾一貫して説明しうる論理であるように思われる．

経済学への含意

経済学が依拠する基本的な発想は，個々の消費者や企業の集合的行為を大量現象として観察するときに合理性を体現したものとなる，というフィクション（仮構）であった．その仮構を許容すれば，需要曲線と供給曲線から経済厚生を計算することも可能になる．そして，市場は非合理的な選択をした個人や企業を裁断する，とみることもできる．これは，市場の失敗に関する外部性や公共財といった教科書的な例外を許容しつつ，いまだに経済学的な発想の基礎になっている．しかし，果たして，その理解は実証的に正しいと言えるだろうか．

経済主体である企業が過剰な投資を行い，その結果として過剰供給が選択された場合，均衡への経路が約束されたものではないことは，カオスの理論に依拠しなくとも，安定条件を満たさない場合としてよく知られている．本書が実証的に明らかにしたのは，仮に，均衡への収束が達成されたとしても，その調整プロセスには企業組織の改変を不可避的に伴うということである．そして，その調整プロセスは5年，10年という長期にわたって変化しつづける．組織の改変は，ときに経済環境の変化よりも長時間を要する．5年から10年にわたる調整プロセスが経済主体としての企業に観察されるとき，市場における均衡への収束という概念に，どのような意義が残るだろうか．

的にのみ明らかになる．日米貿易摩擦と日米構造問題協議，プラザ合意や外国為替市場への協調介入，NAFTA, EU, AFTAといった地域経済統合は，本書が対象とする期間に課題となった経済政策の例である．

2) 日産・ルノーの提携が如実に示したのは，外資系企業となることによって，日本企業のなかの人間関係を中心とした組織に「大なた」をふるうことができる，という事実ではなかっただろうか．

スピルオーバーと民族

　マレーシアのローカル・メーカーにおいては，なぜ金型交換時間が長いのか．それは，技術水準の低さとみることもできるが，その回答は同義反復に近い．より本質的なのは「モールド・セッター」に与えられた権限，言い換えればオートノミー（自主決定権）である．射出成形部門の金型交換をする「モールド・セッター」に指示を与え，管理をする者は，実質上いない．

　なにゆえにオートノミーが確保されるのか．スーパーバイザーやリーダーは，自分たちにも「モールド・セッター」の経験があり，オートノミーを与えることが「モールド・セッター」を自主的に働かせるインセンティブとなっていることを知っている．それは，射出成形部門の作業者達が持つプライドに起因している．K工業のなかで最も資本集約的な生産プロセスを支えている，という自負心である．自負心の高い人々がいかに振る舞うのかを言葉で説明するのは困難だが，しかし，一見してそれとわかる場合も多い．筆者がK工業で感じたのは，彼らの自負であったと思う．

　マレーシアのローカル・メーカーにおいては，台湾，日本，アメリカの企業で働いた経験を持つ技術者たちが吸収した生産技術の影響をみることができた．これは，多国籍企業のグローバリゼーションが，エスノセントリック（一国中心主義的）な技術の普及にとどまらないことを示唆している．多国籍企業の子会社で働く人々には，故郷があり，自らの生まれた国への愛着がある．多国籍企業の子会社が林立する工業団地や輸出加工区では得られない「心のやすらぎ」が地方都市にはある．クアラルンプール，シャーアラムやバンギといった地方で就業した経験を持つ人々が，故郷に近い企業で勤めることを望むのである．

　外国企業よりも自国企業に就業することを好むことを，どのように表現するべきか．愛国心，民族意識といったどちらかといえば政治的用語の持つ語感では，的はずれかもしれない．外国企業の撤退リスクに対する危惧というのも，やはり説明としては迂遠である．ローカル・メーカーに勤める人々は，自ら転職したケースがほとんどであったからである．故郷の企業で働く，いわば「Uターン」現象を生み出す要因を，「心のやすらぎ」と仮に表現した

が，それだけが説明のすべてではないかもしれない．ある土地に結びつけられた人々の心情は，血縁関係の拡張としての「民族」とは異なる，自然な定住への欲求を示しているのかもしれない．それは，政治的プロパガンダとして提示される「民族」とは異なる経済的欲求として認められるべきであろうし，その緩やかな欲求の範囲において「民族」の意義を捉える必要があろう．

グローバリズムと「心情」の役割

　グローバリズムに焦点をあて，企業行動の国際化と地域経済からの反作用を研究するなかで浮かび上がったのは，利益の確保を目的とする企業組織のなかで活動する人々の「心情」であった．東西冷戦の終結後，人々は政治体制やイデオロギーにとらわれずに，世界各地でビジネスに携わる「意図」を持ち得た．その中心的な発見に比較すると，本書の各章で明らかになった経済現象に分類されるべき事実発見は色あせてみえる．それは，あたかも政治組織がイデオロギーという「心情」から出発して利益集団となってしまうことの鏡像のようでもある．企業という経済的組織は，利益獲得を必要条件としつつ，組織に対する「思い」や「心情」なしでは存立しえないように思われるのである．

　企業活動を担う人々の行動として仮定されてきた「経済合理性」は，「限定された合理性」に道を譲りつつあるかに思えるが，そのときの「限定」に何が含まれるのか，注意が必要である．そこには多分に心理的要素が働いていることになるが，情報処理能力の限界としてのみ「限定」を捉えることは，企業行動の理解としては不十分かもしれない．

　あるいは，効用（utility）という経済学的な基礎概念自体を疑わせるなにかがグローバリズムには埋め込まれているのかもしれない．金銭的不効用と自尊心に関わる効用とが，同一の経済活動から同時に生まれるときに，人は，その不効用と効用とを合算しうるだろうか．おそらくは，辞書式順序による選好が行われ，たとえば自尊心に関わる効用が優先されるのではないだろうか．金銭的不効用は，不良資産が許されるがごとく，累積しうる．いわば，人の「心」には，2つの部屋があり，効用を感ずる部屋と，不効用を感ずる部屋が分かれているとも言える．両者を合算できる，とする効用関数に関す

る仮定は,疑わしい.たとえば,ギャンブルで破産する個人,テロリズムに関与する個人,といった例は,こう考えることによって説明可能になる.ギャンブルのスリルと金銭的損失とは合算されず,自らの信奉する主義・主張への陶酔と殺人への罪悪感もまた,合算されることはない.こうした効用と不効用の同時存在の延長線上には,収益性の低い海外投資を支える日本人経営者の姿も浮かび上がってくる.国際的な事業活動を行うことの職業的満足度と,そこから発生する損失とは,合算されることはない[3].一方が他方の規定要因として,不連続に必要条件の役割を果たす時期がある,といいうるのみであろう.

経済活動の本質が,このような複合的なものである[4]とすれば,その分析はおそらく,いくぶんか意義深いものになるのかもしれない.

残された課題

本書では,グローバリズムに関するいくつかの連関を議論していない.その第1は,金融・為替市場におけるグローバル化の作用と反作用である.洞口 [1998d],洞口・下川 (Horaguchi and Shimokawa [2002]) に提示したアジア通貨危機の発生と,そこからの回復過程は,その一つのエピソードになるかもしれないが,ここで十全な分析を提示することはできなかった.第2は,情報化の進展である.インターネット,携帯電話,カード決済,などいくつかの技術が融合することによって,国境を超えた取引が可能になり,新たな市場を生み出しつつあるかに見える.本書は,製造業を中心とした日本企業のグローバル化と,その帰結に焦点を当てた.第三次産業のグローバル化やベンチャー・ビジネスの国際化が,いかなる反作用とスピルオーバーを伴いつつ,グローバリズムの諸相に新しいスペクトラムを加えているか,

---

3) 「私のなかに『こころ』はひとつではなく沢山あるなどと思ってみると,ずい分面白い」とは河合隼雄の論説「一人の人間に無数の『心』――多心論――」(『読売新聞』2001年1月5日夕刊)での示唆である.「効用」と「不効用」という2つの「心の部屋」は,いまだに経済学的な発想といえるかもしれない.

4) 日本国内で不良債権処理が進まない原因と,その対策も推論できる.すなわち,バブル期に巨額の融資を行った銀行の経営者が,その後も経営の舵取りをしていたとすれば,彼らは自らの融資を「過ち」と認めるわけにはいかない.不良債権処理に「大なた」を振るおうとすれば,銀行幹部経営者の世代交代を進めるしかない.

といった興味深い問題も残されている．国際経営論の体系化が必要な所以であるが，問題の広がりと，その急速な展開を見ると，こうした数々の課題に答えるには，筆者の個人的な力量のみでは不可能であろうとも思われる．日本の学界による国際的な貢献が期待されるところである．

あとがき

1990年代へ

　拙著『日本企業の海外直接投資——アジアへの進出と撤退——』(洞口[1992a])は，幸いにも多くの読者からの反響をえた．とりわけ今井賢一教授から第35回日経・経済図書文化賞受賞に伴う過分なる評価を頂いたことは，筆者の1990年代を決定づけたと言ってもよい．筆者は，その後，新たな研究と，そのための基礎的な学習に多くの時間を費やした．法政大学経営学部豊田敬教授による大学院での基礎解析の講義，法政大学経済学部（現在，慶応義塾大学経済学部）中山幹夫教授による夜間大学院でのゲーム理論の講義を法政大学で聴講する機会を得たのは，幸運であった．筆者が法政大学専任講師から助教授に至るころの，おそらくは晩学すぎる経験であったが，それでも何事かを学んだ充実感がある．快く聴講を許可して下さった両先生に心から感謝したい．

　1994年8月から96年8月までの2年間にわたるハーバード大学での客員研究員の時代に，本書，第1章に含まれる理論研究と，第2章・第3章までの研究を行った．筆者がフルブライト若手研究員プログラムによってアメリカ・ハーバード大学に客員研究員として学ぶことができたのは，恩師である植草益教授（東京大学名誉教授，東洋大学教授）による，ハーバード大学経済学部リチャード・ケイブス（Richard E. Caves）教授への推薦のおかげである．家族を帯同しての不慣れな外国生活に際しては，慶応義塾大学井手秀樹教授とそのご家族，横浜国立大学鳥居昭夫教授に，様々なご配慮を頂いた．また，同じ時期に留学されておられた学習院大学玄田有史教授，青山学院女子短期大学菊池純一教授にも，たいへんにお世話になった．遅ればせながら，ここに記して謝意を表したい．

　本書，第4章から第6章は，日本への帰国後進めてきた研究をもとにして

いる．特に，第4章の「産業空洞化」問題については，法政大学経営学部鈴木武教授，堀内行蔵教授（現在，法政大学人間環境学部教授）によって，筆者の帰国前から準備されていた研究課題でもあった．第5章は，アジア経済研究所・丸屋豊二郎氏を主査とする研究プロジェクトと，東京大学・山影進教授，末廣昭教授を主査とする研究プロジェクトでの研究成果をもとにしている．刺激的な研究会にお誘い頂いたことに感謝したい．また，研究報告論文の作成にあたっては，アジア経済研究所・川上桃子氏から詳細なコメントを頂いた．記して感謝したい．また第6章は，日本貿易振興会JETROでの講演を機縁としている．同会には多数の方々にお世話になりつづけており，ここで御礼申し上げたい．フィールド調査の技法について，小池和男教授（法政大学名誉教授，東海学園大学教授）に近しく議論する機会を頂いたことにも感謝の意を表したい．第2章から第4章におけるデータ入力という根気のいる作業は，谷村正志，入江マリコ，ヒロコ・コッチ，小島泰友のみなさんからご協力頂いた．ここで改めて御礼申し上げる．

　国際シンポジウム，コンファレンス，研究会などを通じて多くの研究者の方々から，長く知的な刺激を受けつづけている．アジア経済の動向については，絵所秀紀，平川均，深川由起子，吉野文雄，松井和久，佐藤百合の各先生方から地域研究の大切さを学んでいる．海外でのフィールド調査に際しては，八幡成美，エリザベス・レメディオ (Elizabeth M. Remedio)，イブリン・レクレル (Yvelin Lecler)，フランソワーズ・ゲル (Françcoise Guelle) の各先生方に薫陶を頂いた．また，海外直接投資の理論的・実証的研究については，国際シンポジウムや研究会において，浦田秀次郎，若杉隆平，深尾京司，竹森俊平，大山道広，徳永正二郎，後藤純一，吉原英樹，浜田宏一，グスタフ・レイニス (Gustav Ranis)，ジェームズ・M・シェーバー (James M. Shaver) の各先生方と意見を交換する機会を得た．こうした機会において，筆者は，研究の方向性に大きな影響を受けた．また，国際ビジネス研究学会では，下川浩一，岡本康雄，佐久間賢，江夏健一，吉森賢，藤本隆宏，星野靖雄，杉田俊明の各先生より研究・教育の方法についての示唆を受けている．新たな研究分野における研究業績の共有という学会活動への貢献に改めて敬意を表したいと思う．

あとがき

　はからずも前著出版後10年という歳月を費やしてしまったが、その成果を本書によって問いたいと思う．それは，前著に対して与えられた，多くの批判に積極的に答えるためでもある．ローカルのアジア企業に対する調査，あるいは，産業別データによる分析を深めるべきであるとする指摘などは数多く頂戴したが，それらは本書第4章から第6章を電機産業に絞り込む契機となった．

　本書は，そうした前著への批判を踏まえた日本企業の海外直接投資に関する研究の続編である．筆者は，法政大学奨学金留学生としてイギリス・シェフィールド大学経済社会史学部に学んだ．そこでは，モーリス・ドッブのソビエト経済史に関する著作に耽溺していたが，最も上質な経済史とは，現代経済史以外にありえないと直観した．前著『日本企業の海外直接投資』が1970年代から80年代末におけるアジア向け投資を対象としており，今回の著作は1990年代の対米・対アジア向け投資を研究課題としている．筆者の直観の当否はさておき，法政大学経済学部・経営学部の諸先生方からは，学部学生の頃から今に至るまで，常に温かいまなざしと知的な刺激を受けつづけている．いちいちお名前を記すことには躊躇があるが，ここで改めて御礼申し上げたい．

　本書を世に出すにあたり，編集の労をとっていただいた東京大学出版会・黒田拓也さんに感謝の意を表したい．筆者にとっては瞬く間であったとはいえ，10年間にわたる長い間の励ましと，本書作成のための忍耐に心から感謝したい．

昭和の人として

　怠惰な筆者を常に励まし，あたたかく，明るい家庭をみごとに創り上げている妻・淳子に心から感謝したい．妻に似た規則正しい生活をする長女・友来，長男・茂人の成長は，筆者の心の糧となっている．幼い姉と弟とが，つぎつぎと新しい課題に挑戦していく姿を目の当たりにすることができるのは，あたかも冒険小説を読むような感激がある．不出来ながらも，父親という役割を楽しむことができる幸福を家族に感謝したい．

　歳月とともに，生まれ故郷である信州が懐かしくなる．りんご園を営んで

いた母方の実家では、毎年、兄とともに夏休みの大半をすごした。そこには数人の叔父や叔母と、何人もの親戚の子どもたちがおり、皆で蟬をとり、お盆を祭った。今からでは想像もつかないことではあるが、田舎の小学生にとって、りんご園での最も楽しい遊びは、リヤカーを引いて遊ぶことであった。そうした30年以上も昔の思い出を、いとおしく思う。また、筆者の東京暮らしを全面的に助けてくれた父方の叔母・有井幸子がいなかったならば、筆者の大学生活はアルバイトだけで埋め尽くされていたと思う。さりげない心配りのなかでの支援があったがゆえに、法政大学で楽しく勉強に集中する時間が与えられたと思う。ここに、筆者の修学を支えてくれた多くの方々にお世話になってきたことに対する謝辞を述べることをお許し願いたいと思う。

そして、最後にはなったが、満州で働き、半年間の兵役ののちソビエト連邦に4年間抑留され、苦学のすえに公務員生活を満了した父・洞口十四雄と、長きにわたって明るく「共働き」をしてきた母・わかのを心から尊敬することを記して、本書を捧げたい。昭和から平成に至る時代、あるいは、20世紀という時代を両親が生きてきたことの意味を、筆者はこの著作で問うているつもりである。

本書の編集作業中に、アメリカ・ニューヨーク世界貿易センターと国防総省への同時テロが起こり、また、アメリカによるアフガニスタン侵攻も進められた。国際政治におけるグローバリズムの「反作用」は経済的側面よりも遥かに過激である。

このささやかな著作が、社会科学の面白さを若い世代に伝えるものとなっていることを切に願う。

2001年12月

著者

文献リスト

[日本語文献]

青木 健・馬田啓一編著［1997］『日本企業と直接投資——対アジア投資の新たな課題——』勁草書房.

青木 健・馬田啓一編著［1999］『地域統合の経済学』勁草書房.

青木昌彦［1978］『企業と市場の模型分析』岩波書店.

青木昌彦［1989］『日本企業の組織と情報』東洋経済新報社.

青木昌彦［1995］『経済システムの進化と多元性——比較制度分析序説——』東洋経済新報社.

青木昌彦・奥野正寛編著［1996］『経済システムの比較制度分析』東京大学出版会.

浅沼萬里著・菊谷達弥編［1997］『日本の企業組織 革新的適応のメカニズム——長期取引関係の構造と機能——』東洋経済新報社.

アジア経済研究所［1994］『民間経済協力調査研究報告書（第二分冊）——インドネシア——』アジア経済研究所.

安保哲夫・板垣 博・上山邦雄・河村哲二・公文 溥［1991］『アメリカに生きる日本的生産システム——現地工場の「適用」と「適応」——』東洋経済新報社.

安保哲夫編著［1994］『日本的経営・生産システムとアメリカ——システムの国際移転とハイブリッド化——』ミネルヴァ書房.

天野倫文・深尾京司［1998］「対外直接投資と製造業の「空洞化」」『経済研究』第3巻第49号.

飯田健雄［1998］『かくして巨額損失は海外で生まれた——日本企業が陥った「失敗の本質」——』日本評論社.

井口俊英［1997］『告白：The Confession』文芸春秋.

池本幸生［1996］「NAFTAとタイ経済」谷浦妙子編『NAFTAとアジア経済——自由化による地域統合への対応——』第8章，アジア経済研究所.

伊沢俊泰［1996］「日本企業の海外進出と労働力コスト——電気機器産業の企業について——」『季刊 労働法』第179号.

伊沢俊泰・國則守生・中北 徹・深尾京司［1994］「研究開発投資と海外生産活動——電機機械器具産業の企業データによる実証分析——」『金融研究』第13巻第1号.

石川勝一［2000］「多国籍企業の内部化理論の展望——Alan M. ラグマンの所論

を中心として——」『石巻専修大学経営学会』第1/2巻第11号.
石田孝造［1984］「日本の海外投資と雇用効果についての試算——産業連関モデルによる展開——」日本労働協会編『海外投資と雇用問題』第5章, 日本労働協会.
板垣博編著［1997］『日本的経営・生産システムと東アジア——台湾・韓国・中国におけるハイブリッド工場——』ミネルヴァ書房.
伊丹敬之・加護野忠男［1989］『ゼミナール経営学入門』日本経済新聞社.
伊藤元重［1996］『ゼミナール国際経済入門』日本経済新聞社.
井上達彦［1998］『情報技術と事業システムの進化』白桃書房.
今井賢一［1983］『日本の産業社会——進化と変革の道程——』筑摩書房.
今井賢一・金子郁容［1988］『ネットワーク組織論』岩波書店.
岩田一政［1998］「リージョナリズムの光と影」鴨 武彦・伊藤元重・石黒一憲編『リーディングス 国際政治経済システム 2 相対化する国境』有斐閣.
植田和男［1996］「為替レートと製造業の空洞化」『海外投資研究所報』（日本輸出入銀行海外投資研究所）第22巻第3号.
殖田亮介［1999］「AFTA（ASEAN 自由貿易圏）展望——進む ASEAN の貿易・投資の自由化——」第一勧銀総合研究所編『調査リポート』No. 13（5月27日）.
江口雄次郎［1991］「地域主義の新視点」『世界経済評論』8月.
絵所秀紀［1991］『開発経済学——形成と展開——』法政大学出版局.
遠田雄志［1998］『グッバイ！ ミスター・マネジメント——ゴミ箱理論, ワイク理論のすすめ——』文眞堂.
遠田雄志編［2001］『ポストモダン経営学』文眞堂.
遠藤雄二［1988］「日本の産業空洞化と雇用問題」宮川謙三・徳永正二郎編『アジア経済の発展と日本の対応』九州大学出版会.
大貝威芳［1997］「家電産業の新たなアイデンティティ——空洞化とアジアとの分業：テレビ・ビデオのケース——」『龍谷大学経営学論集』第36巻第4号.
大野耐一［1978］『トヨタ生産方式——脱規模の経営をめざして——』ダイヤモンド社.
大庭三枝［2001］「地域主義と日本の選択——日本はパートナーをどう選んできたのか——」末廣 昭・山影 進編著『アジア政治経済論——アジアの中の日本をめざして——』第 II 部第2章, NTT 出版.
岡田晃久［1991］「アジア・太平洋の「経済圏」構想とその行方」『世界経済評論』10月.
岡田 章［1996］『ゲーム理論』有斐閣.
岡本秀昭［1988］「多国籍企業化と国際労働組合運動——国際的規範形成の経過と可能性——」岡本秀昭編著『国際化と労使関係——日本型モデルの含意——』第 IV 部・1, 総合労働研究所.
岡本康雄編著［1998］『日本企業 in 東アジア』有斐閣.
岡本康雄編著［2000］『北米日系企業の経営』同文舘.
尾崎 厳［1987］「産業の空洞化と雇用の将来」『日本労働協会雑誌』1月号.

小野正人 [1992]「対米投資でわかった『日本型経営』の限界——現地子会社の業績悪化に苦しめられる親会社——」『世界週報』3月24日, 28～33ページ.
郭 賢泰・洞口治夫 [1993]「撤退の研究・日系企業15年間で50％が消滅」東洋経済新報社編『海外進出企業総覧・国別編, 1993年版』16～21ページ, 3月.
岳 希明・深尾京司 [1997]「電機メーカーの立地選択」『三田学会雑誌』第90巻第2号.
加護野忠男 [1988]『組織認識論——企業における創造と革新の研究——』千倉書房.
金子 勝 [1999]『反グローバリズム』岩波書店.
鎌田 慧 [1983]『自動車絶望工場——ある季節工の日記——』講談社文庫.
上山春平 [1980]「プラグマティズムの哲学」上山春平編『パース・ジェイムズ・デューイ』中央公論社.
川崎研一・串馬輝保・三藤真紀 [1997]「APEC貿易自由化の経済分析—— CGEモデルによるシミュレーション分析——」『海外投資研究所報』第23巻第12号.
川辺信雄 [1999]「日本企業海外直接投資50年」『日外協 Monthly 特別号 海外直接投資の50年と日外協の25年』6月.
神取道宏 [1994]「ゲーム理論による経済学の静かな革命」岩井克人・伊藤元重編『現代の経済理論』第1章, 東京大学出版会.
カパンネリ, ジョバンニ [1998]「広範な産業移転から生れる技術移転——マレーシア電子産業におけるバイヤー・サプライヤー関係——」法政大学産業情報センター・岡本義行編『日本企業の技術移転——アジア諸国への定着——』第6章, 日本経済評論社.
久保文克 [2001]「自動車メーカーの戦略的提携—— ASEAN市場は十分に魅力的か——」末廣 昭・山影 進編著『アジア政治経済論——アジアの中の日本をめざして——』第II部第6章, NTT出版.
熊谷文枝 [1996]『日本的生産システムイン USA ——摩擦から相互理解へ——』日本貿易振興会(ジェトロ).
栗原武美子 [1999]「米州自由貿易圏構想と日本の対加直接投資」『経済論集』(東洋大学) 第25巻第1号.
グリフィス, リチャード・T, インズィ・アルケマ [1996]「空洞化：歴史的類型」『海外投資研究所報』(日本輸出入銀行海外投資研究所) 第22巻第3号, 1996年3月.
公文 溥 [1990]「在米日系自動車企業の作業組織について」『社会労働研究』第37巻第1号.
黒川文子 [1995]「我が国企業の海外進出戦略——製造業の空洞化との関連にて——」『慶応商学論集』第9巻第1・2号.
経済企画庁経済研究所 [1998]『経済分析——応用一般均衡モデルによる貿易・投資自由化と環境政策の評価——』第156号.
国際貿易投資研究所・公正貿易センター [1999]『AICOスキームに関する調査

研究——ASEAN 産業（工業）協力スキーム——』㈶国際貿易投資研究所・公正貿易センター．
小池和男［2000］『ききとりの作法』東洋経済新報社．
小池和男［1991］『仕事の経済学』東洋経済新報社．
小池和男・猪木武徳［1987］『人材形成の国際比較——東南アジアと日本——』東洋経済新報社．
小池和男・中馬宏之・太田聰一［2001］『もの造りの技能——自動車産業の職場で——』東洋経済新報社．
小島 清［1989］「海外直接投資の空洞化効果——日本経済は空洞化しない——」『海外直接投資のマクロ分析』第3章，文眞堂．
小宮隆太郎［1999］「日本の一経済学者から見た APEC」『日本の産業・貿易の経済分析』第5章，東洋経済新報社．
小宮隆太郎・白川和則［1972］「組織」澄田 智・小宮隆太郎・渡辺康編『多国籍企業の実態』第2章，日本経済新聞社．
坂本真一・小野正人［1992］「多角化・海外投資の見直しが始まった——リストラにならなかったリストラ事業——」『エコノミスト』11月3日．
桜沢 仁［1994］「衰退業界の戦略的企業行動」日本経営学会編『世界の中の日本企業』（経営学論集第64集）．
桜沢 仁［1997］「日本茶業界の組織と戦略——静岡県の茶業分析を中心として——」『静岡学園短期大学研究報告』第10号．
佐々木土師二編［1996］『産業心理学への招待』有斐閣．
佐藤郁哉［1992］『フィールドワーク——書を持って街へ出よう——』新曜社．
佐藤定幸［1988］「アメリカ産業の空洞化——日本にとっての教訓はなにか——」竹田志郎編『経済摩擦と多国籍企業』第8章，同文舘．
塩次喜代明［1996］「経営戦略研究のフィールドと理論」『経済学研究』（九州大学経済学会）第62巻第1〜6号．
白川一郎・豊永真美［1996］「主要国における「産業空洞化」のサーベイについて」『政策科学』第4巻第1号．
島田晴雄［1988］『ヒューマンウェアの経済学』岩波書店．
清水一史［1998］『ASEAN 域内経済協力の政治経済学』ミネルヴァ書房．
清水一史［1999］「アジア経済危機と ASEAN 域内経済協力」『世界経済評論』5月．
下川浩一［1998］「アジア地域における日本自動車産業の直接投資と国際分業の展開——その技術移転と雇用構造の変化を中心に——」『経営志林』第35巻第3号．
末廣 昭［2000］『キャッチアップ型工業化論——アジア経済の軌跡と展望——』名古屋大学出版会．
杉田俊明［1998］「海外直接投資の撤退と再進出——ある中国進出メーカーの軌跡——」『日中経協ジャーナル』7-8月．
鈴木 武・堀内行蔵・大下勇二・福多裕志・奥西好夫・今橋 隆［1997］「海外投資が国内投資に与える影響についての研究」『経営志林』第34巻第1号．

鈴木利大 [1995]「今日の地域主義と世界経済──EU, NAFTA の事例を通して──」『政経論叢』(明治大学政治経済研究所) 第63巻第2・3号.
鈴村興太郎 [1982]『経済計画理論』筑摩書房.
世界経営協議会 [1990]『日本企業の国際戦略──ケース・スタディⅢ──』世界経営協議会.
関 満博 [1997]『空洞化を超えて──技術と地域の再構築──』日本経済新聞社.
関口末夫 [1995]「直接投資と『産業空洞化』」関口末夫・田中宏編『海外直接投資と日本経済』第6章, 東洋経済新報社.
高地康郎 [1987]「ASEAN における域内経済協力の実態と展望」『海外投資研究所報』第13巻第12号.
高橋伸夫 [1997]『日本企業の意思決定原理』東京大学出版会.
高橋浩夫 [1991]『グローバル経営の組織戦略』同文舘.
高宮 誠 [1980]「多国籍企業における組織集権度」『ビジネスレビュー』第28巻第2号, 伊丹敬之訳.
高宮 誠 [1993]「ヨーロッパにおける日本の多国籍企業」伊丹敬之・加護野忠男・伊藤元重編『リーディングス 日本の企業システム 第2巻 組織と戦略』有斐閣.
竹中平蔵・千田亮吉・渡邊 健・平岡博之 [1989]「わが国海外直接投資の計量分析」『フィナンシャル・レビュー』第9号.
竹森俊平・中野英夫 [1997]「高い地価は対日直接投資の阻害要因か?」『三田学会雑誌』第90巻第2号.
田中祥子 [2000]「収益性と撤退──日本企業のアメリカへの海外直接投資についての一考察──」『富大経済論集』第46巻第2号.
中小企業事業団情報調査部 [1985]『海外投資のためのフィージビリティ・スタディ・マニュアル (企業化可能性調査)』中小企業事業団.
中小企業事業団情報調査部 [1990]『海外進出企業のフェイドアウト事例』中小企業事業団.
一寸木俊昭編著 [1994]『経営学──成熟・グローバル段階の企業経営──』ミネルヴァ書房.
通商産業省産業政策局国際企業課 [1983]『第1回海外事業活動基本調査』東洋法規出版.
────[1986]『第2回海外事業活動基本調査 海外投資統計総覧』ケイブン出版.
────[1988]『第3回海外事業活動基本調査 海外投資統計総覧』ケイブン出版.
────[1991]『第4回海外事業活動基本調査 海外投資統計総覧』大蔵省印刷局.
────[1994]『第5回海外事業活動基本調査 海外投資統計総覧』大蔵省印刷局.
通商産業大臣官房調査統計部企業統計課・通商産業省産業政策局国際企業課編 [1998]『我が国企業の海外事業活動 (第26回)──平成8年海外事業活動基本調査 (第6回)──』大蔵省印刷局.
────[1999]『我が国企業の海外事業活動(第27回)──平成8年海外事業活動動向調査 (第7回)──』大蔵省印刷局.
土屋守章 [1987]「アメリカ経営学の発達」中村常次郎・高柳 暁編『経営学』第

3版，有斐閣.
東京都労働経済局編［1995］『空洞化問題調査検討委員会報告』12月.
東洋経済新報社編［1990］『海外進出企業総覧（国別編）1990年版』東洋経済新報社.
東洋経済新報社編［1995］『海外進出企業総覧（国別編）1995年版』東洋経済新報社.
徳永澄憲［1994］「地域統合に関する経済分析のサーベイ」大野幸一編『経済統合と発展途上国——EC・NAFTA・東アジア——』第2章，アジア経済研究所.
鳥居泰彦・深作喜一郎・積田 和［1984］「自動車産業の海外進出に伴う波及効果のシミュレーション分析」日本労働協会編『海外投資と雇用問題』第6章，日本労働協会.
トヨタ自動車株式会社広報部［1990］『トヨタ広報資料 アジア・オセアニアの自動車市場』トヨタ自動車株式会社.
中北 徹［1991］「海外直接投資の新段階と東アジア経済の発展——域内生産システムの統合へむけて——」通商産業省通商産業研究所・東アジア経済研究会編『東アジアの経済動向に関する調査研究』㈶産業研究所，8月.
中山幹夫［1997］『はじめてのゲーム理論』有斐閣ブックス.
中村尚司・広岡博之編［2000］『フィールドワークの新技法』日本評論社.
中村吉明・渋谷 稔［1994］「空洞化：その問題の所在」伊藤元重・通商産業省通商産業研究所編『貿易黒字の誤解』東洋経済新報社.
日本在外企業協会［1991］『海外事業における撤退戦略』日本在外企業協会.
日本輸出入銀行海外投資研究所［1990］「海外投資の急拡大とグローバル経営の進展——海外直接投資アンケート調査結果報告——」『海外投資研究所報』1990年1月.
日本輸出入銀行海外投資研究所編［1987］『海外投資の知識』日本経済新聞社.
日本労働協会編［1981］『マレーシアの労働事情——新経済政策と労働・社会の実態——』日本労働協会.
日本労働研究機構編［1991］『マレーシアの工業化と労働問題』日本労働研究機構.
野北晴子［2000］「日本の産業構造の変化について——対アジア直接投資と空洞化問題——」『広島経済大学経済研究論集』第23巻第2号.
野田秀彦［2000］「わが国家電産業の今後のASEAN事業の方向性」『開発金融研究所報』第2号.
野中郁次郎［1990］『知識創造の経営——日本企業のエピステモロジー——』日本経済新聞社.
野中郁次郎・加護野忠男・小松陽一・奥村昭博・坂下昭宣［1978］『組織現象の理論と測定』千倉書房.
橋本寿朗［1995］「円高と『産業の空洞化』——現代日本の産業構造——」河村哲二・柴田徳太郎編『現代世界経済システム——変容と転換——』第II部第2章A，225〜246ページ，東洋経済新報社，10月.

長谷川信次［1998］『多国籍企業の内部化理論と戦略提携』同文舘出版．
林　知己夫・鈴木達三［1997］『社会調査と数量化（増補版）』岩波書店．
林　直嗣・洞口治夫［1998］『グローバル・ファイナンス——大競争時代の経営と金融——』日本経済評論社．
原　正行［1992］「海外直接投資と産業空洞化問題」『海外直接投資と日本経済——投資摩擦を越えて——』第6章，有斐閣．
深尾京司［1995］「日本企業の海外生産活動と国内労働」『日本労働研究雑誌』No. 424．
深尾京司［1996］「国内か海外か——わが国製造業の立地選択に関する実証分析——」『経済研究』第47巻第1号．
深尾京司［1997］「直接投資とマクロ経済——中期的分析——」『経済研究』第3巻第48号．
深尾京司・細谷祐二［1999］「国際産業政策と多国籍企業」『経済研究』第1巻第50号．
藤沢武史［2000］『多国籍企業の市場参入行動』文眞堂．
藤本隆宏［1997］『生産システムの進化論——トヨタ自動車にみる組織能力と創発プロセス——』有斐閣．
藤原貞雄［1989］「海外直接投資と日本資本主義——日本産業空洞化論をめぐって——」吉信粛編『現代世界経済論の課題と日本』第10章，同文舘．
文英堂編集部編［1997］『くわしい社会　小学5年』文英堂．
洞口治夫［1986］「アジアにおける日系進出企業の撤退，1971～84年」『アジア経済』第27巻第3号．
洞口治夫［1991a］「多国籍企業の組織構造にみる集権化と分権化——日本企業の国際化組織と東南アジア市場——」通商産業省通商産業研究所・東アジア経済研究会編『東アジアの経済動向に関する調査研究』㈶産業研究所，8月．
洞口治夫［1991b］「日系海外進出企業の地域別・産業別撤退データ，1981～86年」『経営志林』第28巻第3号．
洞口治夫［1991c］「フィリピンの乗用車市場構造と日系アッセンブリー・メーカーの役割——現地調達部品品目に関する日本・タイとの国際比較——」『アジア経済』第32巻第12号．
洞口治夫［1992a］『日本企業の海外直接投資——アジアへの進出と撤退——』東京大学出版会．
洞口治夫［1992b］「日本企業の海外進出——意思決定と作業組織の特徴——」森川英正編『ビジネスマンのための戦後経営史入門——財閥解体から国際化まで——』第10章，日本経済新聞社．
洞口治夫［1993］「需要のセグメント化された市場におけるヤードスティックの推定——公正報酬率規制のもとにおける垂直的取引関係——」『経済志林』第60巻第3・4号，3月．
洞口治夫［1994］「政府と企業」一寸木俊昭編著『経営学——成熟・グローバル段階の企業経営——』第8章，ミネルヴァ書房．
洞口治夫［1995a］「対日直接投資——系列は阻害要因か——」植草　益編『日本

の産業組織——理論と実証のフロンティア——』第12章, 有斐閣.

洞口治夫［1995b］「フィリピンの地方都市における中小企業経営の特徴——セブ・ダバオの比較研究——」井沢直也・青山和佳・洞口治夫『発展途上国の雇用開発（フィリピン）——質問紙調査編——』第2部, 日本労働研究機構.

洞口治夫［1997a］「参入・退出と組織の再編成——アメリカにおける日系多国籍企業の事業継続と組織的進化——」『三田学会雑誌』第90巻第2号.

洞口治夫［1997b］「外部性」植草 益編『社会的規制の経済学』第5章, NTT出版.

洞口治夫［1997c］［1998a］「日本の産業空洞化——1987年から93年の主要電機メーカーについて——（上）（下）」『経営志林』第34巻第3号, 第34巻第4号.

洞口治夫［1998b］「日系多国籍企業のフィージビリティ・スタディ——対米直接投資に関する実態調査と仮説の抽出——」『経営志林』第35巻第1号.

洞口治夫［1998c］「二つの社会科学の20世紀——経営学と経済学——」『社会科学研究』（東京大学社会科学研究所）第50巻第1号.

洞口治夫［1998d］「後発性のリスクと直接投資——タイの外国為替相場制度変更と期待形成のプロセス——」『経営志林』第35巻第3号.

洞口治夫［1999a］「シンガポール・マレーシアの電機・電子産業——14企業でのヒヤリング結果——」丸屋豊二郎編『外国直接投資と地場企業の発展』調査研究報告書・経済協力研究部, 1998—No.1, 日本貿易振興会・アジア経済研究所.

洞口治夫［1999b］「グローバル化する日本の電機企業における工場管理運営の動向—— A社2工場 にみる国産化と空洞化の動向——」㈶地球産業文化研究所『ASEANを中心としたアジアの政治・社会システムとそれに立脚した地域協力と日本の対応——ナショナリズムとグローバリズムの調和——』研究委員会報告書, 主査・山影 進, 63〜72ページ, 6月.

洞口治夫［2000］「多国籍企業の国際分業体制と AFTA——日系電子・電機産業の動向を中心に——」丸屋豊二郎編『アジア国際分業再編と外国直接投資の役割』第5章, アジア経済研究所.

洞口治夫［2001a］「国際経営——産業集積——」法政大学経営学部・藤村博之・洞口治夫編著『現代経営学入門——21世紀の企業経営——』第8章, ミネルヴァ書房.

洞口治夫［2001b］「地域連携の政治経済学——地域主義の流行をどう説明するのか——」末廣 昭・山影 進編著『アジア政治経済論——アジアの中の日本をめざして——』第II部第7章, NTT出版.

洞口治夫［2001c］「加工組立型産業における金型交換時間の観察——国際ビジネス研究における新たな事例分析方法の探究——」『国際ビジネス研究学会年報2001年』.

堀 潔［1993］「円高・長期不況と地域企業集積」『常磐大学短期大学部研究紀要』第22号.

馬越恵美子［2000］『異文化経営論の展開——「経営文化」から「経営文明」へ

──』学文社.
松下正弘［2000］「為替変動，対外直接投資，及び産業の空洞化」『青山経済論集』第52巻第1号.
松島 斉［1997］「限定合理性の経済学──あるゲーム・セオリストの見方──」大山道広・西村和雄・林 敏彦・吉川 洋編『現代経済学の潮流 1977』東洋経済新報社.
松田 健［1996］『アジアから見た日本の「空洞化」──金型産業の世界地図が変わる──』創知社.
松村文武・藤川清史［1998］『"国産化"の経済分析』岩波書店.
丸山惠也編［1997］『新版 アジアの自動車産業』亜紀書房.
マレーシア日本人商工会議所［1998］『マレーシアハンドブック98'』マレーシア日本人商工会議所.
宮川公男編著［1999］『経営情報システム』中央経済社
宮澤健一［1998］『制度と情報の経済学』有斐閣
三輪芳朗［1995］「空洞化？──事業所数と従業者数の動向──」東京大学経済学部産経研ディスカッション・ペーパー，95-J-3.
門田安弘［1983］『トヨタシステム──トヨタ式生産管理システム──』講談社.
柳沼 寿［1995］「日本企業の海外活動と技術の空洞化」『経営志林』第32巻第1号.
矢部 武［1991］『日本企業は「差別」する！── Japanese Companies Discriminate ──』ダイヤモンド社.
山岸俊男［1998］『信頼の構造──こころと社会の進化ゲーム──』東京大学出版会.
若杉隆平・谷地正人［1994］「海外直接投資と経常収支」伊藤元重・通商産業省通商産業研究所編『貿易黒字の誤解』東洋経済新報社.
渡辺直亮・澤木聖子［1993］「企業における国際人材の育成──国際化時代のコミュニケーション能力──」原岡一馬・若林満編著『組織コミュニケーション──個と組織との対話──』第10章，福村出版.

［英語文献］

Abegglen, J. C. and Stalk, G. Jr. [1985] *Kaisha*, New York: Basic Books. (植山周一郎訳『カイシャ』講談社，1990年.)
Aoki, M. [1986] "Horizontal vs. Vertical Information Structure of the Firm," *American Economic Review*, vol. 76, no. 5, pp. 971-983.
Armstrong, G. and Kotler, P. [1999] *Principles of Marketing*, 8th edition, Prentice-Hall International, Inc.
ASEAN Secretariat [1998] *AICO Reader, Second Edition*: *ASEAN Industrial Cooperation Scheme*, ASEAN Secretariat.
Audretch, D.B. and Mahmood, T. [1995] "New Firm Survival: New Results Using a Hazard Function," *Review of Economics and Statistics*, vol. 77, no. 1, pp. 97-103.

Baldwin. R. E. [1989] "The Growth Effect of 1992," *Economic Policy*, no. 9, October, pp. 247-281.
Baldwin, R. E. [1994] "The Effects of Trade and Foreign Direct Investment on Employment and Relative Wages," *OECD Economic Studies*, no. 23, Winter, pp. 7-54.
Ballard C. L. and Cheong, I. [1997] "The Effects of Economic Integration in the Pacific Rim : A Computational General Equilibrium Analysis," *Journal of Asian Economics*, vol. 8, no. 4, pp. 505-524.
Barnard, C. I. [1938] *The Functions of the Executive*, Harvard Univ. Press. (山本安次郎・田杉 競・飯野春樹訳『新訳 経営者の役割』ダイヤモンド社, 1968年.)
Bartlett, C. A. [1986] "Building and Managing the Transnational : The New Organizational Challenge," in M. E. Porter ed. *Competition in Global Industries*, Boston, Mass; Harvard Business School Press. (『グローバル企業の競争戦略』土岐 坤・中辻萬治・小野寺武夫訳, ダイヤモンド社, 1989年.)
Bartlett, C. A. and Ghoshal, S. [1989] *Managing Across Borders : The Transnational Solution*, Boston, Mass; Harvard Business School Press. (吉原英樹監訳『地球市場時代の企業戦略』日本経済新聞社, 1990年.)
Behrens, W. and P. M. Hawrank [1991] *Manual for the Preparation of Industrial Feasibility Studies* : (newly revised and expanded edition), Vienna : United Nations Industrial Development Organization.
Belderbos, R. A. [1992] "Large Multinational Enterprises Based in a Small Economy : Effects on Domestic Investment," *Weltwirtschaftliches Archiv*, vol. 128, no. 3, pp. 543-557.
Bernheim, D. B. [1984] "Rationalizable Strategic Behavior," *Econometrica*, vol. 52, no. 4, pp. 1007-1028.
Board, R. [1994] "Polynomially Bounded Rationally," *Journal of Economic Theory*, vol. 63, no. 2, pp. 246-270.
Boddewyn, J. J. [1983a] "Foreign Direct Divestment Theory : Is it the Reverse of FDI Theory?," *Weltwirtshaftliches Archiv*, vol. 119, no. 2, pp. 345-355.
Boddewyn, J. J. [1983b] "Foreign and Domestic Divestment and Investment Decisions : Like or Unlike?" *Journal of International Business Studies*, vol. 14, Winter, pp. 23-35.
Boddewyn, J. J., J. Chopra and R. L. Torneden [1978] "U. S. Foreign Divestment : A 1972-1975 Updating," *Columbia Journal of World Business*, Spring, pp. 14-18.
Bolton, P. and Dewatripont, M. [1994] "The Firm as a Communication Network," *Quarterly Journal of Economics*, vol. 109, no. 4, pp. 809-839.
Buckley, P. J. and M. Casson [1976] *The Future of the Multinational Enter-*

prise, The Macmillan Press.
Buckley, P. J. and Casson, M. [1981] "The Optimal Timing of a Foreign Direct Investment," *Economic Journal*, vol. 91, pp. 75-81.
Canning, D. [1992] "Rationality, Computability, and Nash Equilibrium, *Econometrica*, vol. 60, no. 4, pp. 877-888.
Casson, M. [1987] *The Firm and the Market*, Basil Blackwell.
Caves, R. E. [1982] *Multinational Enterprise and Economic Analysis*, Cambridge University Press.
Caves, R. E. [1993] "Japanese Investment in the United States : Lessons for the Economic Analysis of Foreign Investment," *World Economy*, vol. 16, no. 3, pp. 279-300.
Caves, R. E. [1995] "Growth and Decline in Multinational Enterprises : From Equilibrium Models to Turnover Process," in E. K. Y. Chen and P. Drysdale eds., *Corporate Links and Foreign Direct Investment in Asia and the Pacific*, Australia : Harper Educational Publishers.
Caves, R. E. and Porter, M. E. [1976] "Barriers to Exit," in R.T. Masson and P. D. Qualls eds., *Essays on Industrial Organization in Honor of Joe S. Bain*, chap. 3, Ballinger Publishing Co.
Caves, R. E. and Porter, M. E. [1977] "From Entry Barriers to Mobility Barriers : Conjectural Decisions and Contrived Deterrence to New Competition," *Quarterly Journal of Economics*, vol. 101, pp. 241-261.
Chandler, A. D. [1962] *Strategy and Structure : Chapters in the History of the Industrial Enterprise*, The MIT Press. (三菱経済研究所訳『経営戦略と組織──米国企業の事業部制成立史──』実業之日本社, 1967年.)
Chang, S. J. [1995] "International Expansion Strategy of Japanese Firms : Capability Building Through Sequential Entry," *Academy of Management Journal*, vol. 38, no. 2, pp. 383-407.
Cho, I. [1994] "Bounded Rationality, Neural Network and Folk Theorem in Repeated Games with Discounting, *Economic Theory*, vol. 4, no. 6, pp. 935-957.
Clark, K. B. and Fujimoto, T. [1991] *Product Development Performance : Strategy, Organization, and Management in the World Auto Industry*, Boston, Mass. : Harvard Business School Press.
Clee, G. H. and Sachtjen, W. M. [1964] "Organizing a Worldwide Business," *Harvard Business Review*, November-December, pp. 55-67.
Coase, R. H. [1937] "The Nature of the Firm," *Economica*, vol. 4, pp. 386-405.
Coase, R. H. [1991] "The Nature of the Firm : Influence," in O. E. Williamson and S. G. Winter eds., *The Nature of the Firm : Origins, Evolution, and Development*, Oxford : Oxford University Press.
Cox, D. R. [1972] "Regression Models and Life-Tables," *Journal of Royal Statistical Society, Series B*, vol. 34, pp. 187-202.

Cox, D. R. [1975] "Partial Likelihood," *Biometrika*, vol. 62, no. 2, pp. 269-276.
Cox, D. R. and Oakes, D. [1984] *Analysis of Survival Data*, London : Chapman and Hall.
Daft, R. L. and Lengel, N. B. [1986] "Organizational Information Requirements, Media Richness and Structural Design," *Management Science*, vol. 32, no. 5, pp. 554-571.
Dore, R. [1973] *British Factory-Japanese Factory* : *The Origins of National Diversity in Industrial Relations*, Berkeley, Calif : University of California Press. (山之内 靖・永易浩一訳『イギリスの工場・日本の工場――労使関係の比較社会学――(上)(下)』ちくま学芸文庫, 1993 年.)
Dow, J. [1991] "Search Decisions with Limited Memory," *Review of Economic Studies*, vol. 58, no. 1, pp. 1-14.
Dunne, T., Roberts, M. J., and Samuelson, L. [1988] "Patterns of Firm Entry and Exit in U. S. Manufacturing Industries," *Rand Journal of Economics*, vol. 19, no. 4, pp. 495-515.
Dunning, J. H. [1988] "The Eclectic Paradigm of International Production : A Restatement and Some Possible Extentions," *Journal of International Business Studies*, vol. 19, no. 1, Spring, pp. 1-31.
Dunning, J. H. and Rugman, A. L. [1985] "The Influence of Hymer's Dissertation on the Theory of Foreign Direct Investment," *American Economic Review, Papers and Proceedings*, vol. 75, pp. 228-232.
Eiteman, D. K., Stonehill, A. I., and Moffett, M. H. [1995] *Multinational Business Finance*, 7 th ed., Addison-Wesley.
Fayerweather, J. [1969] *International Business Management* : *A Conceptual Framework*, McGraw-Hill. (戸田忠一訳『国際経営論』ダイヤモンド社, 1975 年.)
Fershtman, C. and Kalai, E. [1993] "Complexity Considerations and Market Behavior, *RAND Journal of Economics*, vol. 24, no. 2, pp. 224-235.
Fudenberg, D. and J. Tirole, [1991] *Game Theory*, Cambridge, MA : MIT Press.
Friedman, J., Gerlowski, D. A., and Silberman, J. [1992] "What Attracts Foreign Multinational Corporations? Evidence from Branch Plant Location in the United States," *Journal of Regional Science*, vol. 32, no. 4, pp. 403-418.
Froot, S. and Stein, J. C. [1991] "Exchange Rates and Foreign Direct Investment : An Imperfect Capital Markets Approach," *The Quarterly Journal of Economics*, vol. 106, no. 4, pp. 1197-1217.
Gates, S. R. and Egelhoff, W. G. [1986] "Centralization in Headquarters-Subsidiary Relationships," *Journal of International Business Studies*, vol. 17. no. 2, Summer. pp. 71-92.
Gatignon, H. and Anderson, E. [1988] "The Multinational Corporation's

Degree of Control over Foreign Subsidiaries: An Empirical Test of a Transaction Cost Explanation," *Journal of Law, Economics, and Organization*. vol. 4, no. 2, Fall, pp. 305-336.

Gatsios K. and Karp, L. [1991] "Delegation Games in Customs Unions," *Review of Economic Studies*, vol. 58, no. 2, pp. 391-397.

Ghemawat, P. and Nalebuff, B. [1985] "Exit," *Rand Journal of Economics*, vol. 16, no. 2, pp. 184-194.

Ghertman, M. [1988] "Foreign Subsidiary and Parent's Roles During Strategic Investment and Divestment Decisions," *Journal of International Business Studies*, vol. 19, no. 1, Spring, pp. 47-67.

Gomes-Casseres, B. [1987] "Joint Venture Instability: Is It a Problem?," *Columbia Journal of World Business*, Summer, pp. 97-102.

Graham, L. [1994] "How Does the Japanese Model Transfer to the United States? A View from the Line," in Elger, T. and Smith, C., eds, *Global Japanization? The Transnational Transformation of the Labor Process*, Routledge.

Graham, L. [1995] *On the Line at Subaru-Isuzu: The Japanese Model and the American Worker*, New York: Cornell University Press. (ローリー・グラハム『ジャパナイゼーションを告発する──アメリカの日系自動車工業の労働実態──』丸山恵也監訳, 大月書店, 1997年.)

Green, W. H. [1993] *Econometric Analysis*, 2nd ed., Prentice Hall.

Green, J., Mas-Colell, A. and Whinston, M. D. [1995] *Microeconomic Theory*, New York: Oxford University Press.

Grimaldi, R. P. [1994] *Discrete and Combinatorial Mathematics: An Applied Introduction*, 3rd ed., Reading, MA: Addison-Wesley Publishing Company.

Grubaugh, S. G. [1987] "Determinants of Direct Foreign Investment," *Review of Economics and Statistics*, vol. 69, pp. 149-152.

Hage, J. and Aiken, M. [1967] "Relationship of Centralization to Other Structural Properties," *Administrative Science Quarterly*, vol. 12, no. 1, June, pp. 72-92.

Hayek, F. A. [1944] *The Road to Serfdom*, London: George Routledge & Sons. (一谷藤一郎訳『隷従への道──全体主義と自由──』東京創元社, 1954年.)

Hayek, F. A. [1945] "The Use of Knowledge in Society," *American Economic Review*, vol. 35. no. 4, pp. 519-30. (田中真晴・田中秀夫編訳『市場・知識・自由──自由主義の経済思想──』第2章, ミネルヴァ書房, 1986年.)

Hennart, J. and Y. Park [1994] "Location, Governance, and Strategic Determinations of Japanese Manufacuturing Investment in the United States," *Strategic Management Journal*, vol. 15, no. 6, pp. 419-436.

Hofstede, G. [1980] *Culture's Consequences*, Sage Publications. (萬成 博・安

藤文四郎監訳『経営の国際比較——多国籍企業の中の国民性——』産業能率大学出版部, 1986年.)
Hopcroft, J. E. and Ullman, J. D. [1979] *Introduction to Automata Theory, Languages, and Computation*, Reading, MA : Addison-Wesley Publishing Company.
Horaguchi, H. [1993a] "Determinants of Foreign Direct Investment by Japanese Firms," *Proceedings of International Conference for Rising Scholars and Practitioners in Science and Technology Policy : Linking Innovation Policy and Innovation Management*. (Hosted by the MIT Japan Program, Massachusetts Institute of Technology. January 7-9, 1993.)
Horaguchi, H. [1993b] "Withdrawal of Overseas Japanese Firms from Asia : 1971-1988. *Japanese Economic Studies*," vol. 21, no. 4, Summer, pp. 25-57.(Translated by M. Ishikawa.)
Horaguchi, H. [1994a] "Patterns of Japanese FDI in Industrial Countries : Trends and Current Situation by Countries, Areas, and Sectors," in Yau, O. H. M. and W. Shepherd eds., *Proceedings of Academy of International Business Southeast Asia Regional Conference; Problems and Prospects in International Business : Perspectives from Asia and the Pacific*, University of Southern Queensland Press.
Horaguchi, H. [1996a] "The Role of Information Processing Cost as the Foundation of Bounded Rationality in Game Theory," *Economics Letters*, vol. 51, pp. 287-294.
Horaguchi, H. [1996b] "Entry, Exit and Reorganization : Survival and Evolution of Japanese Multinational Subsidiaries in the United States," 慶応義塾大学経済学会・箱根コンファレンス「直接投資の理論研究, 実証研究の新展開」報告論文, mimeo.
Horaguchi, H. [1997] "Comments on The Role of the United States and Japan in Foreign Direct Investment and the Transfer of Technology, " in Gustav Ranis ed., *Japan and the United States in the Developing World*, San Francisco : International Center for Economic Growth, pp. 247-254.
Horaguchi, H. [1999] "Foreign Direct Investment and Transformation of Domestic Production Location in Japan : Some Evidence from Electric Industry," *Papers and Proceedings of International Symposium, Foreign Direct Investment in Asia*, (October 22, 23, 1998), Tokyo, Japan; Department of Research Cooperation, Economic Research Institute, Economic Planning Agency, Government of Japan, April, 1999.
Horaguchi, H. [2000] "Japanese Multinational Enterprises and AFTA : Restructuring and Market Segmentation," *The 19th Annual Hosei University International Conference : Japanese Foreign Direct Investment and Structural Changes in the East Asian Industrial System : Global Restructuring*

for the 21st Century, (October 30-Novermber 1, 2000), Tokyo, Japan; Hosei University.
Horaguchi, H. and Kwak, K. [1994] *Japanese Foreign Direct Investment : its Features and Policy Implications*. Working Paper, World Bank.
Horaguchi, H. and Shimokawa, K. [2002] *Japanese Foreign Direct Investment and the East Asian Industrial System : Case Studies in Automobile and Electronics Industries*, Springer-Verlag Tokyo, forthcoming.
Horaguchi, H., and Toyne, B. [1990] "Setting the Record Straight : Hymer, Internalization Theory and Transaction Cost Economics," *Journal of International Business Studies*, vol. 21, no. 3, pp. 487-494.
Horst, T. [1972] "Firm and Industry Determinants of the Decision to Invest Abroad : An Empirical Study," *Review of Economics and Statistics*, vol. 54, Aug. pp. 258-266.
Hymer, S. H. [1960] *The International Operations of National Firms : A Study of Direct Foreign Investment*, Cambridge : MIT Press, printed in 1976.（宮崎義一訳『多国籍企業論』第Ⅰ部，岩波書店，1979年）.
Hymer, S.H. [1972] "Some Empirical Facts about U.S. Investment Abroad," in P. Drysdale, ed., *Direct Foreign Investment in Asia and the Pacific*, Canberra : Australian National University Press.（青木昌彦編著『ラディカル・エコノミックス』第5章，中央公論社，1973年．）
Jovanovic, B. [1982] "Selection and the Evolution of Industry," *Econometrica*, vol. 50, no. 3, pp. 649-670.
Kalai, E. [1990] "Bounded Rationality and Strategic Complexity in Repeated Games," in T. Ichiishi, A. Neyman and Y. Tauman, eds., *Game Theory and Applications*, San Diego : Academic Publishers.
Kalai, E. and W. Stanford [1988] "Finite Rationality and Interpersonal Complexity in Repeated Games," *Econometrica*, vol. 56, no. 2, pp. 397-410.
Kalbfleisch, J. D. and Prentice, R. L. [1980] *The Statistical Analysis of Failure Time Data*, New York : John Wiley and Sons.
Kandori, M., Mailath, G. J. and Rob, R. [1993] "Learning, Mutation, and Long Run Equilibria in Games," *Econometrica*, vol. 61, no. 1, pp. 29-56.
Knight, F.H. [1921] *Risk, Uncertainty, and Profit*, Chicago : The University of Chicago Press, reprinted in 1971. Midway Reprint Edition, 1985.
Kogut, B. [1983] "Foreign Direct Investment as a Sequential Process," in Kindleberger, C. P. and Audretsch, D. B., eds., *The Multinational Corporation in the 1980s*, Cambridge, Mass. : MIT Press.
Kogut, B. [1991] "Joint Ventures and the Option to Expand and Acquire," *Management Science*, vol. 37, no. 1, pp. 19-33.
Kreps, D. M. [1990] *Game Theory and Economic Modeling*, Oxford, Clarendon Press.
Krugman, P. [1991a] "Is Bilateralism Bad?" in E. Helpman and A. Razin eds.,

International Trade and Policy, Cambridge, MIT Press.
Krugman, P. [1991b] "History and Industry Location: The Case of the Manufacturing Belt," *American Economic Review, Papers and Proceedings*, vol. 81, no. 2, pp. 80-83.
Lancaster, T. [1990] *The Economic Analysis of Transition Data*, Cambridge University Press.
Lawrence, P. R. and Lorsch, J. W. [1967] *Organization and Environment*: *Managing Differntiation and Integration*, Boston, Mass: Harvard Business School, Division of Research. (吉田 博訳『組織の条件適応理論』産業能率短期大学出版部, 1977 年.)
Lewis, M. [1991] *Shame*: *The Exposed Self*, The Free Press. (高橋惠子・遠藤利彦・上淵寿・坂上裕子訳『恥の心理学』ミネルヴァ書房, 1997 年.)
Li, J. [1995] "Foreign Entry and Survival: Effects of Strategic Choices on Performance in International Markets," *Strategic Management Journal*, vol. 16, pp. 333-351.
Lilly, G. [1994] "Bounded Rationality: A Simon-like Explication," *Journal of Economic Dynamics and Control*, vol. 18, no. 1, pp. 205-230.
Lipman, B. L. [1995] "Information Processing and Bounded Rationality: A Survey," *Canadian Journal of Economics*, vol. 28, no. 1, pp. 42-67.
Lipsey, R. G. [1960] "The Theory of Customs Unions: A General Survey," *Economic Journal*, vol. 70, no. 279, pp. 496-513. Reprinted in Caves, R. E. and Johnson, H. G. *Readings in International Economics*, George Allen and Unwin, 1968.
MacDougall, G. D. A. [1960] "The Benefits and Costs of Private Investment from Abroad: A Theoretical Approach," *Economic Record*, Special Issue, March, pp. 189-211.
Mace, M. L., *Directors*: *Myth and Reality*, Division of Research, Harvard Business School Press, Boston 1971, revised edition 1986. (道明義弘訳『アメリカの取締役——神話と現実——』文眞堂, 1991 年.)
March, J. G. and Simon, H. A. [1958] *Organizations*, John Wiley & Sons. New York. (土屋守章訳『オーガニゼーションズ』ダイヤモンド社, 1977 年.)
Mayo, E., [1933] *The Human Problems of an Industrial Civilization*, Macmillan. (村本栄一訳『産業文明における人間問題』日本能率協会, 1951 年.)
Mata, J. and Portugal, P. [1994] "Life Duration of New Firms," *Journal of Industrial Economics*, vol. 40, no. 3, pp. 227-245.
McPherson, M. A. [1995] "The Hazards of Small Firms in Southern Africa," *Journal of Development Studies*, vol. 32, no. 1, pp. 31-54.
Milgrom, P. and J. Roberts [1990] "The Economics of Modern Manufacturing: Technology, Strategy, and Organization," *American Economic Review*, vol. 80, pp. 511-528.
Milgrom, P. and Roberts, J. [1992] *Economics, Organization and Manage-*

ment, Prentice Hall. (奥野正寛・伊藤秀史・今井晴雄・西村理・八木甫訳『組織の経済学』NTT 出版, 1997 年.)

Mintzberg, H. [1973] *The Nature of Managerial Work*, New York : Harper Collins Publishers Inc. (奥村哲史・須貝栄訳『マネージャーの仕事』白桃書房, 1993 年.)

Neghandi, A. R. [1983] "External and Internal Functioning of American, German and Japanese Multinatinal Corporations : Decision-making and Policy Issues," in Chapter 1 of W. H. Goldberg (ed.), *Governments and Multinaltionals : The Policy of Control versus Autonomy*, Cambridge, Mass : Oelgeschlager, Gunn & Hain, pp. 21-41. reprinted in Chapter 30 of M. Casson (ed.), *Multinatinal Corporations*, Edward Elgar Publishing Limited, 1990.

Neyman, A. [1985] "Bounded Complexity Justifies Cooperation in the Finitely Repeated Prisoner's Dilemma," *Economics Letters*, vol. 19, no. 3, pp. 227-229.

Norman, A. L. [1994] "Computability, Complexity and Economics," *Computational Economics*, vol. 7, no. 1, pp. 1-21.

Nonaka, I. and Takeuchi, H. [1995] *The Knowledge-Creating Company : How Japanese Companies Create the Dynamics of Innovation*, Oxford University Press. (梅本勝博訳『知識創造企業』東洋経済新報社, 1996 年.)

Osborne, M. J. and Rubinstein, A. [1994] *A Course in Game Theory*, Cambridge, MA : MIT Press.

Parker, M. and Slaughter, J. [1988] *Choosing Sides : Unions and the Team Concept*, The Labor Education and Research Project. (戸塚秀夫監訳『米国自動車工場の変貌——「ストレスによる管理」と労働者——』緑風出版, 1995 年.)

Peirce, C. S. [1868] "Some Consequences of Four lncapacities," *Journal of Speculative Philosophy*, vol. 2. (「人間記号論の試み」上山春平編訳『世界の名著 59 パース・ジェームズ・デューイ』第 4 章, 中央公論社, 1980 年所収.)

Perlmutter, H. V. [1969] "The Tortuous Evolution of the Multinational Corporation," *Columbia Journal of World Business*, no. 4, January-February, pp.9-18, reprinted in Batlett, C. A. and Ghoshal, S., *Transnational Management : Text, Cases, and Readings in Cross-Border Management*, 2 nd ed., IRWIN, 1995.

Polanyi, M. [1966] *The Tacit Dimension*, London : Routledge & Kegan Paul Ltd. (佐藤敬三訳『暗黙知の次元』紀伊国屋書店, 1980 年.)

Porter, M. E. [1980] *Competitve Strategy : Techniques for Analyzing Industries and Competitors*, New York : The Free Press. (土岐坤・中辻萬治・服部照夫訳『競争の戦略』ダイヤモンド社, 1982 年.)

Porter, M. E. [1990] *The Competitive Advantage of Nations*, New York : The Free Press, A Division of Macmillan, Inc. (土岐坤・中辻萬治・小野寺武夫・戸成富美子訳『国の競争優位（上）（下）』ダイヤモンド社，1992年.)
Rabin, M. O. [1957] "Effective Computability of Winning Strategies," in M. Dresher, A. W. Tucker and P. Wolfe, eds., *Contributions to the Theory of Games, Annals of Mathematical Studies*, vol. 39, pp. 147-157.
Rees, R. [1985a] "The Theory of Principal and Agent : Part 1," *Bulletin of Economic Research*, vol. 37, no. 1, pp. 3-26.
Rees, R. [1985b] "The Theory of Principal and Agent : Part 2," *Bulletin of Economic Research*, vol. 37, no. 2, pp. 75-95.
Ricks, D. A. [1983] *Big Business Blunders*, Dow Jones-Irwin, Inc. (佐々木尚人訳『海外ビジネス 大失敗の研究』日本経済新聞社，1985年.)
Rivera-Batiz, L. A. and Romer, P. M. [1991] "Economic Integration and Endogenous Growth," *The Quarterly Journal of Economics*, vol. 107, no. 2, pp. 531-555.
Ross, S. [1994] *A First Course in Probability*, Fourth ed., Macmillan College Publishing Company.
Rubinstein, A. [1986] "Finite Automata Play the Repeated Prisoners' Dilemma," *Journal of Economic Theory*, vol. 39, no. 1, pp. 83-96.
Rugman, A. M. [1980] "Internalization as a Genaral Theory of Foreign Direct Investment : A Re-Appraisal of the Literature," *Weltwirtschaftliches Archiv*, vol. 116, no. 2, pp. 365-379.
Rugman, A. M. [1981] *Inside the Multinationals*, Croom Helm. (江夏健一・中島潤・有沢孝義・藤沢武史訳『多国籍企業と内部化理論』ミネルヴァ書房，1983年.)
Rugman, A. M [1986] ."New Theories of the Multinational Enterprise : An Assessment of Internalization Theory," *Bulletin of Economic Research*, vol. 38, no. 2, pp. 101-118.
Sachdev, J. C. [1976] "Disinvestment : A Corporate Failure or a Strategic Success," *International Studies of Management and Organization*, Spring/Summer, vol. 6, no. 1-2. pp. 112-130.
Schelling, T. C. [1960] *The Strategy of Conflict*, Cambridge, MA : Harvard University Press.
Shaver, J. M. [1994] *The Influence of Intangible Assets, Spillovers, and Competition on Foreign Direct Investment Survival and Entry Time*, (Ph. D. thesis, The University of Michigan).
Simon, H. A. [1945] *Administrative Behavior : A Study of Decision-Making Processes in Administrative Organization*, New York : Free Press.
Simon, H. A. [1955] "A Behavioral Model of Rational Choice," *Quarterly Journal of Economics*, vol. 69, pp. 99-118.
Simon, H. A. [1959] "Theories of Decision-Making in Economics and Be-

havioral Science, *American Economic Review*, vol. 49, pp. 253-283.
Simon, H. A. [1969] *The Science of the Artificial*, The MIT Press.(稲葉元吉・吉原英樹訳『新版・システムの科学』パーソナルメディア,1987年.)
Simon, H. A. [1976] *Administrative Behavior : A Study of Decision-Making Processes in Administrative Organization*, 3rd ed., New York : Free Press.(松田武彦・高柳 暁・二村敏子訳『経営行動――経営組織における意思決定プロセスの研究――』第3版邦訳,ダイヤモンド社,1989年.)
Simon, H. A. [1978] "Rationality as Process and Product of Thought," *American Economic Review, Proceedings*, vol. 68, no. 2, pp. 1-16.
Simon, H. A. [1979] "Rational Decision Making in Business Organizations," *American Economic Review*, vol. 69, no. 4, pp. 493-513.
Simon, H. A. [1986] "Rationality in Psychology and Economics," in R. M. Hogarth and M. W. Reder, eds., *Rational Choice : The Contrast between Economics and Psychology*, Chicago : The University of Chicago Press.
Stata Press [1997] *Stata Reference Manual, Release 5, Volume 1-3*, College Station, Texas : Stata Press.
Stigler, G. J., and Boulding, K. E. [1952] *Readings in Price Theory*, selected by a Committee of the American Economic Association ; Selection Committee : George J. Stigler & Kenneth E. Boulding., Chicago ; Homewood, Ill. : Richard D. Irwin, Inc.
Stevens, G. V. G. and Lipsey, R. E. [1992] "Interactions between Domestic and Foreign Investment," *Journal of International Money and Finance*, vol. 11, no. 1, pp. 40-62.
Stopford, J. M. and Wells, Jr. L. T. [1972] *Managing the Multinational Enterprise*, New York : Basic Books.(『多国籍企業の組織と所有政策――グローバル構造を越えて――』山崎清訳,ダイヤモンド社,1976年.)
Tan, J. L. H. [1996] *AFTA in the Changing International Economy*, Institute of Southeast Asian Studies.
Taylor, F. W. [1895] "A Piece-Rate System," in Two Papers on Scientific Management : A Piece-Rate System and Notes on Belting, London : Routledge, 1919.(「出来高払制私案」上野陽一訳『科学的管理法』産能大学出版部,1969年所収.)
Taylor, F. W. [1903] *Shop Management, The American Society of Mechanical Engineers*, republished by the McGraw-Hill Book Company, 1911.(「工場管理法」上野陽一訳『科学的管理法』産能大学出版部,1969年所収.)
Taylor, F. W. [1911] *The Principles of Scientific Management*, New York : W. W. Norton, reprinted in, *Scientific Management : Comprising Shop Management, the Principles of Scientific Management, Testimony before the Special House Committee*, New York : Harper and Brothers, 1947, reprinted in, Westport, Conn : Greenwood Press, 1972.(「科学的管理法の原理」,「科学的管理法特別委員会における供述」上野陽一訳『科学的管理

法』産能大学出版部, 1969 年所収.)
Teece, D. J. [1986] "Transaction Cost Economics and the Multinational Enterprise : An Assessment," *Journal of Economic Behavior and Organization*, vol. 7, no. 1, pp. 21-45.
Tirole, J. [1988] *The Theory of Industrial Organization*, Cambridge, Mass : MIT Press.
Vernon, R. [1966] "International Investment and International Trade in the Product Cycle," *Quarterly Jounal of Economics*, vol. 80, no. 2, May, pp. 190-207.
Vernon, R. [1971] *Sovereignty at Bay : Multinational Spread of U. S. Enterprises*, Basic Books. (霍見芳浩訳『多国籍企業の新展開』1973 年, ダイヤモンド社.)
Vernon, R. [1974] "The Location of Economic Activity," in J. H. Dunning ed., *Economic Analysis and the Multinational Enterprise*, George Allen & Unwin.
Vernon, R. [1979] "The Product Cycle Hypothesis in a New International Environ-ment," *Oxford Bulletin of Economics and Statistics*, vol. 41, no. 4 Nov, pp. 255-267.
Vernon, R. [1985] "Sovereignty at Bay : Ten Years After," in T. H. Moran ed., *Multinational Corporations : The Political Economy of Foreign Direct Investment*, Lexington Books.
Viner, J. [1950] *The Customs Union Issue*, New York, Carnegie Endowment for International Peace.
Webb, S. and Webb, B. [1932] *Methods of Social Study*, London : Longmans, Green & Co.. (川喜多喬訳『社会調査の方法』東京大学出版会, 1982 年.)
Weick, K. E. [1979] *The Social Theory of Organizing*, 2nd ed. McGraw-Hill, Inc. (遠田雄志訳『組織化の社会心理学 (第 2 版)』文眞堂, 1997 年.)
Whinston, M. D. [1988] "Exit with Multiplant Firms," *RAND Journal of Economics*, vol. 19, no. 4, pp. 568-588.
Wilkins, M. [1994] "More than One Hundred Years : An Historical Overview of Japanese Direct Investment in the United States." Mimeo. (洞口治夫訳「日本企業対米進出の 100 年」安保哲夫編『日本的経営・生産システムとアメリカ』ミネルヴァ書房, 1994 年.)
Williamson. O. E. [1975] *Markets and Hierachies : Analysis and Antitrust Implications*, New York : Free Press. (浅沼萬里・岩崎晃訳『市場と企業組織』日本評論社, 1980 年.)
Wilson, B. D. [1978] "Foreign Divestment in the Multinational Investment Cycle," *Multinational Business*, no. 2, pp. 1-11.
Wiseman, C. [1988] *Strategic Information Systems*, Homewood, Illinois : Richard D. Irwin, Inc. (土屋守章・辻新六訳『戦略的情報システム──競争戦略の武器としての情報技術──』ダイヤモンド社, 1994 年.)

Yamawaki, H. [1994] "Exit of Japanese Multinationals in U.S. and European Manufacturing Industries," Discussion Paper, Department of Economics, Catholic University of Louvain, May.

Yi, S. [1996] "Endogenous Formation of Customs Unions Under Imperfect Competition: Open Regionalism is Good," *Journal of International Economics*, vol. 41, no. 1/2, pp. 153-177.

Yotopoulos, P. A. and Nugent, J. B. [1976] *Economics of Development: Empirical Investigations*, Harper & Row. (鳥居泰彦訳『経済発展理論——実証研究——』慶應通信, 1984年.)

人名索引
（機関名も含む）

ア 行

アウドレッチ（Audretsch, D. B.） 90
青木健 155
青木昌彦（Aoki, M.） 14, 20, 22, 48, 87
浅沼萬里 12
アセアン事務局（ASEAN Secretariat） 157
アベグレン（Abegglen, J. C.） 102
安保哲夫 34, 36, 37, 102, 109, 230
天野倫文 125
アームストロング（Armstrong, G.） 33
アルケマ（Alkema, Y.） 119
アンダーソン（Anderson, E.） 27, 28
イ（Yi, S.） 165
飯田健雄 84
井口俊英 42
池本幸生 161, 162
イーゲルホフ（Egelhoff, W. G.） 27
伊沢俊泰 123, 125-127, 142, 146
石川勝一 12
石田孝造 120, 121
板垣博 34, 36, 37, 230
伊丹敬之 20
伊藤元重 158
井上達彦 151
猪木武徳 35, 48
今井賢一 151
岩田一政 166, 167
ヴァイナー（Viner, J.） 158, 159, 160
ウィリアムソン（Williamson, O. E.） 4, 12-14
ウィルキンス（Wilkins, M.） 8
ウィルソン（Wilson, B. D.） 87
ウィンストン（Whinston, M. D.） 17, 100
植田和男 119
殖田亮介 156
ウェッブ（Webb, B.） 33
ウェッブ（Webb, S.） 33
ウェルズ（Wells, Jr., L. T.） 25, 90
馬田啓一 155
ウルマン（Ulman, J. D.） 14
エイケン（Aiken, M.） 22
エイトマン（Eiteman, D. K.） 41
江口雄次郎 158
絵所秀紀 195
遠田雄志 59
遠藤雄二 121
大貝威芳 127
太田聰一 36, 210
大庭三枝 158
大野耐一 217
岡田晃久 158
岡田章 14
岡本秀昭 118
岡本康雄 34
オークス（Oakes, D.） 90
奥野正寛 14, 48
奥村昭博 22
尾崎巌 120
オズボーン（Osborne, M. J.） 17
小野正人 42

カ 行

岳希明 125
郭賢泰（Kwak, K.） 42, 96, 105
加護野忠男 20, 22, 59
ガチオス（Gatsios, K.） 162, 167
カッソン（Casson, M.） 12, 13, 85
カニング（Canning, D.） 14
金子郁容 151
金子勝 1
カパンネリ（Capannelli, G.） 196
カープ（Karp, L.） 162, 167
鎌田慧 33, 34
上山春平 51
カーライ（Kalai, E.） 14
カルプフレイシュ（Kalbfleisch, J. D.） 90
河合隼雄 238
川崎研一 162
川辺信雄 8
神取道宏（Kandori, M.） 14
菊谷達弥 12
串馬輝保 162
國則守生 123, 125-127
久保文克 171
熊谷文枝 105
公文溥 36

人名索引

クラーク（Clark, K. B.） 38
グラハム（Graham, L.） 33, 34
クリー（Clee, G. H.） 25
グリフィス（Griffiths, R. T.） 119
グリマルディ（Grimaldi, R. P.） 16
グリーン（Green, J.） 17
グリーン（Green, W. H.） 33, 67, 92
クルーグマン（Krugman, P.） 119, 140, 163, 164, 167
グルボー（Grubaugh, S. G.） 96
クレップス（Kreps, D. M.） 17
黒川文子 118
経済企画庁経済研究所 161, 167
ゲイツ（Gates, S. R.） 27
ゲィティノン（Gatignon, H.） 27, 28
ケイブス（Caves, R. E.） 26, 87, 88
ゲートマン（Ghetman, M.） 90
ゲマワ（Ghemawat, P.） 100
ゲロウスキー（Gerlowski） 124
小池和男 33-36, 48, 210
国際貿易投資研究所 169, 180
コーグット（Kogut, B.） 87, 90, 97
小島清 121
ゴシャール（Ghoshal, S.） 26, 90
コース（Coase, R. H.） 4, 12-14, 85
コックス（Cox, D. R.） 90
コトラー（Kotler, P.） 33
小松陽一 22
小宮隆太郎 24, 25, 158
ゴメ・カッセール（Gommes-Casseres, B.） 87, 97

サ 行

サイモン（Simon, H.A.） 4, 11-15, 19-22, 44, 45, 74, 75, 86, 107
坂下昭宣 22
坂本真一 42
桜沢仁 38
ザックデフ（Sachdev, J. C.） 87
サッチェン（Sachtjen, W. M.） 25
佐藤郁哉 33
佐藤定幸 118
サミュエルソン（Samuelson, L.） 96
澤木聖之 23
シェーバー（Shaver, J. M.） 99
シェリング（Schelling, T. C.） 17
塩次喜代明 38, 196
渋谷稔 119
島田晴雄 38
清水一史 156, 158, 173

下川浩一（Shimokawa, K.） 155, 171, 238
ジョバノビッチ（Jovanovic, B.） 100
白川一郎 117
白川和則 24, 25
シルバーマン（Silberman, J.） 124
末廣昭 195
杉田俊明 84
鈴木武 123, 127
鈴木達三 33
鈴木利大 158
鈴村興太郎 16
スタンフォード（Stanford, W.） 14
スティグラー（Stigler, G. J.） 14
ステイタ・プレス（Stata Press） 92
スティーブンス（Stevens, G. V. G.） 127, 140
ステイン（Stein, J. C.） 130
ストーク（Stalk, G. Jr.） 102
ストップフォード（Stopford, J. M.） 25, 90
ストーンヒル（Stonehill, A. I.） 41
スローター（Slaughter, J.） 109
世界経営協議会 31
関満博 122, 125
関口末夫 127

タ 行

ダウ（Dow, J.） 16
高地康郎 158
高橋浩夫 31
高宮誠 25, 37
竹内弘高（Takeuchi, H.） 48, 74
竹中平蔵 127, 129
竹森俊平 114
田中祥行 43
ダニング（Dunning, J. H.） 12, 85
ダフト（Daft, R. L.） 74
タン（Tan, J. H. L.） 155
ダン（Dunne, T.） 96
千田亮吉 127, 129
チャン（Chang, S. J.） 90
チャンドラー（Chandler, A. D.） 25
中小企業事業団情報調査部 41, 43
中馬宏之 36, 210
チョー（Cho, I.） 14
一寸木俊昭 14
チョプラ（Chopra, J.） 87
チョン（Cheong, I.） 162
通商産業省 105
通商産業省産業政策局国際企業課 28

人名索引

土屋守章　4
積田和　120
ティース（Teece, D. J.）　85
テイラー（Tayler, F. W.）　4, 201
ティロール（Tirole, J.）　17, 100
デワトリポン（Dewatripont, M.）　20
ドーア（Dore, R.）　37
トイン（Toyne, B.）　85
東京都労働経済局　117
東洋経済新報社　43, 52, 93, 97, 98, 101, 106, 136, 138
徳永澄憲　158
トーヌデン（Torneden, R. L.）　87
豊永真美　117
鳥居泰彦　120

ナ 行

ナイト（Knight, F. H.）　22
中北徹　123, 125-127, 172, 173
中野英夫　114
中村尚司　33
中村吉明　119
中山幹夫　14
日本在外企業協会　43
日本輸出入銀行海外投資研究所　29, 30, 41
日本労働協会　196
日本労働研究機構　196
ヌジェント（Nugent, J.B.）　158, 160
ネイマン（Neyman, A.）　14
ネガンディ（Negandi, A. R.）　27
ネールバフ（Nalebuff, B.）　100
野北春子　127
野田秀彦　196
野中郁次郎（Nonaka, I.）　22, 48, 74, 76
ノーマン（Norman, A. L.）　14

ハ 行

ハイエク（Hayek, F. A.）　21
ハイマー（Hymer, S. H.）　12, 23, 84
パーカー（Parker, M.）　109
パーク（Park, Y.）　140
橋本寿朗　119
橋本龍太郎　114, 152
パース（Pierce, C. L.）　51
長谷川信次　12
バックリー（Buckley, P. J.）　12, 13, 85
バートレット（Bartlett, C. A.）　26, 90
バーナード（Barnard, C. I.）　4, 12-14, 19, 20
バーノン（Vernon, R.）　3, 87

林知己夫　33
林直嗣　113
バラード（Ballard, C. L.）　162
原正行　115, 118
パールミュッター（Perlmutter, H. V.）　76
バーレンス（Behrens, W.）　41
バーンヘイム（Bernheim, D. B.）　14
平岡博之　127, 129
広岡博之　33
ファーストマン（Farshtman, C.）　14
フェイヤーウェザー（Fayerweather, J.）　23, 24
深尾京司　123-127
深作喜一郎　120
藤川清史　121-123
藤沢武史　12
藤本隆宏（Fujimoto, T.）　38
藤原貞雄　115, 120, 121
フーデンバーグ（Fudenberg, D.）　17
フリードマン（Friedman, J.）　124
フルート（Froot, S.）　130
プレンティス（Prentice, R. L.）　90
文英堂編集部　35
ヘイグ（Hage, J.）　22
ベルダーボス（Belderbos, R. A.）　140
ヘンナート（Hennart, J.）　140
ボアード（Board, R.）　14
ホウランク（Hawrank, P. M.）　41
ホースト（Horst, T.）　96
細谷祐二　125
ポーター（Poter, M. E.）　84, 87, 102
ポーチュガル（Poatugal, P.）　90
ボッドウィン（Boddewyn, J. J,）　87
ホップクロフト（Hopcroft, J. E.）　14
ホフステード（Hofstede, G.）　23
洞口治夫　2-5, 12, 13, 15, 16, 18, 32, 34, 41-43, 84, 85, 87, 88, 90, 96, 99, 104, 105, 109, 113-115, 127, 128, 143, 146, 151, 155, 160, 161, 171, 173, 180, 185, 186, 196, 201, 210, 238
ポランニー（Polanyi, M.）　48
堀潔　145
ボールディング（Boulding, K. E.）　14
ボールトン（Bolton, P.）　20
ボールドウィン（Baldwin, R. E.）　114, 125, 166

マ 行

マイラス（Mailath, G. J.）　14

人名索引

マクドゥガル（MacDougall, G. D. A.） 160
マクファーソン（McPherson, M. A.） 90
馬越恵美子 23
マスコレル（Mas-Colell, A.） 17
マーチ（March, J. G.） 21, 22
松下正弘 127
松島斉 14
松田健 119
松村文武 121-123
マハティール（Mahathir, M.） 162
マハムッド（Mahmood, T.） 90
マレーシア日本人商工会議所 196
丸山恵也 171
三藤真紀 162
宮川公男 151
宮澤健一 151
ミルグロム（Milgrom, P.） 17, 20
三輪芳朗 125
ミンツバーグ（Mintzberg, H.） 38
メイス（Mace, M. L.） 38
メイタ（Mata, J.） 90
メイヨー（Mayo, E.） 220
モフェット（Moffett, M. H.） 41
門田安弘 217

ヤ 行

柳沼寿 119
谷地正人 119
矢部武 105
山岸俊男 45
山脇秀樹（Yamawaki, H.） 99

ヨトポロス（Yotopoulos, P. A.） 158, 160

ラ 行

ライリー（Lilly, G.） 14
ラグマン（Rugman, A. M.） 12, 85
ラビン（Rabin, M. O.） 14
ランカスター（Lancaster, T.） 90
リー（Li, J.） 87
リーズ（Rees, R.） 21
リックス（Ricks, D. A.） 84
リップマン（Lipman, B. L.） 14
リプシー（Lipsey, R. G.） 127, 140, 159, 160
リベラバティス（Rivera-Batiz, L. A.） 165, 166
ルイス（Lewis, M.） 45
ルービンステイン（Rubinstein, A.） 14, 17
レンゲル（Lengel, N. B.） 74
ローシュ（Lorsch, J. W.） 21
ロス（Ross, S.） 16
ロバーツ（Roberts, J.） 17, 20, 96
ロブ（Rob, R.） 14
ローマー（Romer, P. M.） 165, 166
ローレンス（Lawrence, P. R.） 21

ワ 行

ワイク（Weick, K. E.） 59
ワイズマン（Wiseman, C.） 151
若杉隆平 119
渡邉健 127, 129
渡辺直登 23

事項索引

AFL　118
AFTA → ASEAN 自由貿易地域
AIA → ASEAN 投資圏
AICO → ASEAN 産業協力
AMIM ホールディング　169
APEC → アジア太平洋経済協力会議
ASEAN　1, 6, 156, 157, 161, 162, 168, 171, 172, 175-177, 180, 183, 184
ASEAN コンテンツ　156, 184
ASEAN 産業協力（AICO）　156, 157, 168-177, 183, 186
ASEAN 自由貿易地域（AFTA）　1, 6, 155-158, 161, 162, 167, 168, 178-180, 182-185, 234, 235
ASEAN 投資圏（AIA）　156, 157
BBC（Bland to Bland Complementation）　170-173
CEPT → 共通効果特恵関税
CGE モデル → 計算可能な応用一般均衡モデル
CIO　118
CPC　25
EAEG　162
EU　2, 158, 166, 183, 235
FS → フィージビリティ・スタディ
GATT　184, 187
GE　25
GM　108, 109
IBM　24, 25
MCA　5, 42
MERCOSUR → 南米共同市場
NEC → 日本電気
NAFTA → 北米自由貿易協定
NUMMI　108, 109
OLS（ordinary least square）　37, 149
Survey of Current Business　118
WTO → 世界貿易機関

ア 行

アジア太平洋経済協力会議（APEC）　158, 161, 162, 165
暗愚　45, 51
アンケート調査　37
暗黙知　45, 48-51, 68-70, 74-76

意思決定　12, 18-20, 22
　──過程　20
　個人的──　19
　組織的──　19, 20
イテレイテッド・ドミナンス　15, 16
意図（intention）　86, 88, 89, 107, 233, 237
インドネシア　34, 156, 161, 162, 169, 170-172, 174-177, 179, 180, 182, 188-191, 210, 217
エスノセントリック（一国中心主義的）　76, 236
エッソ　24, 25
オート・アライアンス　169, 190
オープン・リージョナリズム　158

カ 行

『海外進出企業総覧』　43, 52, 53, 93, 98, 99
海外直接投資　4, 7, 11, 13, 18, 43
外部経済　21, 22, 150, 151
外部不経済　21, 22
価格メカニズム　22
学習　45-47, 67, 68, 73
寡占的状況　16
家庭電器産業　32
金型交換　211-213, 216-221, 223-225
　──時間　210, 212, 224, 225, 236
カナダ症候群　159, 160, 178
カヤバ　169, 190
カヤマ　169, 188
関税同盟　158
ききとり　35, 36
企業化調査　41
規模の経済性　151
キャッチ・アップ　195
共働意欲　19
競争相手企業への追随　88
競争優位　84, 86, 195
共通効果特恵関税（CEPT）　156, 157, 175-179, 183, 184
共通目標　19
享楽の国際化　185, 186
グローバリズム　1-3, 195, 233, 237, 238
グローバル・マトリックス組織　26
経営学　2, 14

経営資源　23, 24, 88, 89
経営管理技術　7
経験　45, 47, 48, 51, 68, 71, 73, 75, 76
経済学　2, 14
経済合理性　237
経済統合　2, 158, 183
計算可能な応用一般均衡モデル（CGE モデル）　161, 162, 167
形式知　45, 47, 49-51, 68-70, 74
計量経済学　32, 33, 37
計量経済分析　32
ケース・スタディ　6, 7
ゲーム理論　14, 16, 17
権威　76
限界収益　22
限界費用　22
権限　76
権限委譲　24, 29
現地資本出資比率規制　168, 185
限定　17, 45, 83, 87, 89, 101, 237
限定された合理性　11, 14, 15, 18, 22, 43-45, 74, 83, 86, 88-90, 101, 107, 237
工業の衰退（deindustrialization）　116
公式組織　19
工場訪問　37
合弁事業　97
効用（utility）　237, 238
合理的推論　88
国際事業部　25
国産化比率　121-123
　　──のパラドックス　123
コミュニケーション　19, 105, 106
コロンビア・ピクチャーズ　42
コンサルティング　38
困惑　45, 50

サ 行

最小努力による通常の調査（ordinary least survey）　37
最低注文数量（MOQ）　211, 212, 216
細分化　45, 51
作業組織　11, 195
作用　1-3, 7, 113, 238
産業空洞化　6, 31, 113-119, 125, 126, 142, 152
　狭義の──　115, 117, 145, 152
　広義の──　115, 117, 119
産業集積　140, 151
産業連関表　117, 120-123
産地　116
サンデン　169, 188

参入　44, 83, 89, 90, 94, 99
参与観察　33, 34, 38, 196
事業可能性調査　41
事業継続期間　96-100, 102
資金調達　30
シーグラム　5, 42
自己実現欲求　88
事後的（ex post）　85, 86, 89
　　──な性質　84
事前承認事項　28, 29
事前的（ex ante）　85, 86, 89
シティバンク　26
シミュレーション　17, 164
社会科見学　35
社会調査法　32, 33
射出成形部門　210-215, 218, 221, 223, 227, 228, 236
シャープ　131, 133, 135, 136, 139, 174, 177
集権化　11, 19, 20, 22, 23, 27, 31
自由貿易協定　184, 186, 187
自由貿易地域　156-158, 161
熟練　36
純輸出　124
昇進願望　88
情報処理能力　14, 15, 44, 86
　　──の限界　75
情報処理パラダイム　74
情報処理費用　15-18, 45, 86
職務の幅　36
シンガポール　156, 161, 169, 174, 176, 177, 179, 180, 184, 185
人事　29, 30
　役員・社員──　30
心情　233, 237
信頼　45
心理学　47
推定　50, 51
スキル・ディスプレー・ボード（仕事表）　203, 205
スバル・イスズ・オートモーティブ　33
スピルオーバー　1, 3, 4, 6, 7, 113, 195, 238
棲み分け　178
世界貿易機関（WTO）　184-187
政策反応　187
政策反応関数　161, 186
生産管理方式　195
生産システム　6
　　──の波及経路　230
制度の補完性　48
製品事業部　94, 95

事項索引 273

世界的―― 25
折衷理論 11-14, 19, 31, 32, 38, 85
設備投資計画 29, 30
禅 45, 51
全要素生産性（TFP） 119
戦略（strategy） 89
戦略的補完性 48
相互補完体制構築 169
組織構造 22-26
組織再編成 5, 86-88, 90, 91, 94, 95, 98, 103-107
組織メンバーの能力 20
組織論 14
ソニー 42, 131-133, 135, 136, 139, 147, 169, 174, 176, 179, 182, 188
ソルベイ 24
損益計算書 21, 59-61

タ 行

タイ 161, 162, 168-177, 179-182, 196
退出 44, 83, 90
対米直接投資 1
体力 75
大和銀行 4, 42
台湾 200, 226, 227, 230
ダウ・ケミカル 25, 26
タクト・タイム（takt time） 201
多国籍企業 1-6, 11-13, 15, 19, 22-27, 29, 30-32, 38, 41, 44, 52, 83-90, 94-96, 155, 160, 167, 168, 170, 178, 183, 234
多能工化 35, 200, 204
多品種少量生産 198, 208
地域経済空洞化 1
地域主義 6
地域統括拠点 30, 31
地域統括本部（regional headqarters） 30, 31, 106
地域別事業部 25
地域連携 158, 167
知識創造理論 74
中国 184
調査費用 68
直接投資 1, 3, 7, 12, 13, 83-88, 94, 120-123, 127, 142
撤退 4, 88, 89, 91, 95, 102, 103
電機電子産業 113
統合 21
東芝 131-133, 174, 177
統制構造 27, 28
トヨタ 46, 108, 169-173, 188, 190, 216, 217

豊田通商 178
トランスナショナル組織 26
トランスファー・プライシング 25
取引費用 11-14, 19, 28, 32, 83, 85-88

ナ 行

内生的成長モデル 165, 167
内部化理論 11-14, 19, 31, 32, 38, 85
ナッシュ均衡 15, 16
　グローバル（大域的）な―― 18
　ローカル（局所的）な―― 18
南米共同市場（MERCOSUR） 158
日産 5, 6, 123, 169, 190, 235
日本人従業員数 98, 102, 104, 105, 107
日本人派遣社員の手当 63, 72, 76, 80
日本人派遣従業員 233, 234
日本電気（NEC） 26, 131, 133, 135-137, 139, 174, 177
日本電装 169
ネスレ 169
ネットワークの経済性 151
能力（competence） 89

ハ 行

恥 45
パーシャル・ライクリフッド・モデル 90
ハノイ会議 156
パレート優越的 185, 186
　――な貿易体制 185
範囲の経済性 151
反作用 1, 3, 4, 6-8, 113, 155, 195, 238
反証 45, 50
バンドワゴン効果 18
半日調査 34-38
P&G 26
日立製作所 131-134, 136, 138, 145-147, 152, 153, 174, 176, 179-182
5S 204
　――運動 204
フィージビリティ・スタディ（FS） 5, 41-46, 48-73, 76, 83, 84, 86, 233, 234
　――の意義 72
　――費用 55-57, 71, 72
フィリピン 34, 161, 162, 169, 170, 173-176, 179, 180, 189, 191
フィールド調査 32-35, 37, 196
フォーカル・ポイント 16, 17
『フォーチュン』 25
フォード 169, 190
不確実性 86, 87

不完全競争　22
富士通　131, 133, 134, 136, 138, 174
部品相互補完計画　171, 172
プライド　75
プラザ合意　4
プリンシパル=エージェント理論　21
プロダクト・サイクル理論　87
分化　21
分権化　11, 19-24, 28, 30, 31
文章化　45, 49, 51, 55
ベンディックス　25
防衛的投資　18
貿易関連投資措置（TRIM）　184
貿易創出効果　159, 167, 183
訪問調査　33, 37
北米自由貿易協定（NAFTA）　109, 155, 158, 160, 161, 235
ボゴール宣言　162
北海道拓殖銀行　5
ボルボ　169, 188
ホンダ　47, 169, 188
ポンティアック　109

マ 行

マーケティング　29, 30, 33
松下電器産業　4, 42, 131, 133, 134, 136-138, 169, 174, 175, 179, 180, 188
マルチノミアル・ロジット・モデル　90-93, 95, 102
丸紅　96
マレーシア　6, 32, 136-138, 140, 161, 162, 169-182, 195-197, 205, 224, 236

満足化基準　45
ミクロ経済学　14, 17
三井物産　96
三菱自動車　169, 172, 173
三菱地所　42
三菱電機　131, 133, 134, 136-138, 169, 174, 176, 179, 182, 183, 190
「ミニ松下」　175, 179
民族　236, 237
無知　45, 47, 51, 75
面子　105
モールド・セッター　215, 224, 236
モンサント　24, 25

ヤ・ラ・ワ行

山一證券　5
ヤンマー　169
輸出転換率　120
輸入比率　122
ライセンシング　12, 13
——契約　84
ライン・バランス　200, 203, 208
ラインリーダー　202, 203
リストラクチャリング　6, 155
立地選択　59
ルノー　5, 6, 235
ローカル・コンテンツ　185
——規制　168, 184
ロジット・モデル　91
ロックフェラー・センター　42
ワイブル・モデル　90

洞口治夫（ほらぐち はるお）

略 歴
1959年2月　長野県生まれ
1982年3月　法政大学経済学部経済学科卒業
1991年3月　東京大学大学院経済学研究科博士課程修了
　　　　　　（経済学博士）
1994年8月〜1996年8月　ハーバード大学経済学部客員研究員
　　　　　　　　　　　（フルブライト若手研究員プログラム）
1999年3月〜4月　リヨン第二大学経済学部招聘客員教授
現　在　　法政大学経営学部教授
　　　　　　　（e-mail：horaguch@i.hosei.ac.jp）

著 書
『日本企業の海外直接投資――アジアへの進出と撤退――』東京大学出版会，1992年（第35回日経・経済図書文化賞受賞・第1回森嘉平賞受賞），『現代経営学入門――21世紀の企業経営――』藤村博之教授との共編著，ミネルヴァ書房，2001年．*Japanese Foreign Direct Investment and the East Asian Industrial System: Case Studies in Automobile and Electronics Industries*, 下川浩一教授との共編著, Springer-Verlag Tokyo, 2002.

グローバリズムと日本企業
――組織としての多国籍企業――

2002年1月18日　初　版

［検印廃止］

著　者　　洞口治夫

発行所　　財団法人　東京大学出版会

代表者　　五味文彦

113-8654 東京都文京区本郷7-3-1 東大構内
電話 03-3811-8814・振替 00160-6-59964

印刷所　　株式会社三秀舎
製本所　　誠製本株式会社

©2002 Haruo Horaguchi
ISBN 4-13-040185-8 Printed in Japan

Ⓡ〈日本複写権センター委託出版物〉
本書の全部または一部を無断で複写複製（コピー）することは，著作権法上での例外を除き，禁じられています．本書からの複写を希望される場合は，日本複写権センター（03-3401-2382）にご連絡ください．

洞口治夫著	日本企業の海外直接投資 ——アジアへの進出と撤退——	A5	4500円
高橋伸夫著	日本企業の意思決定原理	A5	3800円
伊藤秀史編	日本の企業システム	A5	3800円
今井賢一編 小宮隆太郎編	日本の企業	A5	3800円
三輪芳朗著	日本の企業と産業組織	A5	3800円
後藤 晃著	日本の技術革新と産業組織	A5	3600円
西口敏宏著	戦略的アウトソーシングの進化	A5	7000円
森澤恵子編 植田浩史編	グローバル競争とローカライゼーション	A5	3800円

ここに表示された価格は本体価格です．御購入の
際には消費税が加算されますので御諒承ください．